法律硕士教学指导案例

民事诉讼实务卷

Ⅱ

全国法律专业学位研究生教育指导委员会 编

JURIS MASTER

法律出版社

编 写 说 明

为适应我国专业学位教育发展的客观需求，进一步推动专业学位培养模式改革和提高专业学位研究生教育质量，在教育部和财政部的支持下，中国专业学位教学案例中心建设工作于2013年5月正式启动。该案例中心建设工作受国务院学位委员会办公室和教育部指导，由教育部学位与研究生教育发展中心牵头，各相关专业教育指导委员会共同参与。建设法律硕士专业学位研究生教育教学案例库，是支撑并推进全国法律硕士专业学位研究生培养单位实践必修环节学位课程案例教学与保证法律硕士专业学位研究生教育质量的重要措施。2013年6月，教育部学位管理与研究生教育司批复同意全国法律专业学位研究生教育指导委员会（以下简称指导委员会）秘书处组织开展"案例库建设与案例教学推广项目"。按照规划，指导委员会和教育部学位与研究生教育发展中心共同建设"中国法律专业学位案例中心"，合作开发入库教学案例并纳入中国专业学位教学案例中心平台管理和运营。

该项目启动后，指导委员会决定由韩大元、姜晶两位副秘书长负责组织、协调项目的实施工作，并组织制定了《中国专业学位教学案例库中心法律硕士分中心建设规划》（以下简称规划），对案例库建设确立了明确的目标和阶段性任务，并对项目实施进行了总体布置。为保障项目的顺利实施，指导委员会秘书处成立了以时延安教授为牵头人的专家工作组，起草《案例编写规范》、《评审管理办法》和案例模版及使用说明书范本，开展多次编写培训，组织和协调案例申报及评审工作，负责案例中心的维护、日常管理和应用服务等相关工作。2014年至2016年，指导委员会先后三次向培养单位征集案例，组织专家评审组遴选案例，迄今共征集案例382个，其中入选案例139个。

为推动法律专业学位研究生教育教学案例在教学中的运用，切实提高实践课程的教学水平，指导委员会决定从入选案例中选择部分案例出版。该案例出版工作得到法律出版社的大力支持，并根据出版要求对入选案例进行了合理调整。

目前，"法律硕士教学指导案例丛书"已经编辑完成，我们希望这套丛书对提升我国法律专业学位研究生教育有所裨益。在此，向所有参与法律硕士专业学位研究生教育教学案例库工作的专家、学者及相关同志表示衷心地感谢！受时间和能力所限制，编辑过程难免有不足之处，敬请提出宝贵意见。

丛书编委会

2017 年 12 月

目录

Contents

1 CASE 远宁运业公司诉联合保险公司保险合同纠纷案

| 摘　要 |

远宁运业公司与联合保险公司的合同纠纷一案不仅涉及保险合同的拟定与缔约效力、保险事故的认定标准、保险责任的分担等实体法的内容,也涉及保险理赔争议的解决路径、法庭审理、司法裁决等程序法的问题。一定程度上,该案例说明保险法律实务,尤其是涉及保险理赔的标准与程序等方面,仍需要进一步的研究。在分析与研习本案例的过程中,首先需要结合保险法的相关基础理论认识与理解保险合同的缔结、格式条款的效力、保险责任的起点等法律概念,并运用基础知识厘清理赔争议双方的权利与义务;其次需要明确案例的争议焦点,了解理赔纠纷过程中投保人与保险公司的争论点;最后需要熟悉保险合同纠纷与理赔纠纷的司法解决机制,增强对保险司法实务的问题决策力与操作能力。

| 关键词 |

保险利益　格式条款　保险合同　保险责任的免除

| 教学目标 |

宏观目标:(1)掌握保险合同相关法律关系;(2)培养学生接触司法实务案例时所应当具有的法律思维;(3)锻炼学生的表达能力和实务操作能力。

具体目标:(1)理解并掌握保险合同的基础理论;(2)学习并运用保险合同的解释方法;(3)厘清司法实务中保险合同的适格诉讼主体;(4)明确保险合同免责条款的证明责任。

教学案例主文

一、案件起因

2012年3月27日,远宁运业公司(以下简称远宁公司)为川R20340号东风厢式运输车向联合保险公司分别投保了机动车交通事故强制责任险、机动车第三者责任险,保险期为一年。

2012年12月12日9时许,尹涛驾驶该东风厢式运输车,从重庆市中电公司运载电杆到合川区龙市镇飞龙村6组南娅田公路旁卸电杆,正在卸电杆时,由于车在斜坡上未停稳,车身抖动引起绑电杆的软绳断裂,导致电杆从车上掉下,使正在车旁扶电杆的尹贤利的头部夹在两根电杆之间,导致其当场死亡。

2012年12月16日、2013年2月25日、2013年12月25日,远宁公司分三次支付了死者的死亡赔偿金、精神抚慰金、丧葬费共计38万元。远宁公司赔偿后,认为交通事故发生在保险合同有效期内,联合保险公司依法应当在交强险、第三者商业险责任限额内承担赔偿责任。但是,联合保险公司却拒绝在前述险种的责任限额内向远宁公司支付保险金。

二、案情发展

远宁公司于2014年3月17日向南充市顺庆区人民法院提起诉讼,诉请联合保险公司支付远宁公司保险赔款31万元,并由联合保险公司承担诉讼费。

联合保险公司辩称,对远宁公司在联合保险公司购买的保险和受害者所发生的事故均无异议,但是本案不属于交通事故。远宁公司对受害者损失进行赔付,是基于雇主责任,而不是交通事故责任;且受害者的家属之前在法院起诉联合保险公司后又撤诉,更能证明本案不属于交通事故。远宁公司亦无证据证明本案属于交通事故理赔范围,故联合保险公司不应承担保险责任。即使认定是交通事故,因驾驶员尹涛与受害人之间系亲属关系,按本案保险合同约定,其产生的赔偿属免责条款范围,且联合保险公司已对免责条款尽到了明确说明义务,免责条款有效,远宁公司也未购买不计免赔率,因此应驳回远宁公司的诉讼请求。

(一)一审

1.查明事实

经调查,查明如下案件事实:

其一,川R20340号东风厢式运输车系案外人杨春所有,其挂靠在远宁公司经营,远宁公司于2012年3月26日在联合保险公司为川R20340号车投保机动车交通事故责任交强险、第三者责任险,联合保险公司出具了《机动车交通事故责任强制保险单》《机动车辆保险单》,保单载明:机动车交强险责任项下死亡伤残赔偿限额为11万元,第三者责任险赔偿限额为20万元,保险期限为2012年3月27日至2013年3月26日。交强险保险条款保险责任项下第8条载明:“在中华人民共和国境内,被保险人在使用被保险机动车过程中发生交通事故,致使受害人遭受人身伤亡或者财产损失,依法应当由被保险人承担损害赔偿责任”;第三者责任保险条款责任免除项下第5条第2项载明:“本车驾驶人员及其家庭成员的人身伤亡、所有或代管的财产的损失”;第9条第1项载明:“负次要事故责任的免赔率为5%,负同等事故责任的免赔率为15%,负全部事故责任的免赔率为20%”,该内容字体并经黑体加粗。联合保险公司《机动车商业保险投保单》上载明行驶证车主为四川远宁运业有限公司,车牌号码为川R20340;并在“特别约定”栏下载明:本保单已附相应保险条款,如条款遗失,请速与我公司联系索取;该投保单“投保人声明”载明:本人已经仔细阅读保险条款,尤其是字体加粗部分的内容,并对保险公司就保险条款的说明和提示完全理解,没有异议,申请投保。远宁公司在该处盖章,落款时间为2012年3月26日。

其二,驾驶员尹涛、卸货工尹贤利(尹涛之父)受雇于杨春,2012年12月12日尹涛驾驶川R20340号东风厢式运输车,尹贤利押车从重庆市中电公司运载电杆到合川区龙市镇飞龙村6组南垭田公路边卸电杆,该车熄火后,尹涛在车厢上卸电杆时,由于车停在斜坡上,车身滑动引起绑电杆的软绳断裂,导致电杆从车上掉下,使正在车下辅助装卸货物的尹贤利的头部夹在两根电杆之间,并致其当场死亡。事故发生后,在场人甘霞仲报案,《重庆市公安局案件接报回执》简要报警信息载明:正在卸货的时候,由于车未停稳(斜坡上),加之车身抖动引起绑电杆的软绳断裂,导致电杆从车上掉下,使正在车旁扶电杆的尹贤利头部夹在两根电杆之间,尹贤利当场死亡。合川区公安局龙市派出所出具了《道路交通事故证明》,载明"当车辆在重庆市合川区龙市镇临时停车卸货时,因操作不当,车辆熄火后滑行,导致电杆从车厢内滚出击落到正在公路边卸货的工人尹贤利的身体头部,致使尹贤利当场死亡"。尹涛在派出所询问时陈述:因电杆多卸下了一根,收货人要求再装上车,在装车过程中,车身向下滑动一米,电杆被振动掉下,砸中尹贤利头部,致其当场死亡。杨春于2012年12月12日当日向联合保险公司报案,报案备注:已报交警、刑警;本案疑似超载的货车,报案时在现场。

其三,事故发生后,死者家属于2013年10月12日向顺庆区人民法院起诉杨春、远宁公司、联合保险公司交通事故损害赔偿案,后撤诉。死者家属主张尹贤利死亡赔偿金406140元、丧葬费17936.5元,被抚养人生活费父母各13417.5元,交通费1700元,精神抚慰金50000元,合计502611.5元。考虑到死者自身对损害的发生也有一定的过错,车主杨春与死者家属达成了赔偿协议,至2013年12月25日,杨春共支付赔偿金38万元,杨春向顺庆区人民法院书面申明,其赔偿行为对外视为公司的行为,本人不参加诉讼,同意由远宁公司向联合保险公司主张权利。尹贤利生于1958年12月4日,系村民,长期在城镇务工、生活,其父母尚在农村生活,由尹贤利生前与其弟尹贤会共同赡养。2012年度四川城镇居民人均可支配收入20307元、农村居民人均年生活消费支出5367元。

2. 一审判决

2014年6月15日,顺庆区人民法院作出一审判决。

(二)二审

1. 提起上诉

一审宣判后,联合保险公司提起上诉称,远宁公司提交的证据矛盾,不能证明此案属于交通事故,联合保险公司不应承担保险责任。假设本案属于保险事故,由于死者是驾驶员之父,根据保险条款约定,联合保险公司在商业保险范围内应当免责。该车未投保不计免赔,根据保险条款第9条约定,保险公司应按照责任划分在5%—20%范围内免赔。该车明显超载,根据保险条款也应增加10%的免赔率。保险条款中责任免除条款内容字体经黑体加粗,且通俗易懂,远宁公司在投保单的"投保人声明"部分加盖印章,确认了投保单上的内容,说明远宁公司自认联合保险公司对保险条款尽到了明确说明义务。联合保险公司请求撤销原判，依法改判。

远宁公司答辩称，远宁公司已举证证明本案是保险事故，联合保险公司认为其已对免责条款进行加粗加黑，但仅是提示，未尽明确说明义务。故请求二审维持原判。

2. 二审判决

2015 年 1 月 7 日，二审法院对一审查明的事实予以确认，并依法作出判决。

三、证据材料

远宁公司、联合保险公司共提供 19 份证据材料。本案所有证据以表格形式呈现在附件中。

1. 远宁公司提供 15 份证据材料，分别为：

（1）重庆市公安局案件接报回执单一张。

（2）重庆市合川区公安局龙市派出所对驾驶员尹涛的询问笔录一份。

（3）合川区公安局处理尸体通知单一张。

（4）赔偿协议一份。

（5）死者及家属的身份证明两张。

（6）嘉陵区吉安镇白鹤林村村委证明三张。

（7）重庆市中电水泥制品有限公司广安分公司证明一张。

（8）货运汽车挂靠协议一张。

（9）收条三张。

（10）货物运输合同一份。

（11）保险单两张。

（12）顺庆区法院对驾驶员尹涛的询问笔录一份。

（13）尹贤利损失清单一张。

（14）杨春在事故发生后向保险公司的报案信息一张。

（15）合川区公安局龙市派出所出具的道路交通事故证明一张。

2. 联合保险公司提供 4 份证据材料，分别为：

（1）（2013）顺庆民初字第 3640 号案件起诉状及开庭传票各一份。

（2）机动车第三者责任保险条款。

（3）机动车商业保险投保单。

（4）事故现场照片两张。

教学指导手册

教学目标

1. 宏观目标:(1)掌握保险合同相关法律关系;(2)培养学生接触司法实务案例时所应当具有的法律思维;(3)锻炼学生的表达能力和实务操作能力。

2. 具体目标:(1)理解并掌握保险合同的基础理论;(2)学习并运用保险合同的解释方法;(3)厘清司法实务中保险合同的适格诉讼主体;(4)明确保险合同免责条款的证明责任。

教学内容

1. 案例引入

"纸上得来终觉浅,绝知此事要躬行。"学习的目的在于能够灵活运用。上次课我们已经学习了保险合同的订立、履行、变更与终止等相关基础知识,这节课我们通过司法实务的一个案例对前面所学的内容进行一个检测,同学们请充分运用我们所学习的关于保险合同的基础理论来处理实务中的真实案例。

具体内容见"'远宁公司诉联合保险公司保险合同纠纷案'基本案情简介"中的第一部分"案件起因"。

2. 基础理论

关注案情的同时,对前面所学的基础知识,进行一个简单的回顾。

(1)保险合同的基本特征:包括射幸性、有偿性、附合性。

(2)保险合同基本原则:最大善意原则、损失补偿原则、保险利益原则、近因原则、保险与防灾减损相结合原则。

(3)保险合同的主体及辅助人:保险合同当事人、保险合同关系人、保险代理人、保险经纪人。

(4)保险合同的订立:订立程序、法定条款和约定条款、保险单。

(5)保险合同的成立与生效:成立要件、生效要件。

(6)保险合同的履行:投保人的法定义务、保险人的法定义务。

(7)保险合同的终止:因期限届满而终止、因保险人全部履行赔偿或给付全部保险金而终止、因解除而终止。

3. 梳理案情

具体内容见"'远宁公司诉联合保险公司保险合同纠纷案'基本案情简介"中的第二部分"案情发展"中的"一审""查明事实"部分。

梳理案情的关键在于提出问题,本案需要思考的问题是:法院是否应当支持远宁公司的诉讼请求。

4. 课堂讨论

对案情有了基本的了解后,结合所学的基础理论,留足思考时间,由同学们开始对本案进行讨论,并逐一发言,谈对本案的认识。

发言内容围绕两个方面展开:其一,支持远宁公司的诉讼请求,并阐述其理由;其二,支持联合保险公司的抗辩成立,并阐述其理由。

5. 随堂辩论

同学们逐一发言之后,将选择支持远宁公司诉讼请求的同学归为一组,选择支持联合保险公司抗辩成立的同学归为另一组,两组同学分别查找资料,充实论据,在教师的指导下,进行课堂辩论。

教师归纳本案的核心争议焦点为:

(1)机动车卸货时致人死亡是否为交强险保险条款保险责任项下所指的交通事故。

(2)驾驶人员的家庭成员能否为商业三者险的保护对象。

(3)联合保险公司对商业三者险中的责任免除条款是否尽到了提示义务。

围绕教师归纳的三个核心争议焦点,学生有针对性地开展辩论活动。

6. 模拟庭审

教学模拟庭审以真实审判环境为参考,侧重于锻炼学生的实务能力。其源于真实庭审,但又有别于真实庭审。

本次模拟庭审由第×小组来举办。小组组长负责安排组内成员所担任的角色,原则上由小组组长担任审判长,对本组的庭审过程负责,并作出最终裁判;审判员除了参与合议庭讨论得出裁判的结论以外,还需要每人分别撰写一份书面的裁判文书;书记员负责记录庭审过程及每次小组的讨论会议,讨论会议不得少于三次;原、被告代理人需要提交书状、举证质证、法庭辩论、总结陈词等。

预期效果

1. 培养学生处理案件的法律思维,提高学生发现问题、分析问题、解决问题的能力。

2. 引导学生自主学习,搜集资料,强化论证,激发学生主动学习的热情。

3. 培养学生的角色意识,使学生能够从司法实务的角度来学习和运用法律。

教学计划

1. 课前在班级群里分享保险合同纠纷的类似案例及相关的理论性文章,要求大家在课前阅读。

2. 通过案例引入基础理论学习。

3. 设置课堂讨论环节,由每位同学针对教师所提出的两个问题,逐一发言。

4. 结合学生的发言情况,根据其所选择的结论将学生分为两个组。

5. 教师总结案例中的三个争议焦点,围绕争议焦点,由两个组的同学分别着手准备资料,就三个争议焦点展开随堂辩论。

6. 将学生分为数个小组,每个小组共6名成员(包括审判长、审判员、书记员、原告代理人、被告代理人),轮流就教师在本学期所提供的案例开展模拟庭审。

本次模拟庭审由第一小组来举办。小组组长负责安排组内成员所担任的角色(包括审判长、审判员、书记员、远宁公司代理人、联合保险公司代理人),审判长原则上由小组组长担任。在模拟法庭开展对本案的模拟庭审。

课堂时间安排

1. 第 1 ~2 个课时,介绍案情及引入基础理论学习。

2. 第 3 个课时,梳理案情及引导课堂讨论,凝练争议焦点,找准核心问题。

3. 第 4 个课时,提供部分资料,并引导学生自主查找相关资料,开展随堂辩论。

4. 第 5 ~6 个课时,组织学生开展模拟庭审,并对本案进行总结。

思考题和实践题

1. 思考题

本案所涉及的法律关系为保险合同纠纷,围绕案情,教师可以在课堂讨论环节(第 3 个课时)设置以下思考题,用以引导学生讨论:

(1)远宁公司是否具有诉讼主体资格?

(2)如何看待车主杨春放弃诉权的行为?

(3)法院是否应当支持远宁公司的诉讼请求?

在课堂讨论的基础上,总结案情,归纳本案的争议焦点,设置三个思考题,引导学生针对争议焦点展开课堂辩论:

(1)机动车卸货时致人死亡是否为交强险保险条款保险责任项下所指交通事故?

(2)驾驶人员的家庭成员能否为商业三者险的保护对象?

(3)联合保险公司对商业三者险中的责任免除条款是否尽到了提示义务?

2. 实践题

安排学生通过查询法律案例数据库(万律、北大法宝)搜集全国各地类似情形的保险合同纠纷相关案例,并撰写一份案例综述。

具体要求如下:

(1)案例综述主题为"商业三者险中免责条款的效力分析"。

(2)案例综述字数不少于 4000 字。

(3)案例综述须包含数据分析和推理论证两个方面。

参考文献

1. 曾咏梅、王峰:《经济法》(第七版),武汉大学出版社 2015 年版。

2. 彭万林:《民法学》(第六版),中国政法大学出版社 2007 年版。
3. 江平:《民法学》(第二版),中国政法大学出版社 2011 年版。
4. 李奕廷:《保险合同格式条款的法律问题研究》,载《东南大学学报》(哲学社会科学版)2015 年第 S1 期。
5. 徐静、王焱:《完善人身保险合同纠纷诉讼处理机制的分析与思考》,载《税务与经济》2014 年第 5 期。
6. 孙蓉、于林樾:《免赔条款并非免责条款——保险合同免赔条款的性质及法律适用》,载《西南金融》2013 年第 6 期。
7. 闫谦逊:《保险合同条款解释中有利解释规则的适用与限制》,载《学术交流》2013 年第 5 期。
8. 刘竹梅、林海权:《保险合同纠纷审判实务疑难问题探讨》,载《法律适用》2013 年第 2 期。
9. 周迅:《当前保险合同纠纷案件审理中存在的主要问题及对策分析——以基层法院相关案件的审理为依据》,载《法律适用》2013 年第 2 期。
10. 潘红艳:《论保险人的免责条款明确说明义务——以对保险行业的实践考察为基础》,载《当代法学》2013 年第 2 期。
11. 李景义、焦雪梅:《保险合同如实告知义务及其法律规制》,载《开发研究》2014 年第 4 期。
12. 李天生:《论保险合同免责条款效力的程序规范》,载《学术论坛》2011 年第 9 期。
13. 唐英:《我国保险合同主体法定变更制度之完善建议》,载《前沿》2011 年第 14 期。
14. 龚贻生、朱铭来、吕岩:《论保险合同免责条款和保险人明确说明义务——〈保险法〉第 17 条和第 19 条的理解和适用》,载《保险研究》2011 年第 9 期。
15. 俞巍、沈文宏、曹霞:《保险合同限制责任条款的适用争议与解决路径 以车辆商业险为视角》,载《法律适用》2011 年第 9 期。
16. 孙积禄:《保险合同效力研究》,载《政法论坛》2012 年第 3 期。
17. 常敏:《保险合同可争议制度研究》,载《环球法律评论》2012 年第 2 期。

2 CASE 讯捷通讯连锁有限公司与蜀都实业有限责任公司房屋买卖合同纠纷案

| 摘 要 |

本案例以一则最高人民法院公报案例为蓝本，围绕两个公司之间房屋买卖合同纠纷展开，涉及的知识点和执业技能包括：律师代理民事诉讼的准备工作、代理律师如何提出诉讼请求及答辩意见、代理律师如何积极进行举证质证、法官的释明权、法官对当事人争点的确定及事实认定、民法相关法条的解释适用等。本案历经一审、二审、再审三次审理，涉及的实体问题包括合同性质的认定、本约与预约、定金与违约金、合同效力的认定、负担行为与处分行为的区分问题、合同条款约定不明时的解决方式、合同解除的条件等；涉及的程序和证据问题包括本诉与反诉、证明链条的形成、质证、提起再审的条件等问题。本案例由于所涉程序和实体问题比较丰富，对于培养学生的民事诉讼实务能力颇具参考意义。

| 关键词 |

房屋买卖合同　释明权　本诉　反诉　本约　预约　合同解除
合同解除异议

| 教学目标 |

着重使学生把握以下几方面内容：(1)代理律师对案件事实的了解和对证据材料的研究；(2)代理律师的举证与质证；(3)法官的释明权与争点归纳；(4)以证据为基础的案件事实认定；(5)相关民法条文的解释适用，穿梭于案件事实和法律规范之间最终得出结论的法律适用能力。

教学案例主文

一、案件当事人

1. 迅捷通讯连锁有限公司(以下简称迅捷公司)(一审原告、反诉被告,二审被上诉人,申请再审人)

2. 蜀都实业有限责任公司(以下简称蜀都实业公司)(一审被告、反诉原告,二审上诉人,申请再审人)

3. 友利投资控股股份有限公司(以下简称友利公司)(一审第三人)

二、基本案情

(一)蜀都实业公司与迅捷公司《购房协议书》的签订

2006年9月20日,蜀都实业公司(甲方)与讯捷公司 (乙方)签订《购房协议书》,其中约定:"甲乙双方按照互惠、互利的原则,经多次协商,就蜀都大厦北一楼及中庭售房事宜达成如下一致意见:1. 乙方购买甲方所拥有的蜀都大厦北一楼及中庭建筑面积2100平方米,总价格6750万元(最后按照房管部门办理的产权证为准进行结算)。2. 本协议签订之日起,甲方收到乙方预计购房定金1000万元,待购房合同签订时,该定金自动转为购房款。3. 甲、乙双方应就购房合同及付款方式等问题在本协议原则下进行具体磋商。4. 甲、乙双方均应遵守本协议所确定的原则,违反则违约方向守约方支付违约金1000万元。5. 甲乙双方就该宗房屋买卖签订合同时,本协议自动失效。"

上述事实,有加盖讯捷公司和蜀都实业公司公章的《购房协议书》予以证实,当事人对该证据的真实性不持异议。

(二)迅捷公司向友利公司账号转入定金1000万元以及友利公司与蜀都实业公司之间关系的相关情况

2006年9月14日和2006年9月18日,讯捷公司经上海浦东发展银行股份有限公司成都分行向舒卡特种纤维股份有限公司(以下简称舒卡公司,现名友利公司)在中国光大银行成都分行的账号分别转入200万元和300万元,款项用途为预付购房定金。2006年9月18日、2006年9月19日、2006年9月20日,讯捷公司经中国光大银行成都分行向舒卡公司的账号分别转入200万元、200万元和100万元。舒卡公司于2006年9月20日向讯捷公司开具了两张金额均为500万元的定金收据。蜀都实业公司于2007年1月4日将讼争的房屋交付给讯捷公司使用至今。

上述事实,有《中国光大银行往来账贷方凭证》、《上海浦东发展银行电子转账凭证》、舒卡公司开具的《四川省非经营性结算统一票据》和蜀都实业公司与讯捷公司对交房时间的一致陈述予以证实。

四川省工商行政管理局于2004年核准"成都蜀都大厦股份有限公司"的企业名称变更为"四川舒卡特种纤维股份有限公司"。四川蜀都大厦有限责任公司(以下简称蜀都大厦公司)由舒卡公司、成都蜀都投资管理有限责任公司、江苏双良科技有限公司分别出资4600万元(占46%)、500万元(占5%)、4900万元(占49%)而设立,蜀都大厦公司于2005年7月分立为蜀都大厦公司和蜀都实业公司。蜀都实业公司注册资本为1000万元,股东名称和出资比例不变。舒卡公司于2009年4月10日经四川省工商行政管理局核准企业名称变更为友利公司。

上述事实,有《企业名称变更核准通知书》《公司变更登记申请书》《营业执照》《公司章程》《蜀都大厦分立协议》(均为复印件,加盖有成都市工商行政管理局企业登记专用章)等工商登记材料予以证实。

2005年8月5日,蜀都大厦公司出具的《场地证明》载明:"因企业分离,现蜀都大厦公司名下锦江区暑袜北三街20号蜀都大厦南楼(权0111476)、北楼(权0963909)、中庭(权0111478)第一至四层楼及精品屋(权0613360)无偿提供给蜀都实业公司使用。"2006年2月25日,蜀都大厦公司与蜀都实业公司根据双方签订的分立协议,就蜀都大厦公司将位于成都市锦江区暑袜北三街20号的蜀都大厦裙楼(包括南楼、北楼、中庭)第一层至第四层以及精品屋共计17 537.36平方米房屋产权及相应的土地使用权转移过户至蜀都实业公司名下的具体问题签订了《关于办理蜀都大厦裙楼1—4层房屋权属转移过户协议书》一份,双方同意分次办理应转移过户到蜀都实业公司名下房产的转移过户登记手续,并各委派一人共同办理房屋权属转移过户登记手续,相关费用按规定由双方分别承担,待上述房屋产权全部过户至蜀都实业公司名下后,随即开始办理相应土地使用权证的转移过户登记手续。成都市房屋产权监理处于2008年3月4日向蜀都实业公司颁发了位于成都市锦江区署袜北三街20号一层，面积4060.40平方米房屋的产权证[产权证编号：成房权证监证字第1654684号，丘(地)号：权1223775]。友利公司于2008年3月14日向中国农业银行股份有限公司成都蜀都支行借款3000万元，蜀都实业公司以该产权证下2043.91平方米的房屋为友利公司的借款提供抵押担保，并在成都市房管局产权监理处办理了抵押登记。友利公司于2009年12月15日偿还了中国农业银行股份有限公司成都蜀都支行全部贷款本息，但抵押登记尚未注销。2010年7月29日，蜀都实业公司以位于成都市锦江区署袜北三街20号一楼(产权证编号：成房权证监证字第1654684号)面积1347.52平方米的房屋为友利公司向招商银行股份有限公司成都顺城大街支行办理综合授信2500万元而设定抵押，并在成都市房管局产权监理处办理了抵押登记，友利公司在授信项下借款500万元已于2010年11月19日结清本息，但抵押登记未注销。

上述事实，有蜀都大厦公司2005年8月5日出具的《场地证明》、蜀都大厦公司与蜀都实业公司于2006年2月25日签订的《关于办理蜀都大厦裙楼1—4层房屋权属转移过户协议书》、《房屋所有权证》、成都市房地产档案馆出具的《房屋信息摘要》、中国农业银行股份有限公司成都蜀都支行和招商银行股份有限公司成都顺城大街支行分别出具的《情况说明》等证据予以证实。

(三)迅捷公司与蜀都实业公司之间就房屋买卖相关问题的协商往来情况

2009年9月28日，讯捷公司向蜀都实业公司发出《商函》，内容主要是："金融危机对行业的侵蚀，市场的变化致使我公司手机销售额及利润大幅下滑；另外，房地产销售价格整体向下走的态势，能否请贵司在原协议的基础上对约定购买价格作出一定的让步！我们期望值在人民币6000万元左右。"

2009年9月28日，蜀都实业公司向讯捷公司发函，主要内容为："贵我双方自2006年9月20日签订《购房协议书》以来，时间已经过去了三年，但贵我双方至今仍未能签订正式的《房屋买卖合同》。2009年6月2日，贵公司致《商函》给我公司。该《商函》要求我公司作出减少750万元房价的让步……我公司现就相关事项函告贵公司：(1)我公司再次催促贵公司按照双方协议达成的意向原则，就买卖该房屋的相关重大事项与我公司进行协商，并签订正式的房屋买卖合同。(2)贵公司使用我公司经营场地已接近三年，我公司希望贵我双方能本着实事求是的原则,通过协商,尽快确定、落实贵公司使用我公司经营场地的应付场地使用费事宜。”讯捷公司 2009 年 9 月 29 日回函称:“贵方函告我方已经收悉,我公司非常重视此事,但现在正值国庆将至,我们正紧张筹备国庆节工作,恳请贵公司将蜀都一楼的购买事宜推迟到十月九日左右商谈,恳请谅解为感!”

2009 年 10 月 10 日,蜀都实业公司向讯捷公司发函,要求对蜀都实业公司拟定的《房屋买卖合同》文本予以回复。讯捷公司于 2009 年 10 月 12 日回函确认收到蜀都实业公司提供的《房屋买卖合同》文本。2009 年 10 月 20 日、2009 年 10 月 28 日、2009 年 12 月 9 日,蜀都实业公司与讯捷公司组织相关人员及律师就房屋买卖中的相关问题进行了三次协商,双方就讯捷公司是否应当支付场地使用费、买卖过户税费的负担、产权证的办理及购房尾款的支付时间、出售房屋所涉抵押的解除等问题进行协商后未达成一致意见。

2009 年 11 月 4 日,蜀都实业公司向迅捷公司发出的《函》内容为:“为了签订房屋买卖合同,贵我双方又分别于 2009 年 10 月 20 日、2009 年 10 月 28 日就房屋买卖合同中的内容进行了磋商,虽经双方充分协商,贵我双方仍对合同内容存在较大分歧,未能协商一致。因此,我公司意见是:(1)贵公司应支付占有使用房屋期间的场地使用费,具体标准双方可再行协商;(2)房屋买卖的全部税费由贵公司承担;(3)其他问题可再议。”2009 年 11 月 5 日,讯捷公司回函内容为:“我司于三年前就商定了购买蜀都大厦北一楼及中庭建筑面积 2100 平方米的商铺……然,贵司现在却突然提出增加场地使用费问题,且房屋买卖的全部税费由我公司来承担。我司认为这些要求过于苛刻,属于违背诚信的原则,再次明确回复如下:(1)场地使用费属于买卖关系成立后增加的要求,我司不能接受;(2)房屋买卖的税费问题,将根据国家法律、法规以及政府政策,由贵司和我司各自承担自行部分;(3)对于剩余房款,我司已准备有专款资金,再次要求贵公司尽快将相应的产权手续、土地手续过户到我司名下后,我司当即付清全款。以上是我司就贵司所提及问题的书面回复,希望贵司能在实事求是的基础上,正确对待双方间已经成立的买卖关系。”

2009 年 11 月 12 日,蜀都实业公司向讯捷公司发函,主要内容是:(1)双方依据《购房协议书》就房屋买卖合同内容磋商长达三年时间,但至今仍在买卖合同的许多重大问题上存在严重分歧,导致双方一直未签订《房屋买卖合同》,因此双方的房屋买卖关系未成立;(2)讯捷公司无偿占用蜀都实业公司房屋三年,应当支付场地占有使用费;(3)蜀都实业公司不同意讯捷公司提出的付款方式;

(4)由讯捷公司承担房屋买卖全部税费是蜀都实业公司出卖二手房的交易条件,从未发生改变。

2009年11月17日,讯捷公司向蜀都实业公司回函,主要内容是:(1)讯捷公司认为双方的房屋买卖已经实际履行;(2)讯捷公司占有并使用房屋是合法的,不应向蜀都实业公司支付场地占用费;(3)讯捷公司坚持在房屋过户登记后才向蜀都实业公司支付全部购房尾款;(4)蜀都实业公司提出房屋买卖税费全部由讯捷公司承担缺乏依据和违反国家相关法律规定。

2010年3月3日,蜀都实业公司通过成都市蜀都公证处向讯捷公司发《函》,内容为:"2009年12月9日贵我双方就相关善后事宜进行了协商,由于双方存在重大分歧,未能达成一致意见。此后,双方又就善后事宜进行了数次协商,但仍未取得任何结果。为此,我公司经慎重研究后,通知贵公司:(1)解除贵我双方于2006年9月20日签订的《购房协议书》;(2)请贵公司在收到本函后三十日内腾退该房屋;(3)请贵公司在收到本函后三十日内向我公司支付占用该房屋期间应付的场地使用费并办理相应的财务结算(定金、使用费等费用的退还和支付)。"

上述事实,有讯捷公司与蜀都实业公司之间的往来函件及《会议纪要》、公证书等证据予以证实。

(四)迅捷公司与蜀都实业公司在案件审理中的诉讼请求与答辩意见

2010年5月12日,迅捷公司向一审法院起诉请求:(1)确认讯捷公司与蜀都实业公司于2006年9月20日签订的《购房协议书》已成立并合法有效,确认蜀都实业公司于2010年3月3日作出的解除2006年9月20日签订的《购房协议书》的解除函无效;(2)请求判令蜀都实业公司在判决生效后15日内向讯捷公司履行办理房屋产权过户登记的义务,在蜀都实业公司履行过户登记后5日内,讯捷公司向蜀都实业公司支付剩余购房款5750万元;(3)产权过户的税费按照法律规定由讯捷公司与蜀都实业公司各自承担。

蜀都实业公司答辩称:(1)讯捷公司向法院提交的《诉讼请求明确书》无效,法院不应审理其关于"确认解除函无效"的诉讼请求。(2)2006年9月20日签订《购房协议书》时,蜀都实业公司尚不是房屋的所有权人,因此协议书并非房屋买卖合同,实际上《购房协议书》是一份排他性的定金合同,讯捷公司也未向蜀都实业公司支付1000万元定金,故《购房协议书》成立而未生效,不生法律效力。(3)用讯捷公司正在使用房屋的现状来推断蜀都实业公司已经履行了房屋交付义务属于逻辑错误。2007年1月4日,蜀都实业公司同意讯捷公司使用房屋是基于当时房屋于2006年12月31日对外租期届满,交由讯捷公司使用不影响买卖或租赁的谈判,因此蜀都实业公司不是基于买卖关系履行房屋交付义务。

同时,蜀都实业公司一审反诉请求:(1)判令讯捷公司立即腾退蜀都大道北三街20号北一楼及中庭建筑面积约2100平方米房屋给蜀都实业公司;(2)判令讯捷公司向蜀都实业公司支付上述房屋从2007年1月4日至实际腾退房屋之日的占有使用费(截至2010年6月30日为2650.90万元)。

讯捷公司答辩称,讯捷公司的诉讼请求是基于双方的买卖关系,而蜀都实业公司的反诉请求则是基于房屋占有关系,本诉和反诉不是基于同一法律关系,不具有对抗性,本诉成立则反诉不成立,反诉成立则本诉不成立。因此,蜀都实业公司的反诉条件不成立,反诉应不予受理或者受理后中止审理,不应与本诉合并审理。蜀都实业公司交付房屋的行为是基于《购房协议书》,本案法律关系是买卖合同关系,故讯捷公司要求确认《购房协议书》成立,双方应履行相关的义务。此外,蜀都实业公司要求讯捷公司支付房屋占有使用费没有任何法律依据。

教学指导手册

教学目标

着重让学生把握以下几方面内容:(1)代理律师对案件事实的了解和对证据材料的研究;(2)代理律师的举证与质证;(3)法官的释明权与争点固定;(4)以证据为基础的案件事实认定;(5)相关民法条文的解释适用,穿梭于案件事实和法律规范之间最终得出结论的法律适用能力。

教学内容

1. 代理律师如何准备诉讼,如何提起诉讼请求及答辩意见?

代理律师接受当事人委托时,应首先和当事人签订委托合同并签订授权委托书,就代理当事人诉讼的权限范围进行明确约定。接受委托以后,代理律师应当有条不紊地工作,尽快研究和了解案件事实,研究相关的证据材料。原告的代理律师应当注意考察被告和第三人主体的适格性问题、管辖法院、证据保全、财产保全,提出切实可行的具体诉讼请求;被告的律师应当围绕对方的诉讼请求出具答辩意见,注意审查对方证据的完整性,强化己方证据材料的搜集。

2. 被告代理律师如何提起反诉?法官如何处理反诉?

被告代理律师提起反诉须注意以下要件:(1)须在法院受理本诉后直至法庭辩论终结前提出;(2)须向受理本诉的法院提出,且受诉法院对反诉有管辖权;(3)须与本诉适用同一诉讼程序;(4)须反诉与本诉之间存在牵连关系。

法官对反诉的认定主要是反诉是否符合提起的实质条件,即反诉与本诉的牵连性。所谓反诉与本诉的牵连性,是指反诉请求与本诉请求有同一事实上或法律上的联系或基于诉讼标的的同一或主观权益上的联系。由于这种联系,反诉请求与本诉请求可以相互排斥、抵销、吞并,如不符合,则不构成有效反诉,应告知当事人另案起诉。另外,二审法院受理反诉后,已不能对反诉作出裁判,因为对反诉作出裁判后不服的一方当事人已无法再上诉,有违两审终审制。二审法院可以用调解的方式处理本诉与反诉,调解不成时,应当告知当事人另行起诉,而不能将本诉与反诉发回一审法院重审。

3. 律师的出庭代理工作

应引导学生根据《民事诉讼法》及《最高人民法院关于民事诉讼证据的若干规定》的相关规定,学习和模拟律师代理民事诉讼的出庭工作要点:(1)证据准备、清单和证据交换;(2)是否可申请审判人员的回避及开庭审理延期;(3)法庭调查中的举证质证;(4)法庭辩论,抓住要点、围绕主题、语速适中、观点鲜明、逻辑严密、语言精练。

4. 法官的释明权、法官对案件争点的确定、事实认定及法律适用

法官的释明权包含了在起诉与受理阶段、庭前准备阶段、开庭审理阶段等诉讼活动的各阶段可以行使的释明权,法官行使释明权时要把握探求当事人真意、中立以及适度原则。

邹碧华法官曾将审判活动划分为环环相扣的九个步骤,分别是:固定权利请求—确定权利请求基础规范—确定抗辩权基础规范—基础规范构成要件分析—诉讼主张的检索—争点整理—要件事实证明—事实认定—要件归入并作出裁判。教师可以此为例,引导学生在民事诉讼中学会“像法官一样思考”,穿梭于案件事实和法律规范之间,得出裁判结论。

预期效果

1. 学生能基本掌握民事诉讼代理律师的工作流程及要点,熟练运用各项民事诉讼的程序规则。

2. 学生能学会面对民事案件时“像法官一样思考”,准确确定案件事实,正确适用相关法律。

教学计划

本案例可以作为专门的案例教学课来进行,整个案例课的课堂安排 6 个课时,每课时 45 分钟。如下课堂设计,仅供参考:

1. 课前计划:安排学生阅读案例及相关参考资料,对案例所涉及的问题进行思考,撰写实践题答案。

2. 模拟诉讼:(1)介绍教学目的,明确讨论主题;(2)将学生分成原告及其代理人、被告及其代理人、审理法官三个小组进行模拟诉讼;(3)教师归纳总结。

3. 学生分析总结:对照本案实际的一审、二审、再审民事判决书与自己的模拟诉讼,分析总结。

课堂时间安排

1. 介绍教学目的,明确讨论主题(10 分钟)。

2. 模拟诉讼(180 分钟)。

3. 模拟诉讼后的教师点评(20 分钟)。

4. 学生最后的自我分析总结及对实际案件审理结果的评析(60 分钟)。

思考题和实践题

1. 思考题

(1)如何认定迅捷公司与蜀都实业公司于2006年9月20日签订的《购房协议书》之性质?

(2)迅捷公司是否已按约定向蜀都实业公司支付了1000万元定金?证据链条如何形成?

(3)蜀都实业公司的反诉请求是否符合条件,还是应该另行起诉?

(4)蜀都实业公司是否有权解除其与迅捷公司签订的《购房协议书》?为什么?

(5)本案中迅捷公司是否有效行使了合同解除异议权?

(6)合同条款约定不明时应如何处理?请结合迅捷公司与蜀都实业公司之间的争议说明。

(7)本案中,蜀都实业公司所主张之迅捷公司对其房屋三年的占有使用费有无法律依据支持?

2. 实践题

(1)如果你是迅捷公司的代理律师,请帮迅捷公司准备一份起诉状和代理词。

(2)如果你是蜀都实业公司的代理律师,请帮蜀都实业公司准备一份答辩状和代理词。

(3)假设你是法官,请针对本案模拟诉讼,得出裁判意见并撰写民事判决书。

参考文献

1. 熊跃敏:《民事诉讼中法院释明的实证分析》,载《中国法学》2010年第5期。
2. 邹碧华:《要件审判九步法》,法律出版社2010年版。
3. 毕玉谦:《试论反诉制度的基本议题与调整思路》,载《法律科学》2006年第2期。
4. 汤文平:《论预约在法教义学体系中的地位》,载《中外法学》2014年第4期。
5. 崔建远、吴光荣:《我国合同法上解除权的行使规则》,载《法律适用》2009年第11期。
6. 娄爱华:《不当得利“没有合法根据”之概念澄清——基于“给付”概念的中国法重释》,载《法律科学》2012年第6期。

撰稿人 | 林敏,对外经济贸易大学法学院助理教授

3 CASE 新阪神太阳能有限公司、新阪神合同能源管理有限公司人格否认案

| 摘　要 |

本案例教学以一起真实的母子公司人格否认案件为蓝本展开，主要内容包括理论教学、案例分析、思考问答。该案例的焦点在于母子公司之间是否存在财务混同，是否应对债务承担连带责任，法律关系较为复杂和疑难。本案例教学首先通过对于请求权基础思维方式的介绍，引导学生检索合适的法律规定，继而通过理论教学与案例分析相结合，指导学生掌握请求权基础的适用方法。

| 关键词 |

请求权基础　法律检索　人格否认　代位权

| 教学目标 |

(1)掌握请求权基础的方法，掌握合同和法律的解释方法。(2)以请求权基础的方法，结合案件事实，切合实际情况，提出最优主张。(3)结合诉讼法知识，在立案、管辖、审理过程中采取主动策略，达到维护当事人利益的效果。

教学案例主文

一、交易背景

吴江旺申纺织厂是一家规模大、能耗高的纺织工厂，在发展过程中，旺申纺织厂需对其能源结构进行调整，达到节能减耗的效果。

江苏新阪神太阳能管理公司（以下简称太阳能公司）是一家专业从事节能减耗的公司。为了开展业务，该公司设立了全资子公司江苏新阪神合同能源管

理科技服务有限公司(以下简称能源公司)。

二、节能服务

2010年7月,旺申纺织厂与太阳能公司签订《能源管理合同》,双方约定由太阳能公司为旺申纺织厂提供综合节能服务。节能方案的实施,首先需要购买、安装相应的设备,而旺申纺织厂在未取得节能成效之前,不愿意一次性支付大额资金。因此,旺申纺织厂提出,由太阳能公司出资购买设备,旺申纺织厂在3年内将设备款以及节能服务费分期支付完毕。

为了取得购置节能设备的资金,太阳能公司、旺申纺织厂以及江苏吴江农村商业银行股份有限公司(以下简称吴江农商行)签订了《三方协议》,该《三方协议》约定:太阳能公司向吴江农商行申请节能项目专项贷款人民币398万元,借款期限为3年,旺申纺织厂为该笔贷款提供连带责任保证,太阳能公司承诺以节能服务收益优先向吴江农商行偿还债务。协议签订后,太阳能公司未向吴江农商行申请贷款,旺申纺织厂也未向吴江农商行出具担保函,该《三方协议》实际未得到履行。

三、项目融资

之后,太阳能公司与旺申纺织厂再次进行了协商,双方同意以太阳能公司的全资子公司——能源公司名义向吴江农商行申请贷款,并由旺申纺织厂提供相应担保。2011年4月,能源公司以及吴江农商行签订了《固定资产借款合同》,合同约定:借款金额为人民币300万元,借款期限为3年。旺申纺织厂为能源公司《固定资产借款合同》项下支付义务向吴江农商行提供了连带责任保证。合同签订后,吴江农商行向能源公司提供了300万元,能源公司将上述款项提供给太阳能公司购买相应节能设备。

四、保证责任

设备安装后,太阳能公司依约提供了节能服务,但是,旺申纺织厂认为节能效果不佳,未向太阳能公司支付相应款项,能源公司遂停止向吴江农商行支付借款利息。于是,吴江农商行向法院起诉了能源公司、旺申纺织厂,并取得胜诉判决,经强制执行,保证人旺申纺织厂向吴江农商行全额支付了借款本息。

五、待决争议

一方面,太阳能公司未取得节能收益,全资子公司背负了巨额债务,该公司希望通过诉讼途径取得《能源管理合同》项下约定的节能收益。

另一方面,旺申纺织厂承担了保证责任,支付了借款本息。因此,旺申纺织厂希望通过诉讼途径转嫁相应损失。本文将主要讨论这一层面的法律关系。

六、举证情况

2013 年 6 月,旺申纺织厂以太阳能公司、能源公司为被告向江苏省吴江区人民法院提起诉讼,诉请能源公司归还代偿款 332 万元及利息损失,太阳能公司就上述债务承担连带清偿责任,并由两被告承担本案诉讼费用。为证明自己的主张,旺申纺织厂提出证据如下:

证据 1,太阳能公司于 2012 年 8 月、2013 年 2 月发给旺申纺织厂的函告原件两份,该函件表明,能源公司与吴江农商行的借款实际由太阳能公司用于与旺申纺织厂的综合节能项目。

证据 2,《中国印染协会信息》刊物复印件两页,根据该刊物,两被告在对外宣传中不分彼此。

证据 3,企业工商信息原件两份,证明吴蕾、吴卫东在能源公司任职。

证据 4,社会保险个人参保证明原件两份,证明吴蕾、吴卫东在太阳能公司任职。

证据 5,综合节能项目设备投资核价表原件一份、会议纪要复印件一份、照片复印件六张,证明吴卫东在太阳能公司与旺申纺织厂间综合节能项目中担任太阳能公司一方的总负责人。

证据 6,庭审记录,2013 年 6 月,太阳能公司以旺申纺织厂未依约支付节能款项为由提起诉讼,在该案庭审过程中,太阳能公司、能源公司实际控制人周连兴承认两家公司实际为一家公司。

能源公司、太阳能公司认为彼此为相互独立的法人,并提供相应证据如下:

证据 1,能源公司、太阳能公司 2010 年、2011 年、2012 年年度审计报告原件。

证据 2,能源公司、太阳能公司的工商登记资料、组织机构代码证、税务登记证及公司章程复印件。

七、基本问题

站在旺申纺织厂的角度，如何设计诉讼请求并准备相应证据，以达到转嫁代偿款的预期目标？站在太阳能公司的角度，如何有针对性地进行答辩并提供证据？

教学指导手册

教学目标

本案例供法律硕士案例教学使用，法学本科（大四）、民商法学硕士、民事诉讼法学硕士可参酌使用。

本案例教学的主要目标是培养学生请求权基础的思维方式，通过检索和分析请求权基础，并结合事实以判断要件是否构成，培养事无巨细、有理有据、以理服人的法律态度。

教学内容

1. 请求权基础理论概述

请求权是一种请求他人作为或不作为的权利。这个概念不仅表明一种实体法上的权利，而且也表明一个特定人针对他人的特定请求可以通过诉讼来主张和执行。[1]双方当事人之间发生了争议，在诉讼程序中就体现为一方当事人向另一方提出请求权，法官对争议进行裁决，其实也就是裁决该请求权是否成立，或者在多大范围内成立。[2]而所谓请求权基础，通俗地说，就是当事人提出法律诉求所依据的法律规定。[3]民法研究的中心是请求权基础，诉讼的重中之重也

---

〔1〕［德］卡尔·拉伦茨：《德国民法通论》，王晓晔、邵建东等译，法律出版社2013年版，第322页。

〔2〕［德］迪特尔·梅迪库斯：《请求权基础》，陈卫佐、田士永、王洪亮、张双根译，法律出版社2012年版，第1页。

〔3〕王泽鉴：《民法思维：请求权基础理论体系》，北京大学出版社2012年版，第46页。

是请求权基础。王泽鉴先生将请求权基础的检索及适用称为民法思维方式,换言之,学会了请求权基础的思维方法,才能在法律的崇山峻岭中披荆斩棘、一往无前。

请求权基础理论对于律师来说尤为重要,只有找到了最为合适、证明难度最小的请求权基础,才能顺利进行下一步的谈判与诉讼;只有通盘掌握所有的请求权基础,才能在不利的情况下迅速改变谈判、诉讼策略,及时调整。对于法官来说,尽管某种程度上其无须自己找法,双方律师已经代劳——在起诉状与答辩状中释明,但是请求权基础理论对于法官在处理纠纷中仍有十分重要的指引作用。[4]

2. 请求权基础理论的作用

通过请求权基础思维方法的运用,法律工作者可以言之有理地分析法律问题,两造也能将自己的分歧固定于一个或几个具体的请求权基础之上,从而使争议有了一个可资参照的标准。波普尔认为:科学与非科学的差异不在于正确与错误,非科学中也含有正确的部分,科学中亦存在谬误。科学与非科学的划界标准是可证伪性。非科学往往是以不可证伪的面貌出现的。[5]从这个角度来看,请求权基础理论是一个追求科学、追求可证伪性的理论,它要求法律工作者明确自己的推理、裁判标准,并通过质证与辩论来证伪。

3. 请求权基础的检索

无理论之实践,不啻盲目。掌握正确的理论工具,有利于实践问题的解决。请求权基础理论,包括请求权基础的检索与适用。首先,我们应学习检索请求权基础,即我国法律上有哪些常用的请求权基础?如何找到合适的请求权基础?

法条可以分为完全性法条和不完全性法条,完全性法条指具有构成要件及法律效果的规定,完全性法条即为请求权基础。《合同法》第107条"当事人一方不履行合同义务或者履行合同义务不符合约定的,应当承担继续履行、采取补救措施或者赔偿损失等违约责任"之规定就是一个典型的请求权基础,其构成

---

〔4〕 梁慧星:《裁判的方法》,法律出版社2012年版,第289页。

〔5〕 [英]卡尔·波普尔:《科学发现的逻辑》,查汝强、邱仁宗、万木春译,中国美术学院出版社2015年版,第17页。

要件包括生效的合同及违约行为，该请求权基础的法律效果是：违约方应当承担继续履行、采取补救措施或者赔偿损失的违约责任。

有一些法条是不完全性法条，包括定义性法条和补充性法条。除此之外，还有准用、拟制性的规定。这些法条或是起到辅助请求权基础的作用，或是与请求权基础并联使用。

以完全法条、不完全法条的分类视角对《民法通则》《合同法》《侵权责任法》《物权法》等法律及司法解释进行检索，就可以得到我国法律上的请求权基础群。请求权基础检索，就是一种掌握了分类方法的法律检索。

在具体案例中，明确了可以援引的请求权基础，即可依循法律处理具体案例中当事人间的权利义务关系。为发现可适用于案例事实的法律，一方面须依案例事实探寻法律规范，另一方面须将法律规范适用于案例事实，即"上位规范与生活事实间的穿梭观察""事实认定行为与其法律定性之间相互渗透"。[6]

王泽鉴先生认为，请求权基础的检索应当有一定的次序，以避免遗漏，维护当事人利益，并借此养成缜密思考的习惯。[7]他提出民法领域的请求权基础的检索次序为：(1)契约上请求权；(2)无权代理等类似契约关系上请求权；(3)无因管理上请求权；(4)物权关系上请求权；(5)不当得利请求权；(6)侵权行为损害赔偿请求权；(7)其他请求权。[8]值得注意的是，问题的解决，以深入进行法律检索为前提。因此，检索不限于民事领域，对商事、刑事、行政领域的规范性文件也要予以充分考虑。检索也不限于法律法规，对规章制度、地方性规范、政府主管部门的解释与办事规则、指导性案例、相似判例尤其是具有管辖权的法院的相似判例等正式、非正式的法律渊源，同样要予以重视。

4. 请求权基础的适用——以旺申纺织厂对能源公司请求权为例

在本案中，原告可以对能源公司及太阳能公司依据何种请求权基础提出何种请求权？通过通盘检索请求权基础，即可得到一定的思路。从易入难，首先根据王泽鉴提出的民法领域内的请求权检索次序，来讨论原告对于能源公司可资主张的请求权：

---

[6] 王泽鉴：《民法思维：请求权基础理论体系》，北京大学出版社2012年版，第30页。
[7] 王泽鉴：《民法思维：请求权基础理论体系》，北京大学出版社2012年版，第61页。
[8] 王泽鉴：《民法思维：请求权基础理论体系》，北京大学出版社2012年版，第58页。

(1)契约请求权

《担保法》第 31 条规定:保证人承担保证责任后,有权向债务人追偿。

本案中,法院判决旺申纺织厂对能源公司履行还款义务承担连带清偿责任。因能源公司无偿还能力,旺申纺织厂代偿执行款。因此,原告可以根据保证合同的约定和《担保法》第 31 条的规定,向能源公司追偿。

(2)无因管理请求权

《民法通则》第 93 条规定:没有法定的或者约定的义务,为避免他人利益受损失进行管理或者服务的,有权要求受益人偿付由此而支付的必要费用。

在本案中,旺申纺织厂履行保证责任系基于有效的合同,即存在约定之义务,故不存在无因管理请求权的构成。

(3)物权请求权

《物权法》上重要的请求权包括第 33 条(确权请求权)、第 34 条(返还原物请求权)、第 35 条(排除妨害请求权)等。本案中旺申纺织厂不得依据物权请求权对能源公司有所主张。

延伸问题:节能设备是能源公司贷款购买,若能源公司依据对节能设备的所有权,向旺申纺织厂提出取回节能设备,旺申纺织厂如何应对?

(4)不当得利请求权

《民法通则》第 92 条规定:没有合法根据,取得不当利益,造成他人损失的,应当将取得的不当利益返还受损失的人。

本案中,吴江农商行受偿有合同上的依据,能源公司虽未履行对吴江农商行之债务,该债务因旺申纺织厂履行而消灭,但旺申纺织厂可依法向能源公司追偿,故能源公司在本案中不存在不当得利的情况。

延伸问题:本案中太阳能公司是否存在不当得利的情况?

(5)侵权责任请求权

《侵权责任法》第 6 条第 1 款规定:"行为人因过错侵害他人民事权益,应当承担侵权责任。"

本案中,太阳能公司、能源公司难称具有过错。

延伸问题:太阳能公司有意安排旺申纺织厂为无清偿能力的能源公司提供连带责任保证,太阳能公司、能源公司是否有过错? 是否有构成共同侵权的可能性? 若事实如此,旺申纺织厂如何设计诉讼请求并准备证据?

小结:以一定次序通盘进行请求权检索,虽然比较耗费时间,但是胜在全面。

在学习之初,要不怕麻烦,通过反复训练,培养运用法律的感觉,最终,法律检索会越来越有效率,问题意识会越来越强。

5. 本案核心问题——太阳能公司是否承担连带责任?

囿于篇幅,下文不再依照次序逐一检验旺申纺织厂对太阳能公司可资主张的请求权基础,仅分析重点的法律问题。旺申纺织厂诉求太阳能公司承担责任,主要有三个思路:一是代位权或撤销权,证明难点在于能源公司对太阳能公司债权已到期;二是公司人格否认,证明难点在于能源公司、太阳能公司之间财产不独立;三是以能源公司资不抵债为由,向法院申请破产清算,一旦进行破产清算,太阳能公司对能源公司的债务即应视为到期,应向能源公司偿还本息。

首先来讨论代位权或撤销权。《合同法》第 73 条第 1 款规定:"因债务人怠于行使其到期债权,对债权人造成损害的,债权人可以向人民法院请求以自己的名义代位行使债务人的债权,但该债权专属于债务人自身的除外……"

《最高人民法院关于适用〈中华人民共和国合同法〉若干问题的解释(一)》第 11 条规定:"债权人依照合同法第七十三条的规定提起代位权诉讼,应当符合下列条件:(一)债权人对债务人的债权合法;(二)债务人怠于行使其到期债权,对债权人造成损害;(三)债务人的债权已到期;(四)债务人的债权不是专属于债务人自身的债权。"

《合同法》第 74 条第 1 款规定:因债务人放弃其到期债权或者无偿转让财产,对债权人造成损害的,债权人可以请求人民法院撤销债务人的行为。债务人以明显不合理的低价转让财产,对债权人造成损害,并且受让人知道该情形的,债权人也可以请求人民法院撤销债务人的行为。

本案中,法院确认,太阳能公司的相关审计报告将涉案借款列为对能源公司的应付账款,那么本案中原告对太阳能公司的代位权则取决于该审计报告中的应付账款能否视为能源公司对太阳能公司的债权以及该债权是否到期。原告对能源公司的撤销权则取决于该审计报告等证据是否能够证明两公司之间存在无偿转让财产的情形。

其次来讨论公司人格否认。《公司法》第 63 条规定:一人有限责任公司的股东不能证明公司财产独立于股东自己的财产的,应当对公司债务承担连带责任。

另外,最高人民法院目前实行了案例指导制度,对于最高人民法院发布的指导性案例，各级人民法院审判类似案例时应当参照。因此，在法律检索过程中，对相似的指导性案例也要予以充分注意。最高人民法院第15号指导案例的裁判要点中规定："1. 关联公司的人员、业务、财务等方面交叉或混同，导致各自财产无法区分，丧失独立人格的，构成人格混同。2. 关联公司人格混同，严重损害债权人利益的，关联公司相互之间对外部债务承担连带责任。"

最后，旺申纺织厂可以以能源公司资不抵债为由，向法院申请破产清算。但这一思路的实施，首先应调查、评估能源公司的对外债务规模，若欠债较多，经破产清算，旺申纺织厂也难以取得预期款项，并且破产程序耗时耗力，存在其他债权人"搭便车"的情况。

预期效果

在请求权规范基础的方法运用中，将案件事实涵摄于构成要件，这涉及法律的解释方法。而法律的解释，本身带有一定的价值判断，是一个见仁见智的问题。案例教学并非旨在提出"正确答案"，而在于锻炼说理能力。因此，本案例教学的预期效果主要是培养学生的研究精神以及对法律的兴趣，并鼓励学生积极参与课堂讨论，培养自信心。

教学计划及课堂时间安排

本案例教学宜安排3个课时，每课时45分钟。在课前应要求学生阅读基本案情、参考文献。第1个课时，老师可教授请求权基础理论，并在课程结束之前将全班学生分为两组，分别代表原告旺申纺织厂、被告太阳能公司，并要求学生在课后深入掌握案情，准备起诉状，并进行模拟法庭辩论。第2个课时，老师可选取几名学生宣读起诉状，并组织学生进行模拟法庭辩论。辩论结束后，老师可要求学生根据法庭辩论的争议焦点，撰写双方的代理意见。第3个课时，老师可要求学生宣读代理意见，并根据争议焦点进行答疑解惑，对表现突出的学生可予以表扬，增强其自信心。

案例教学课结束后，教师可以开展自愿性的学术小组讨论活动，或者建议学生自主成立法律研习小组，进行案例分析、讨论活动。

■ 思考题和实践题

1. 思考题

(1)深入了解交易结构是解决问题的前提。在本案中,为什么旺申纺织厂不愿意直接支付节能设备款?为什么太阳能公司、旺申纺织厂、吴江农商行之间的《三方协议》未得到实际履行?为什么最终以能源公司名义借取款项?为什么旺申纺织厂愿意为能源公司提供担保?

(2)请分析本案的法律关系,运用请求权基础的检索方法,分析原告旺申纺织厂可以依据哪些请求权基础,向被告太阳能公司主张何种权利?鉴于本案的具体情况,作为原告的代理律师,你认为应当如何选择请求权基础,才能最大维护当事人的利益?

(3)本案中,原告、被告方分别提出了自己的证据,你认为这些证据具有哪些证明目的?双方举证是否充分?作为原告或被告的代理人,你认为还应当从哪些方面来收集、补充证据?

(4)本案管辖法院有哪几个?本案是否有级别管辖之适用?

(5)若作为太阳能公司的法律顾问,你认为该顾问单位不属于适格被告,你将出具何种法律意见函?

(6)若旺申纺织厂认为太阳能公司、能源公司作为非金融机构,相互转移资金有企业之间非法借贷、融资的嫌疑,并且太阳能公司还有可能涉及抽逃出资罪,在向公安局举报后,公安局决定予以立案。你作为太阳能公司/能源公司的代理人,你将会向公安机关出具何种法律意见书?

2. 实践题

(1)作为原告的代理人,通过对本案事实的通盘把握,你决定通过债权人代位权的行使,来维护原告的合法权益。你将如何将案件事实涵摄于该法律规定中,并出具令人信服的起诉状呢?假设你是太阳能公司的代理人,面对原告方行使债权人代位权的诉请,你将如何回应,并出具一份有理有据的答辩状呢?

(2)作为原告的代理人,通过对最高人民法院第15号指导性案例的学习,你决定“揭开关联公司能源公司及太阳能公司之间的面纱”,使其承担连带责任。你认为本案与第15号案例有哪些共同点?本案与第15号案例的事实构成是否相似?你将如何出具起诉状呢?

(3)作为原告的代理人,经过思考,你发现如果想达到否认被告之间人格继而使其承担连带责任的法律效果,你既可以以《公司法》第20条第3款作为请求权基础,也可以以《公司法》第63条作为请求权基础,这两者有何不同?假设你以《公司法》第63条作为法律依据,相应地你应准备哪些证据?

(4)本案中,若能源公司、吴江农商行之间的借款合同约定:“借款人不能按时还款的,除按约定的利率支付利息外,另需加倍支付逾期利息并按每日万分之一支付违约赔偿金。”而旺申纺织厂与吴江农商行签订的保证合同约定:“保证人保证的范围为:主债权及利息,以及债权人为实现债权所支出的一切费用。”那么,你认为保证人旺申纺织厂承担的保证范围包括逾期利息吗?

(5)你作为被告的代理人,在诉讼中表现得十分出色,被告方对你十分满意,决定将你聘请为他们的法律顾问。你将如何履行一个顾问的职责,以避免类似诉讼的发生?

参考文献

1. 王泽鉴:《民法思维:请求权基础理论体系》,北京大学出版社2012年版。
2. 梁慧星:《民法总论》,法律出版社2011年版。
3. 沈德咏:《最高人民法院民事诉讼法司法解释理解与适用》,人民法院出版社2015年版。
4. 最高人民法院民事审判第二庭:《最高人民法院关于公司法司法解释(一)、(二)理解与适用》,人民法院出版社2015年版。
5. 最高人民法院民事审判第二庭:《最高人民法院关于公司法解释(三)、清算纪要理解与适用》,人民法院出版社2016年版。

撰稿人 | 吴一鸣,华东政法大学副教授
李仁杰,华东政法大学2014级民商法学硕士研究生

4
CASE

锐邦涌和诉强生公司纵向垄断协议案

| 摘 要 |

本案例以广受关注的纵向垄断协议案件为蓝本,主要围绕反垄断案件民事诉讼面临的司法困境展开讨论,具体包括垄断协议的认定、垄断协议的法律效力、反垄断案件的举证责任分配、反垄断案件的诉讼资格以及反垄断案件的赔偿标准等。通过案例的分析与讲授,使学生能够理解并综合运用合同法、反垄断法、民事诉讼法和反不正当竞争法的相关规定,对办理反垄断民事诉讼案件具有一定的参考价值和指导意义。

| 关键词 |

纵向垄断协议　诉讼资格　合同效力　举证责任　赔偿范围　限制、排除竞争效应

| 教学目标 |

使学生学习和掌握以下知识技能:(1)反垄断诉讼资格的确定和背后的理论逻辑;(2)垄断协议的认定;(3)如何分析限制、排除竞争效应;(4)如何界定反垄断案件中的损失。

教学案例主文

一、案件背景

垄断行为之所以受到法律限制是因为其损害了市场相关主体的利益。《反垄断法》第50条规定:经营者实施垄断行为,给他人造成损失的,依法承担民事

责任。但自《反垄断法》于2008年实施以来,反垄断民事诉讼案件不仅数量少,而且原告胜诉的比例也很低。2012年制定的《最高人民法院关于审理因垄断行为引发的民事纠纷案件应用法律若干问题的规定》,试图细化反垄断民事诉讼的相关规定,减少法律适用的不确定性,但是对反垄断民事诉讼的起诉资格、限制排除竞争效应的证明、限制排除竞争效应的举证责任、赔偿范围等事项的规定依然缺失或者过于简单。

北京锐邦涌和科贸有限公司(原审原告和二审上诉人,以下简称锐邦涌和)和强生中国公司与强生上海公司(原审被告和二审被上诉人,以下均简称为强生公司)之间的民事诉讼全面展示了反垄断民事诉讼面临的各种困难,从一审原告锐邦涌和的败诉到二审上诉人锐邦涌和的胜诉,全面展示了反垄断民事案件在国内外所面临的障碍,受到媒体和实务界人士的广泛关注。总结、提炼乃至推进该案中所存在的各种争议,不仅对反垄断民事诉讼实务具有重要借鉴意义,对反垄断理论研究也具有重要价值。

二、案情概要

锐邦涌和是强生公司在北京地区从事吻合器及缝线产品销售业务的经销商,双方有长达15年的合作,经销合同每年一签,有效期为一年。2008年1月2日,锐邦涌和、强生中国公司与强生上海公司签订《经销合同》,约定锐邦涌和在强生公司指定的相关区域销售强生公司的缝线产品,合同期限自2008年1月1日至同年12月31日。合同附件七对锐邦涌和的经销区域以及经销指标作出明确规定;合同附件五第2条还规定,锐邦涌和不得低于被告强生公司规定的产品价格进行销售。2008年7月1日,被告强生上海公司致函锐邦涌和,以锐邦涌和于2008年3月在人民医院的竞标中私自降低销售价格、获取非授权区域的缝线经销权为由,扣除锐邦涌和保证金2万元,并取消锐邦涌和在中国医学科学院阜外心血管医院、北京整形医院的销售权,继而完全停止供货。上述经销合同项下缝线产品的经营者除强生公司之外,还有南通华利康医疗器械有限公司、德国贝朗医疗有限公司、南通华尔康医疗用品公司、美国泰科医疗、山东威高集团医用高分子制品股份有限公司等企业。

原审法院认为,本案中认定被告实施垄断行为的事实依据不足。本案中,原、被告之间所签订的《经销合同》的确包含限制最低转售价格的条款。但此类条款是否属于垄断协议,还需要进一步考量其是否具有排除、限制竞争的效果。

原告提交的证据仅为被告强生上海公司在互联网上对其缝线产品所作的简短介绍,并不能确切地反映出经销合同项下产品在相关市场所占份额,更不能说明相关市场的竞争水平、产品供应和价格的变化等情况。相反,被告提交的证据表明还存在多家同类产品的供应商。因此,本案中要确定被告实施垄断行为的依据尚不充分。由于原告举证不足,遂判决驳回原告锐邦涌和全部诉讼请求。锐邦涌和不服原审判决提起上诉,请求撤销原审判决,并判令被上诉人(指强生中国公司和强生上海公司,下同)赔偿上诉人经济损失1439.93万元。

上诉人上诉理由如下:

第一,《反垄断法》第13条所规定横向垄断协议、第14条所规定纵向垄断协议,都因行为目的违法而被法律明文禁止,该协议一经签订即构成垄断协议,不需要再根据是否存在排除、限制竞争效果来确定是否构成垄断协议。原审法院错误解释了“垄断协议”的法律要件。

第二,本案不应由上诉人承担证明涉案协议具有排除、限制竞争效果的责任,而应由被上诉人承担证明涉案协议不存在排除、限制竞争效果的责任。

第三,被上诉人实施转售价格限制的行为,扭曲了市场竞争机制,既限制了品牌内的竞争,又限制了品牌间的竞争,使北京地区强生缝线产品价格维持在一个很高的水平,严重损害了消费者利益。

第四,被上诉人以上诉人在人民医院投标经销缝线产品时违反最低转售价格限制为由,对上诉人进行处罚,包括扣除保证金,取消上诉人在阜外医院、整形医院的经销资格,直至完全取消上诉人经销强生产品资格,不仅导致上诉人高价进货、库存积压、人员遣散支出等损失,还导致上诉人2008年、2009年预期利润损失,总计15年宣传推广费用及取消经销资格之商誉损失等诸多损失,这些损失均源于被上诉人违法实施转售价格限制,均属于反垄断法意义上的损失,被上诉人应予赔偿。

被上诉人在二审中提出以下答辩意见:

第一,《反垄断法》所要禁止的是构成垄断协议的限制最低转售价格协议,即具有排除、限制竞争效果的限制转售价格协议。认定横向垄断协议尚须满足排除、限制竞争效果这一要件,相对于横向协议,纵向协议对市场竞争的影响更小,因此认定限制最低转售价格协议构成垄断协议更需要以具有排除、限制竞争效果为前提。本案中,在涉案限制转售价格协议不存在排除、限制竞争效果的情形下,被上诉人不需要证明存在《反垄断法》第15条规定情形。

第二,本案所涉《反垄断法》第 14 条所列纵向协议应根据“谁主张、谁举证”的原则,由上诉人承担证明涉案协议具有排除、限制竞争效果的责任。

第三,上诉人未能举证证明本案所涉限制转售价格协议存在排除、限制竞争效果,本案所涉协议实际亦不存在排除、限制竞争的效果。相反,本案所涉限制转售价格协议可以增进强生品牌内部经销商之间的竞争。

第四,上诉人在本案中所指控的垄断行为是在上诉人、被上诉人之间订立的限制转售价格协议,该协议由上诉人与被上诉人共同订立、共同实施。《反垄断法》保护的是市场公平竞争秩序、消费者利益和社会公共利益。有权提起反垄断诉讼的主体是遭受垄断行为损害的竞争者和消费者,不包括垄断行为参与者、实施者,故上诉人不是本案诉讼的适格原告。

三、二审法院查明的案件事实

1. 关于营销体系。(1)强生公司涉案产品均通过经销商销售,强生公司不进行直销;(2)依据《经销合同》约定,经销商不得销售其他品牌同类产品,上诉人仅销售强生公司缝线与吻合器产品;(3)强生公司以医院为基本销售单位进行授权,没有强生公司授权,经销商无法在医院销售;(4)医院针对同一品牌缝线产品通常只会选择一家经销商,医院在选择经销商时,通常考虑产品价格、业务往来、经销商销售服务、医院账期等因素。

2. 关于限制最低转售价格约定。强生公司在 2009 年以前一直采用最低转售价格限制,2009 年以后修改经销协议,放弃了最低转售价格限制。

3. 关于医用缝线产品。各品牌缝线产品都需要符合国家实行的缝线产品标准,但在实践中对各品牌产品质量并不存在统一、权威或公认的评价,医生评估不同品牌产品质量往往基于主观偏好。医院在不同品牌的缝线产品间选择时,对于产品价格的敏感度较低,在同一品牌内部,医院倾向于选择能够提供更低价格的经销商。

4. 上诉人提交的关于涉案产品价格。(1)至 2008 年,强生公司缝线产品在 15 年里维持价格基本不变;(2)上诉人在人民医院低价竞标以后,涉案产品在人民医院的销售价格一直维持在上诉人的报价水平上。

5. 2008 年 8 月 15 日,上诉人向被上诉人发出订货要求,被上诉人在上诉人并不拖欠货款的情形下拒绝供货,此后未就上诉人缝线产品新的订单供货。法院确认被上诉人在 8 月 15 日后对上诉人停止了缝线产品后续供货。

教学指导手册

教学对象及目标

本案例供法律硕士案例教学使用，法学本科（大四）、民商法学硕士、经济法学硕士也可以参酌使用。

本案例主要就纵向垄断协议民事诉讼中的诉讼资格、证明责任和赔偿范围进行讲授，内容涉及《合同法》《民事诉讼法》《反垄断法》《反不正当竞争法》相关条文的理解与适用。希望通过教师引导尤其是设计的思考讨论题，使学生学习和掌握反垄断民事诉讼的相关法律知识和法律技能，尤其是培养学生对相关法律条文的分析能力，并在此基础上训练法律逻辑推理能力。

具体而言，本系列课程旨在让学生掌握以下知识技能：(1)限制排除竞争效应的证明与垄断协议认定之间的关系；(2) 纵向垄断协议限制排除竞争的举证责任分配；(3)纵向垄断协议限制、排除竞争效应的证明；(4)垄断协议一方是否具有诉讼资格；(5)间接购买者与转嫁抗辩；(6)损害赔偿的范围。

教学内容

1. 限制排除竞争效应证明的必要性与垄断协议之认定

反垄断诉讼与传统民事诉讼一样，当事人需要就各自的主张提供相应的证据材料。反垄断诉讼中最关键的争议点在于是否存在垄断行为，这里的垄断行为包括垄断协议、滥用市场支配地位、滥用行政权力限制排除竞争，本次讲课主要讨论垄断协议的司法适用问题。

根据《反垄断法》第 13 条的规定，垄断协议是指排除、限制竞争的协议、决定或者其他协同行为。这里的协议包括书面协议和口头协议。根据协议的签订主体区别，一般将垄断协议分为具有竞争关系的经营者之间签订的横向垄断协议和具有买卖关系的经营者之间签订的纵向垄断协议，纵向垄断协议通常包括固定价格、最低转售价格限制和非价格限制三类。

限制、排除竞争效应是垄断协议的本质。在强生案件中，强生公司是锐邦涌和的供货商，双方具有买卖关系。锐邦涌和认为和强生公司签订的协议属于纵向垄断协议，但被告认为双方之间的协议不属于垄断协议，而是正常的商业合同。分歧的关键就在于双方签订的协议是否具有限制、排除竞争的效应，与此同时，双方均认为对方有义务证明协议是否存在限制、排除竞争的效应。关于限制、排除竞争效应的证明之所以成为本案争议焦点，其原因在于，如何理解《反垄断法》第13条关于垄断协议的列举和定义之间的种属关系影响到限制、排除竞争效应分析在垄断协议认定中的地位。

这里需要讨论的是，垄断协议是否应以实际具有排除、限制竞争效果为条件，民事诉讼要不要证明存在限制竞争效应。

从理论方面来看，垄断协议的认定存在本身违法原则、合理原则和本身合法原则三种思路。所谓本身违法原则，是指争议的协议限制、排除竞争效应如此明显，当然违法。根据《合同法》第52条的规定，违反法律、行政法规的强制性规定的，合同无效。在本身违法原则下，垄断协议可直接判断为无效。合理原则认为指称的协议是否具有限制、排除竞争效应并不确定，需要进行个案评估。合法原则认为双方签订的协议一般不具有限制、排除竞争效应，应根据合同自由原则和诚实信用原则处理，适用《合同法》的一般规则。纵向垄断协议的认定之所以存在争议，一方面是因为纵向垄断协议具有限制品牌内经销商之间竞争的效应，特别是最低转售价格限制使消费者必须支付更高的价格；另一方面是因为纵向垄断协议又具有减少搭便车、促进品牌间竞争的作用，具有促进竞争效应。美国《谢尔曼法》实施后不久，对纵向垄断协议确立了本身违法原则，但在1976年对纵向地域限制协议采取了合理原则，在2006年对最低转售价格限制开始采取合理原则。

结合《反垄断法》的规定来看，纵向垄断协议究竟是采取本身违法原则还是合理原则是有争议的。《反垄断法》第13、14条分别罗列了几种典型的垄断协议，通常认为应当采取本身违法原则处理。但是《反垄断法》第13条又将垄断协议定义为具有排除、限制竞争的行为。因而，限制、排除竞争的效应是不是《反垄断法》罗列的几种垄断行为的必备要件，两者是并列还是种属关系是有争议的。《最高人民法院关于审理因垄断行为引发的民事纠纷案件应用法律若干问题的规定》（以下简称《司法解释》）同样没有阐释清楚这一问题。在强生案件中，一审法院认为不能仅以经营者与交易相对人是否达成了固定或者限定转售价格协议为准，还需要进一步考察此等协议是否具有排除、限制竞争效果。二审法院同样认为，《反垄断法》第14条所规定的垄断协议应当以具有排除、限制竞争效果为构成要件。也就是说，我国法院对纵向垄断协议并不适用本身违法原则。

2. 纵向垄断协议限制排除竞争的举证责任分配

在个案中需要证明限制、排除竞争效应的前提下，其衍生的问题就包括谁有证明限制竞争效应的义务，以及如何证明限制排除竞争效应。在传统民事诉讼中，一般采取"谁主张，谁举证"的原则，原告需要证明双方所签协议存在限制、排除竞争的效应。但是在本身违法原则下，协议是被认为当然具有限制、排除竞争效应的。如果继续沿用"谁主张，谁举证"的原则则会和本身违法原则相背离。

在强生案中，锐邦涌和认为经销合同中限制转售价格的条款是《反垄断法》所规定的垄断协议，强生公司应承担证明所涉限制转售价格条款不存在排除、限制竞争效果的责任，亦即举证责任倒置。但强生公司认为，《反垄断法》没有规定经营者与交易相对人达成的限定最低转售价格的协议就是垄断协议，认定限制最低转售价格协议构成垄断协议需要以具有排除、限制竞争效果为前提。根据"谁主张，谁举证"的原则，应由上诉人承担证明涉案协议具有排除、限制竞争效果的责任。这里需思考的问题在于，反垄断民事诉讼宜采"谁主张，谁举证"还是举证责任倒置，原因是什么？

《司法解释》第7条规定，被诉垄断行为属于横向垄断协议的，被告应对该协议不具有排除、限制竞争的效果承担举证责任。因而，一种观点认为我国法院对横向垄断协议采取的是推定原则，即假设存在限制、排除竞争的效应，但被告可以证明不具限制、排除竞争的效应而免责。需注意的是，这和本身违法原则有细微的区别，但和豁免的区别则比较明显。豁免是有限制、排除竞争的效应，只是符合《反垄断法》第15条的条件而不被追责。《司法解释》并没有明确纵向限制协议竞争效应的举证责任。因而，从民事诉讼的一般原则来讲，依然实行的是谁主张、谁举证。这也是强生案件中一审、二审都认为锐邦涌和需要证明所签协议具有限制、排除竞争效应的原因所在。从理论上讲，原告有证明限制、排除竞争效应的责任会降低原告胜诉的概率，被告有证明不具有、限制排除竞争效应的责任则可能导致滥诉。如何配置举证责任取决于对公平和效率的衡量。

3. 纵向垄断协议限制、排除竞争效应的证明

法律之所以要对垄断协议予以规制,是因为垄断协议会抑制市场竞争,进而损害消费者利益和社会公共利益。就纵向垄断协议而言,其对市场竞争的影响表现在封锁市场、推动价格卡特尔、双重加价与价格歧视等方面。强生案件属于最低转售价格限制,主要表现在双重定价和价格歧视方面。如果要证明最低转售价格协议限制排除了市场竞争,则锐邦涌和需要证明协议提高了产品价格。

为证明最低转售价格限制协议影响了产品价格,可以采取横向对比和纵向对比两种方式。所谓横向对比,是将实行了最低转售价格限制的区域和没有实行最低转售价格限制的区域对比,如果实行了最低转售价格限制的区域的同样产品价格明显过高,就证明最低转售价格限制协议具有显著的限制、排除竞争效应。纵向对比则是将同样区域实行最低转售价格限制协议前后的情况对比,如果最低转售价格限制协议明显提高了产品价格,同样表明该协议具有限制、排除竞争效应。当然,无论是横向对比还是纵向对比都需要剔除外生变量的影响,因而计量经济学在反垄断法中大有用武之地,这也是强生案中双方都请经济学家当专家证人的原因。

强生案中,锐邦涌和试图通过横向对比和纵向对比的方式来证明最低转售价格限制协议的限制、排除竞争效应。比如,其指出被上诉人实施转售价格限制的行为使北京地区强生缝线产品价格维持在一个很高的水平,这属于横向对比。锐邦涌和还提供了强生公司相关产品的历年价目表,进而证明强生公司在缝线产品上的限制转售价格行为导致产品价格被人为提高,大大减少了消费者剩余,这是纵向对比。但从提供的定价目录来看,价格的历年变化不大,证明效果不是很好。原告如果可以提供横向对比的数据,证明效果可能会好些。

4. 垄断协议一方是否具有诉讼资格

关于纵向垄断协议的当事人是否享有提起损害赔偿之诉的资格问题,在国外反垄断诉讼中屡有争议,并且也是不断调整的。早期诉权否定论更为普遍,学者认为在垄断协议双方具有同等过错的情况下,即便垄断协议违反了反垄断法,法院也无权协助一方当事人获得赔偿。英国法则认为,反垄断法保护第三方竞争者而非协议当事人,同样否认协议一方具有诉讼资格。美国的 Penna Life

Mufflers 案确立了垄断协议一方的诉讼资格，法院认为，反垄断诉讼具有公益特征，准许垄断协议一方起诉能够矫正竞争秩序。《司法解释》第 1 条虽然通过列举方式细化了反垄断民事诉讼主体，但并未明确垄断协议的当事人一方是否享有诉权。

垄断协议极为隐蔽，消费者事实上很难收集到经营者之间达成垄断协议的证据。如果禁止垄断协议参与者提起诉讼，那么反垄断的私人执行将更为困难。与消费者不同，垄断协议当事人对协议的内容最为熟悉，赋予其诉讼资格，并不是要鼓励不法行为参与者获得赔偿乃至非法利益，而是要实现反垄断法保护公共利益、矫正市场竞争秩序的目的。这也是反垄断法作为经济法与传统民事法律的区别，经济法具有社会本位的特性，更加追求社会效果。

强生案中，强生公司认为原告不是本案适格的原告。一审法院并没有回应强生公司关于诉讼资格的抗辩。二审法院则从社会公共利益的角度赋予了锐邦涌和起诉资格。法院指出，合同当事人之外的利益主体通常很难知道垄断协议的具体情形，如果不允许知悉内情、掌握证据的垄断协议当事人提起反垄断诉讼，垄断协议这种违法行为就很难受到追究。

当然，无条件准许垄断协议参与者提起诉讼也会带来负面效果，主要是垄断协议参与者签订垄断协议后在谋求垄断利润不成的情况下也可以通过民事诉讼获得赔偿，因而会刺激当事人的机会主义行为，进而弱化反垄断法的威慑效果。因此，对限制竞争负有显著责任的一方当事人无权向合同另一方要求赔偿，比如主导垄断协议签订一方的诉权应受限。

5. 间接购买者与转嫁抗辩

垄断行为会损害其他市场主体的正当合法利益。锐邦涌和要求强生公司赔偿的前提在于其受到了损害。需要思考的问题在于，锐邦涌和是否一定受到损失？

在真实经济活动中，产品一般涉及供货商、总经销、零售和终端购买者（如消费者）多个主体，就供货商与其他主体的关系而言，总经销商处于直接购买者的地位，零售商和终端购买者处于间接购买者的地位。本案中，锐邦涌和处于直接购买者的角色，其是否受到损失的关键在于是否将高价转嫁给间接购买者。如果锐邦涌和将所有的损害均转嫁出去（加价出售），那么就没有损失；如果锐邦涌和没能将损害转嫁出去（依然按市场竞争状态下的原价销售），那么间接购买者就没有损失。

在锐邦涌和转嫁损失的前提下,需要思考的第二个问题在于,间接购买者能否提起诉讼。与此同时,既然直接购买者已将损失部分或者全部转嫁出去,那么在直接购买者提起诉讼的时候,上游企业可否减少对下游企业的赔偿,即转嫁抗辩。

根据传统民事法律,消费者和强生公司并没有直接的买卖关系,基于合同相对性原则,消费者一般是不能起诉生产者的(产品责任除外)。在供货商有垄断协议、滥用市场支配地位等垄断行为时,终端消费者往往才是承担不利损失的最后一方。由于与终端购买者有直接合同关系的零售商往往并没有被追究责任,所以如果终端消费者不能起诉供货商,那么终端购买者会失去获得救济的机会。

在 Hanover Shoe 案中,被告(上家)辩称原告(下家)没有遭受任何法律上可以承认的损害,因为多支付的费用被“转嫁”到了原告的客户。美国联邦法院拒绝了“转嫁抗辩”。法院的理由在于:(1)法院很难确认汉诺威鞋业公司通过提高价格转嫁过高索价;(2)如果转嫁抗辩成立,将导致另外的冗长的、复杂的诉讼,以及大量的证据和复杂的理论问题;(3)“转嫁抗辩”将减损三倍损害赔偿诉讼的积极性;(4)若间接购买者不提起诉讼,违法者会获取非法收益。

此后的 Illinois Brick 案中,又有间接购买者将供货商诉至法院要求赔偿。美国联邦最高法院面临的选择在于:坚持 Hanover Shoe 案确立的拒绝转嫁抗辩原则,同时支持间接购买者起诉,但被告将面临多重赔偿问题;或者坚持 Hanover Shoe 案确立的拒绝转嫁抗辩原则,否认间接购买者的诉权,但会让间接购买者得不到救济;或者,推翻 Hanover Shoe 案确定的拒绝转嫁抗辩的先例,直接购买者得到一部分赔偿。联邦最高法院认为,由于销售链条的每个主体都是间接购买者,识别不同主体的损失极其复杂,司法成本过高。此外,在准许转嫁抗辩的情况下会降低直接购买者诉讼的动力。联邦最高法院认为,应秉持反垄断的公共利益本质,鼓励直接购买者起诉,否认了间接购买者的诉讼资格。当然,美国联邦最高法院的判决并没有得到州法院的遵从,美国有 35 个州的实践更倾向于认可间接购买者具有诉讼资格,但拒绝给予转嫁抗辩。

强生案中显然没有涉及转嫁抗辩的问题,但是一旦消费者将强生公司诉至法院,必然会面临间接购买者和转嫁抗辩的问题。从公平的角度看,应当承认转嫁抗辩和间接购买者的诉讼地位。但从效率的角度看,转嫁抗辩和间接购买者诉讼的同时存在降低了反垄断诉讼的激励和成功率。我国应当理性设计相关制度。

6. 损害赔偿的范围

反垄断民事诉讼的最终目的是获得赔偿。但是,反垄断案件的赔偿在现有的法律构建下同样没有明确的标准。在强生案件中,锐邦涌和提交的损失明细表包括2008年绩效达标返利,2008年、2009年合同的履行利益等。这里只讨论2008年合同的履行利益的赔偿。二审法院最终认定,锐邦涌和主张其2008年缝线产品利润损失赔偿于法有据,强生公司应对其垄断行为造成锐邦涌和的经济损失承担赔偿责任,但其赔偿范围应限于锐邦涌和2008年因缝线产品销售额减少而减少的正常利润。需思考的问题在于:正常利润和预期利益有何区别、法院为什么没有支持预期利益的赔偿。

一般来讲,民事赔偿的损害是指受损方因他人的加害行为而遭受的人身或财产方面的不利后果。在反垄断民事诉讼案件中,损害是指垄断行为排除、限制竞争所带来的损害,包括利润减少、商誉损失、企业被破坏、交易机会的丧失等。

在确定具体的损害时,预期损害赔偿和信赖利益赔偿是最常见的两种方法。根据《最高人民法院关于当前形势下审理民商事合同纠纷案件若干问题的指导意见》(法发〔2009〕40号)的规定,因原合同出卖方违约而造成其后的转售合同出售方的可得利益损失通常属于转售利润损失。但是强生案件并不能采取预期损害赔偿的方式,因为锐邦涌和认为双方签订的协议因违反了《反垄断法》而无效才遭受损失,合同无效应该回到原点。而采取预期赔偿方式是使行为人处于合同履行时可能的位置上,此时锐邦涌和所获得的利润本身就包括了垄断协议下的垄断利润,那么行为人会从垄断协议中获利。对垄断协议的民事赔偿也不宜采取信任损失赔偿,即恢复双方在没有订立垄断协议时所处位置。采取信任赔偿的方式会导致强生公司根本无法获得因任何合同得不到履行的赔偿,会降低其诉讼动力。

因而,垄断协议案件民事赔偿的标准需要调和预期利益和协议违法之间的矛盾。欧盟《反托拉斯损害赔偿诉讼白皮书》确立的标准是使受损害方处于假定不曾发生违法行为条件下的应然状态,将原告的实际处境与其在假定未发生违法行为情况下的应有处境进行对比。也就是说要赔偿原告能够获得的正常利润。二审法院在判决中也指出,限制最低转售价格协议构成垄断协议,意味着该协议排除、限制市场竞争并造成消费者利益损失,因此,当限制最低转售价格协议的当事人主张反垄断损失赔偿时,不应该按照履行限制最低转售价格协议的可得利润来计算损失，而应参照相关市场的正常利润计算利润损失，否则会陷入通过反垄断诉讼追求垄断利润的逻辑冲突。

预期效果

尽管本案二审判决书相对较长，但学生在日常生活中对本案例应该有所了解，案情相对明确，学生通过阅读和教师指导，能够归纳案件争议的焦点问题及教学内容中关于纵向限制协议竞争效应的证明、原告的诉讼主体资格、损害赔偿的标准等问题。但是，学生并不能够理解竞争效应的证明和垄断协议认定之间的关系，对诉讼资格和相关主体的损失分担之间的逻辑关联也不了解，亦不会注意到损害赔偿标准和垄断协议无效之间的逻辑冲突，这些问题不仅比较隐蔽，而且背后也面临着较为复杂的理论争议，需要教师深入讲解，并引导学生广泛阅读相关参考文献和类似案例材料才能真正掌握。

教学计划及课堂时间安排

整个案例课安排 6 个课时，每课时 45 分钟。

如下课堂设计，仅供参考。

1. 课前计划：在开课前安排学生自行阅读案例及相关参考资料，对案例所涉及的问题进行思考。

2. 课堂计划：(1)简单介绍教学目的和课堂拟讨论的主题。(2)对每个主题进行简单的阐述，分析一审、二审中双方意见的差异，提炼问题。(3)将课堂分为三个小组(原告组、被告组和法院组)，组织学生分组讨论。(4)每个小组派代表陈述各自的观点。(5)原告组和被告组可就相互之间的陈述进行反驳和补充，法院组则负责总结并发表独立的意见。(6)结合小组讨论，教师再阐述每个问题背后的理论，进行总结归纳。

3. 课后计划：布置学生进一步思考其他垄断行为的证明问题和损害赔偿规则。安排学生从法院的角度针对课堂讨论的某一问题进行分析。

思考题和实践题

1. 思考题

(1)垄断协议是否应以实际具有排除、限制竞争效果为条件?

(2)谁承担存在"垄断协议"的举证责任?

(3)谁承担所诉协议具有限制、排除竞争效应的举证责任?

(4)反垄断民事诉讼中关于限制、排除竞争的效应,宜采"谁主张,谁举证"还是举证责任倒置?

(5)原告如何证明限制、排除竞争效应,被告如何证明没有限制、排除竞争的效应?

(6)(横向)垄断协议一方能否起诉?

(7)直接购买者是否一定受损?间接购买者是否一定受损?

(8)上游企业可否抗辩下游企业已将损失转嫁,因而可以减少乃至不予赔偿?

(9)间接购买者能否起诉、是否准许转嫁抗辩,对当事人的诉讼激励和司法有何影响?

(10)强生案件中,被告要不要赔偿原告从合同得以履行中可得的全部利润?

(11)反垄断民事赔偿要不要赔偿纯粹经济损失,要不要赔偿锐邦涌和2009年的损失?

2. 实践题

根据案件已有证据事实,以消费者身份撰写一份起诉状,起诉强生公司要求赔偿损失。或者从法院的角度,针对消费者索赔的诉求撰写一份民事判决书。

参考文献

1. 符颖:《纵向垄断协议的诉讼资格及证明责任"北京锐邦涌和科贸有限公司诉强生(中国)医疗器材有限公司案"评析》,载《交大法学》2013年第2期。
2. 王健:《垄断协议认定与排除、限制竞争的关系研究》,载《法学》2014年第3期。
3. 李剑:《横向垄断协议法律适用的误读与澄清——评深圳有害生物防治协会案》,载《法学》2014年第3期。
4. 陈承堂:《中美两国反垄断起诉资格比较研究》,载《法商研究》2011年第1期。
5. Mark A. Lemley, Christopher R. Leslie, *Antitrust Arbitration and Illinois Brick*, 100 Iowa Law Review, 2015.
6. Andew I. Gavil, *Thinking Outside the Illinois Brick Box: A Proposal for Reform*, 76 Antitust Law Journal, 2009.

撰稿人 | 万江,西南政法大学经济法学院副教授、硕士生导师

5 CASE 奇虎360诉腾讯QQ垄断案

| 摘　要 |

本案例是以北京奇虎科技有限公司诉腾讯科技(深圳)有限公司、深圳市腾讯计算机系统有限公司垄断案为蓝本,围绕该案件所涉及的知识点展开论述,针对滥用市场支配地位案件中的相关市场的认定、市场支配地位的认定、滥用市场支配地位行为的认定以及搭售等问题进行实例分析,并且就该案件所涉及的其他问题,如利用假定垄断者测试的方法认定相关市场在互联网领域的应用问题等进行解析。本案例发生在互联网领域,是我国《反垄断法》制定以来所审理的最有影响力且较为复杂的案件之一。其对于解决所有类型的垄断案件均具有指导性意义。同时,该案例对于《反垄断法》在司法实践中的基本经济法理念的贯彻和实务上的操作具有更重要的参考意义。

| 关键词 |

反垄断诉讼　相关市场　市场支配地位　滥用市场支配行为　假定垄断者测试　搭售

| 教学目标 |

着重把握以下方面内容:(1)在滥用市场支配地位的案件中,相关市场的认定方法和标准;(2)市场份额对确定相关市场的作用;(3)在滥用市场支配地位的案件中,市场支配地位的认定标准;(4)在滥用市场支配地位的案件中,滥用市场支配地位行为的分析方法;(5)假定垄断者测试的运用;(6)搭售的具体内涵以及构成搭售的条件。

教学案例主文

一、案件概况

北京奇虎科技有限公司(以下简称奇虎公司)和腾讯科技(深圳)有限公司、深圳市腾讯计算机系统有限公司(以下简称腾讯公司)自2010年以来,在互联网上发生了一系列的利益冲突,其中以"奇虎公司诉腾讯公司垄断案"影响最大,案件也较为复杂。该案2013年3月在广东省高级人民法院一审,一审判决奇虎公司败诉,奇虎公司不服判决向最高人民法院提起上诉。2013年11月26日,奇虎公司上诉腾讯公司滥用市场支配地位一案在最高人民法院开庭审理。庭审过程中,合议庭在听取双方上诉和答辩意见后,将奇虎和腾讯的争议归纳为5个方面,共计22个具体问题。

2014年10月16日,最高人民法院公开宣判了上诉人奇虎公司与被上诉人腾讯公司滥用市场支配地位纠纷案,法庭认为,一审判决认定事实虽有不当之处,但适用法律正确,裁判结果适当。上诉人的上诉理由虽部分成立,但不影响本案裁判结果。依照《反垄断法》第17、18、19条,《民事诉讼法》第170条第1款第1项之规定,判决驳回上诉,维持原判。

该案对中国的反垄断具有标杆意义,其中最高人民法院对互联网领域中垄断行为的认定值得我们深入学习与思考。

二、背景介绍

奇虎公司与腾讯公司的互联网之战是从2010年开始的。首先是腾讯公司推出了一款名为"QQ医生"的安全软件,在该软件升级到3.2版本时,其界面和功能与360相似。以开发网络安全软件为主的奇虎公司迅速做出了回应,再加上"QQ医生"软件本身的开发并不成熟,所以用户陆续地卸载了该软件,奇虎公司在双方首次交锋中取得了胜利。2010年5月31日,腾讯公司将"QQ医生"改名为"QQ电脑管家",功能涵盖360安全卫士的主流功能,并且与QQ绑定安装于用户的电脑上,腾讯公司凭借其庞大的用户基础直接威胁360在安全软件领域的生存地位。2010年9月27日,奇虎公司发布直接针对QQ的"隐私保护器”工具,宣称其能实时监测曝光QQ的行为,并提示用户“某聊天软件”在未经用户许可的情况下偷窥用户个人隐私文件和数据。2010年10月14日,针对360隐私保护器曝光QQ偷窥用户隐私事件,腾讯公司正式宣布起诉奇虎360公司不正当竞争,要求奇虎及其关联公司停止侵权、公开道歉并作出赔偿。同时,腾讯于2010年10月27日刊登了《反对360不正当竞争及加强行业自律的联合声明》。声明由腾讯、金山、百度、傲游、可牛等公司联合发布,要求主管机构对360不正当的商业竞争行为进行坚决制止,对360恶意对用户进行恫吓、欺骗的行为进行彻底调查。

三、案件起因

2010年10月29日,360公司推出一款名为“360扣扣保镖”的安全工具。360公司称该工具能全面保护QQ用户的安全,包括阻止QQ查看用户隐私文件、防止木马盗取QQ以及给QQ加速、过滤广告等功能。72小时内下载量突破2000万次,并且不断迅速增加。腾讯公司对此作出强烈说明,称“360扣扣保镖”是“外挂”行为。

2010年11月3日18时,腾讯公司的公开信宣称,将在装有360软件的电脑上停止运行QQ软件,倡导必须卸载360并召回扣扣保镖软件才可登录QQ,这是360公司与腾讯公司一系列争执中腾讯公司迄今为止最激烈的行动。此举引发了业界震动,网友愤怒,业内认为,腾讯公司是逼迫用户作出“二选一”的选择。据360公司CEO周鸿祎称被迫卸载360软件的用户达到6000万人。

当日晚上21时左右,360公司对此回应“保证360和QQ同时运行”,随后360公司“扣扣保镖”软件在其官网悄然下线,11月4日360公司发表公开信称:愿搁置争议,让网络恢复平静,360扣扣保镖正式下线。在国家相关部门的强力干预下,QQ与360软件开始恢复兼容。4日上午,360公司发出弹窗公告宣布召回“扣扣保镖”,请求用户卸载。

2010年11月5日上午,工信部、互联网协会等部门开会讨论此事的应对方案。政府部门介入后,用行政命令的方式要求双方不再纷争。360公司也在此形势下宣布召回“扣扣保镖”软件。政府部门要求两家公司不得再发布煽动此事的新闻和讯息。

奇虎360公司于2010年11月10日宣布QQ和360软件已经恢复兼容,并在官方网站发布名为《QQ和360已经恢复兼容 感谢有您!》的公告,感谢广大用户对360软件的支持,并公布了有关部门的联系方式,提醒用户若发现二者软件出现冲突可向相关部门举报。

腾讯公司于2010年11月21日发布名为《和你在一起》的致歉信。双方冲突在工信部的介入下正式化解。

四、审理情况

在工信部的调停下,腾讯公司恢复兼容360软件,两公司分别向用户致歉。随后两家的战场由电脑转为法律,奇虎360公司认为腾讯公司滥用其在即时通讯软件及服务市场的支配地位,损害了市场的竞争,侵犯了奇虎360公司的合法权益,因此提起了诉讼。

2012年4月14日,奇虎公司在广东省对腾讯滥用市场支配地位行为提起反垄断诉讼。奇虎公司认为,腾讯长期以来滥用其市场支配地位,使用模仿、捆绑、交叉补贴等方式强行推广自己的产品,尤其是在2010年11月3日,腾讯公司为打压360安全产品,强迫用户"二选一"的行为是垄断法中典型的限制交易行为,应依法承担停止侵权并赔偿损失的民事责任。广东省高级人民法院2013年3月28日判定,即时通讯与微博、社交网络等构成强竞争和替代关系,而且是全球性市场充分竞争,360公司对市场的定义过于狭窄。腾讯公司并未处绝对主导地位,而且也未加以滥用,因而不存在滥用市场支配地位的情况,故驳回原告360公司的全部诉讼请求。

奇虎公司不服一审判决,故向最高人民法院提出上诉,最高人民法院于2013年11月26日上午9时在第一法庭公开开庭审理了此案。2014年10月16日,最高人民法院对奇虎公司诉腾讯公司垄断纠纷上诉案以"全媒体"现场直播的形式进行了公开宣判。该案审判长、最高人民法院知识产权庭副庭长王闯针对案件的多个争议焦点阐述了最高人民法院的意见,并宣布驳回奇虎公司的全部上诉请求,维持一审法院判决。在本案长达7.4万字的判决书中,最高人民法院详细阐述了互联网领域反垄断法意义上相关市场的界定标准、市场支配地位的认定标准以及滥用市场支配地位行为的分析方法等一系列具有重要意义的法律问题,明确了反垄断法律适用的多个重要裁判标准。

(一)模块一

滥用市场支配地位案件中,相关市场如何认定?相关商品市场如何认定?

相关地域市场如何认定？

《反垄断法》第12条第2款规定，相关市场是指经营者在一定时期内就特定商品或者服务（以下统称商品）进行竞争的商品范围和地域范围。《国务院反垄断委员会关于相关市场界定的指南》（以下简称《指南》）第2条规定，任何竞争行为（包括具有或可能具有排除、限制竞争效果的行为）均发生在一定的市场范围内。

1. 相关商品市场

在一审中，奇虎公司认为，相关商品市场为集成了文字、音频及视频等综合功能的即时通信软件及其服务市场，相关地域市场为中国大陆地区综合功能即时通信软件及服务市场。一审法院对于相关商品市场的认定是依据了《指南》的相关规定，其中第3条第1～3款规定：在反垄断执法实践中，通常需要界定相关商品市场和相关地域市场。相关商品市场，是根据商品的特性、用途及价格等因素，由需求者认为具有较为紧密替代关系的一组或一类商品所构成的市场。这些商品表现出较强的竞争关系，在反垄断执法中可以作为经营者进行竞争的商品范围。相关地域市场，是指需求者获取具有较为紧密替代关系的商品的地理区域。这些地域表现出较强的竞争关系，在反垄断执法中可以作为经营者进行竞争的地域范围。第4条第1款规定，相关市场范围的大小主要取决于商品（地域）的可替代程度。第5条规定，需求替代是根据需求者对商品功能用途的需求、质量的认可、价格的接受以及获取的难易程度等因素，从需求者的角度确定不同商品之间的替代程度。原则上，从需求者角度来看，商品之间的替代程度越高，竞争关系就越强，就越可能属于同一相关市场。一审法院根据需求者对QQ软件及其服务的功能用途需求、质量的认可、价格的接受以及获取的难易程度等因素，从需求者的角度定性分析不同商品之间的替代程度，同时亦结合考虑供给替代的影响。

同时，一审法院应用了假定垄断者测试的方法来确定相关商品市场，《指南》第10条第1款规定：假定垄断者测试是界定相关市场的一种分析思路，可以帮助解决相关市场界定中可能出现的不确定性，目前为各国和地区制定反垄断指南时普遍采用。依据这种思路，人们可以借助经济学工具分析所获取的相关数据，确定假定垄断者可以将价格维持在高于竞争价格水平的最小商品集合和地域范围，从而界定相关市场。

一审法院认为，虽然缺乏完美的数据，但本案依然可以考虑如果腾讯公司和腾讯计算机公司持久地（假定为一年）从零价格到小幅度收费后，有证据支撑需求者会转向那些具有紧密替代关系的其他商品,从而将这些商品纳入同一相关商品市场的商品集合。

关于综合性的即时通信与文字、音频以及视频即时通信之间的可替代性。一审法院认为,考虑到需求替代,消费者能够轻易、立刻、免费地在文字、音频和视频即时通信三种服务间转换;从供给替代出发,大部分服务商都能够同时提供该三种功能的服务。故不应当依据功能来区分文字即时通信、语音和视频通话,从而将该三种产品和服务分别视为独立的通信服务,而应当把它们作为更广阔市场的一部分。因此,一审法院认为综合性的即时通信与文字、音频以及视频等单一的即时通信之间具有紧密的可替代性,属于同一相关市场的商品集合。

关于QQ软件与社交网站、微博服务之间的可替代性。双方对于当微博和SNS社交网站提供网页形式的即时通信产品服务,即将即时通信产品作为其核心产品的一部分时,QQ软件与微博、SNS社交网站服务之间是否具有可替代性的问题争议较大。一审法院认为,从功能和用途上看,当微博将即时通信产品作为其核心产品的一部分时,微博和QQ软件都具有传递信息的即时性和信息载体的多样性,均可实现少部分群体之间的点对点私密的即时通信,微博的微群和QQ群均可进行2人以上即时互动。而SNS社交网站所具有的即时通信工具服务于其社交功能,SNS和QQ软件都具有社交属性,两者所具有的关系链均系锁定用户的重要手段,两者之间也具有紧密的替代性。综上,QQ软件与社交网站、微博服务属于同一相关市场的商品集合。

关于传统电话、传真与即时通信服务之间的可替代性。一审法院认为QQ与固话、手机和短信之间存在较大的技术差异,更为重要的是,固定电话、手机及短信均进行收费服务,而即时通信则提供免费服务。因此,QQ与传统的短信、手机通话、固定电话通话之间不存在较为紧密的产品替代关系,相互之间不构成可替代商品。

关于QQ软件与电子邮箱是否属于同一相关商品市场的商品集合。一审法院认为,电子邮箱虽然具有通信功能,但是并不具有即时性,其在功能和用途上与QQ软件还存在较大差异。并且即使QQ开始长期小幅收费,消费者也很难选择使用电子邮箱来代替。因此,电子邮箱与QQ不属于同一相关商品市场的商品集合。

关于应否将本案相关市场确定为互联网应用平台。一审法院认为,互联网应用平台经营模式逐渐普及,导致客户资源、点击量和用户停留时间成为互联网竞争的主要焦点。以免费的服务吸引大量用户,再利用巨大的用户资源经营增值业务和广告以实现盈利,然后以增值业务和广告的盈利支撑免费服务的生存和发展,已经成为互联网行业目前典型的经营模式。互联网应用平台竞争的实质就是互联网企业相互之间在各自的应用平台上开展增值服务和广告业务的竞争。虽然在本案中尚不能确定安全软件平台与即时通信平台之间存在紧密的替代关系,但在界定本案的相关商品市场时,应充分考虑目前互联网行业的产品竞争状况和市场格局。

综上,一审法院认为,奇虎公司关于综合性的即时通信产品及服务构成一个独立的相关商品市场的主张不能成立,不予支持。但是一审法院并没有指出该案的相关商品市场,这也成为奇虎上诉的一个理由。

在二审中,最高人民法院指出:一审法院首先认定综合性即时通信服务、跨平台即时通信服务、跨网络即时通信服务属于本案相关商品市场范围,又认定社交网站、微博也属于本案相关市场,然后排除了传统电话、传真以及电子邮箱在本案的相关市场,从而得出结论:奇虎公司所认定的关于综合性即时通信产品及服务构成一个独立的相关商品市场的主张不能成立。一审法院对于相关市场其实已经做出了界定,但是由于本案较为复杂,一审法院只是并没有对相关市场的边界做出明确的结论。同时,最高人民法院指出,在滥用市场支配地位的案件中,界定相关市场只是评估经营者的市场力量以及被诉垄断行为对竞争的影响,它只是一个工具,而并非目的。

最高人民法院对于相关市场的界定也是从需求者角度进行替代分析,辅之以经营者角度的供给替代分析,利用假定垄断者测试等方法对一审法院界定的相关市场做出了重新评价。

关于非综合性即时通信服务是否应纳入本案相关商品市场范围。最高人民法院认为,从商品的功能来看,非综合性即时通信服务与腾讯QQ并没有差异,用户都可以轻易在网上获得。从供给替代的角度来看,提供综合性即时通信服务并不存在较大的技术困难,提供非综合性即时通信服务的经营者可以非常容易地转而提供全方位、综合性的即时通信服务。因此,最高人民法院认为,单一文字、音频以及视频等非综合性即时通信服务应纳入本案相关商品市场范围。

关于移动端即时通信服务是否应纳入本案相关商品市场范围。该问题虽然在一审的过程中并没有涉及,故理应不属于二审的审理范围。但是,最高人民法院认为:相关市场的界定本质上属于案件事实认定问题,也是本案据以裁判的基础事实。对于一审法院没有查明的基本事实，当事人在二审过程中发生争议，本院理应予以补充查明。最高人民法院指出：这一问题最关键的地方在于被诉垄断行为发生时，智能手机、平板电脑等移动端即时通信服务是否对个人电脑端即时通信服务构成紧密替代，并对个人电脑端即时通信服务的经营者是否构成有效的竞争约束。最高人民法院的分析是：在本案被诉垄断行为发生时，移动端即时通信服务与个人电脑端即时通信服务在商品特性、质量、功能用途、获得渠道等方面已经趋向于基本一致。并且根据艾瑞咨询《中国即时通信年度检测报告简版》、CNNIC《中国即时通信用户调研报告》、CNNIC 第 24 次《中国互联网络发展状况统计报告》等调查报告可知，移动端即时通信服务正在蓬勃发展并已经形成较大规模。同时，最高人民法院指出：移动终端设备的购置成本并非确定相关市场所需要考虑的因素，移动上网费用对相关市场界定的分析亦无多大影响。因此，最高人民法院认为，移动端即时通信服务应纳入本案相关商品市场范围。

关于社交网站、微博服务是否应纳入本案相关商品市场范围。一审法院认定的社交网站、微博单独提供的即时通信服务应纳入本案相关商品市场无争议，此处的争议在于社交网站、微博本身是否应纳入本案相关商品市场。最高人民法院分析指出：社交网站、微博与即时通信在商品特性上存在明显差异。社交网站、微博主要针对大量用户之间的开放性群体交流，对即时性的要求偏低，而即时通信更注重双边私密交流或者小群体的内部交流，具有一定封闭性且对即时性的要求很高。从需求者的角度来看，即时通信与社交网站、微博之间更多的是互补关系，而非彼此替代关系。最高人民法院指出，一审法院忽视了前两者针对大量用户之间的开放性群体交流与后者针对双边私密交流或者小群体的内部交流的关键差异，夸大了即时通信的社交属性。并且一审法院将社交网络和微博单独提供的即时通信功能对即时通信服务构成的替代威胁等同于社交网络和微博本身对即时通信服务的替代威胁，在一定程度上混淆了判断对象。综上，最高人民法院推翻了一审法院关于社交网络和微博应纳入本案相关商品市场范围的认定。

关于手机短信、电子邮箱是否应纳入本案相关商品市场范围。最高人民法院指出，虽然在功能方面手机短信和即时通信服务很相似，但是功能相似并不代表它们之间存在紧密的替代关系。同时，手机短信是一种付费服务，而本案相关市场关注的是免费的即时通信服务被替代的可能性和程度，手机短信与该市场并无实质上的关联性。因此,手机短信与即时通信之间不存在较为紧密的替代关系,不应纳入本案相关商品市场范围。对于电子邮箱,最高人民法院指出:电子邮箱与即时通信在商品特性、功能用途等方面存在较大差异。电子邮箱和即时通信在核心技术方面存在差异,电子邮箱不具备即时性,也不具备通知用户在线状态的功能,而通信的即时性是即时通信服务最核心和最受用户关注的功能。因此,最高人民法院认同一审法院关于手机短信、电子邮箱不应纳入本案相关商品市场范围的认定。

关于本案相关商品市场是否应确定为互联网应用平台。最高人民法院指出,针对这一问题的关键在于网络平台之间为争夺用户注意力和广告主的相互竞争是否完全跨越了由产品或者服务特点所决定的界限,并给经营者施加了足够强大的竞争约束。最高人民法院从四个方面进行了分析:首先,互联网应用平台之间争夺用户注意力和广告主的竞争以其提供的关键核心产品或者服务为基础。其次,互联网应用平台的关键核心产品或者服务在属性、特征、功能、用途等方面存在较大的不同。虽然广告主可能不关心这些产品或者服务的差异,只关心广告的价格和效果,因而可能将不同的互联网应用平台视为彼此可以替代,但是对于免费端的广大用户而言,其很难将不同平台提供的功能和用途完全不同的产品或者服务视为可以有效地相互替代。再次,互联网应用平台核心产品的不同导致其争夺的用户群和广告主也不同,因此其盈利模式也会产生差异。最后,本案中应该关注的是被上诉人是否利用了其在即时通信领域中可能的市场支配力量排除、限制互联网安全软件领域的竞争,将其在即时通信领域中可能存在的市场支配力量延伸到安全软件领域,如果把搜索引擎、新闻门户、互联网安全等平台均纳入本案相关商品市场范围,可能会夸大其他网络平台对被上诉人的即时通信所形成的潜在竞争约束,弱化被上诉人实际的市场力量。鉴于上述理由,最高人民法院在该案相关市场界定阶段将不主要考虑互联网平台竞争的特性。

2. 相关地域市场

一审法院认为,即时通信服务的经营者和用户并不局限于中国大陆。中国的用户可以选择国外的即时通信服务,腾讯公司也可以向国外的用户提供其即时通信产品。同时,一审法院指出,用户的语言偏好和使用习惯并不能作为认定相关地域市场的唯一依据。在开放的互联网中,用户可以在全球范围内获得即时通信服务,且无须支付额外的费用。因此,一审法院认为本案相关地域市场应为全球市场。

最高人民法院对于本案的相关地域市场做出了不同的认定。最高人民法院对相关地域市场的认定采用了和认定相关商品市场相同的方法,从需求替代和供给替代的角度进行了分析,也利用了假定垄断者测试的方法。最高人民法院分析指出:首先,中国大陆的用户都会选择中国大陆境内的经营者所提供的即时通信服务。中国境内的用户对于国际即时通信服务并没有太大的关注。其次,我国有关互联网的行政法规规章等对经营即时通信服务规定了明确的要求和条件,外国经营者通常不能直接进入我国大陆境内经营,需要以中外合资经营企业的方式进入并取得相应的行政许可。最后,需要考虑位于境外的即时通信服务经营者的实际情况。在被诉垄断行为发生时,尚未进入我国大陆境内的主要国际即时通信服务经营者已经很少。如果我国大陆境内的即时通信服务质量小幅下降,已没有多少境外即时通信服务经营者可供境内用户选择。综上所述,本案相关地域市场应为中国大陆地区市场。

综上,最高人民法院认为,该案相关市场应界定为中国大陆地区即时通信服务市场,既包括个人电脑端即时通信服务,又包括移动端即时通信服务;既包括综合性即时通信服务,又包括文字、音频以及视频等非综合性即时通信服务。

思考题:

(1)如果相关市场存在界定上的困难,或者界定不准确,是不是就能当然导致市场支配地位无法成立,甚至滥用市场支配地位行为无法成立?

(2)在反垄断案件中,法院通常会将相关市场界定的责任交给原告,要求原告能提供"清晰界限"的相关产品市场的范围,当原告不能建立一个清晰的市场边界时,案件就有可能被驳回,这样的安排是否妥当?

(3)如果过分苛求相关市场的精确界定,会不会导致反垄断法对相关市场界定难度大的行业的滥用市场支配地位行为的规制缺位或弱化?

(4)如果苛求相关市场的精确界定,是否会纵容了垄断行为?

(二)模块二

假定垄断者测试在该案中的应用如何?

在本案认定相关市场的过程中,一审法院和最高人民法院都从需求替代角度和供给替代角度进行了分析,同时应用了假定垄断者测试的方法进行辅助。但是,两个法院对于假定垄断者测试却有不同的应用。

按照假定垄断者测试的方法，一个被假定的垄断者在持续一段时间后适度提高价格，结果消费者转向了其他替代品，那么替代品与诉争产品属于同一市场，有竞争关系；反之，则不属于。

具体而言，该测试首先假设在某个市场上存在这样一家企业，该企业是该商品或该类商品的唯一供应者。当该企业对其商品进行一个"小幅但有意义的，且非临时性的涨价"时，如果客户选择了其他商品，从而使其涨价变得无利可图，因而阻止了该假定垄断者的这种涨价行为，那么相关产品市场就不能由这种商品单独构成，而应该将消费者最可能选择的替代品纳入待选市场，并且重新进行上述测试，直到最终达到一个临界点，使这个供应有关产品或者服务的假定垄断者在这个点上获得市场支配力，即该假定垄断者可以通过将价格保持在平均水平之上而达到其利润的最大化。这个临界点通常就是划分相关产品市场的标准。这个测试中提到的涨价标准，一般而言采用5%—10%作为常用幅度。

一审法院完全运用了上述假定垄断者测试的方法对该案的相关市场进行了界定，一审法院认为，"免费"几乎是互联网产业的一个特性，大部分用户都习惯并敏感于即时通信服务的价格。假如即时通信服务是"小幅但有意义的，且非临时性的涨价"，那么用户一定会改用其他免费产品。因此，一审法院得出的结论是这一类商品属于同一相关市场。

但是，最高院人民法作出了不同的解答：假定垄断者测试的基本思路是在假设其他条件不变的前提下，通过目标商品或者服务某个变量的变化来测试目标商品与其他商品之间的可替代程度。实践中，假定垄断者测试的分析方法有多种，既可以通过数量不大但有意义且并非短暂的价格上涨（SSNIP）的方法进行，又可以通过数量不大但有意义且并非短暂的质量下降（SSNDQ）的方法进行。同时，最高人民法院指出，如果特定市场领域的商品同质化特征比较明显，价格竞争是较为重要的竞争形式，则采用数量不大但有意义且并非短暂的价格上涨（SSNIP）的方法较为可行。但是如果在产品差异化非常明显且质量、服务、创新、消费者体验等非价格竞争成为重要竞争形式的领域，采用该方法则存在较大困难。本案属于特殊领域的商品市场，使用第一种方法来确定相关市场较为困难。同时，最高人民法院指出，若使用第一种方法，通常需要先确定一个适当的基准价格，然后再进行5%—10%的价格上涨，然后确定需求者的反应。但是，本案中的商品都是免费的，也就是零，其无论增长百分之几最终的价格还将会是零；而如果使其从零上升到一个较小的正规价格的话，则等于使价格增长到了无限大,说明商品本身发生了巨大的变化,无法再使用 SSNIP 的方法测试。最高人民法院采用的是通过数量不大但有意义且并非短暂的质量下降(SSNDQ)的方法进行测试。互联网服务提供商在互联网领域的竞争中更加注重质量、服务、创新等方面的竞争而不是价格竞争。如果采取基于相对价格上涨的假定垄断者测试,很可能将不具有替代关系的商品纳入相关市场中,导致相关市场界定过宽。

思考题:

(1)假定垄断者测试都有哪些方法?如何根据不同的情况来确定不同的方法?

(2)结合案例与经验分析,假定垄断者测试是否适合互联网领域?假定垄断者在传统产业经济中的应用和在互联网行业中的应用有何区别?

(三)模块三

腾讯在相关市场上是否具有市场支配地位?

关于腾讯公司和腾讯计算机公司在相关市场上是否具有支配地位的问题。我国《反垄断法》第 18 条规定:"认定经营者具有市场支配地位,应当依据下列因素:(一)该经营者在相关市场的市场份额,以及相关市场的竞争状况;(二)该经营者控制销售市场或者原材料采购市场的能力;(三)该经营者的财力和技术条件;(四)其他经营者对该经营者在交易上的依赖程度;(五)其他经营者进入相关市场的难易程度;(六)与认定该经营者市场支配地位有关的其他因素。"第 19 条规定:"有下列情形之一的,可以推定经营者具有市场支配地位:(一)一个经营者在相关市场的市场份额达到二分之一的;(二)两个经营者在相关市场的市场份额合计达到三分之二的;(三)三个经营者在相关市场的市场份额合计达到四分之三的。有前款第二项、第三项规定的情形,其中有的经营者市场份额不足十分之一的,不应当推定该经营者具有市场支配地位。被推定具有市场支配地位的经营者,有证据证明不具有市场支配地位的,不应当认定其具有市场支配地位。"

一审法院认为奇虎公司对相关市场的界定过窄,据此来计算腾讯公司的市场份额是不准确的,不能真实反映腾讯公司的市场地位。同时,一审法院也指出,仅仅凭借市场份额并不能判断腾讯公司的市场支配地位,应考虑腾讯公司是否控制了商品的价格、数量和相关的交易条件,以及其是否阻碍了其他经营者进入该市场。一审法院分析认为,腾讯公司推出的产品是免费的,用户也不会为即时通信服务付任何费用,腾讯公司在价格上相对于其他经营者不可能有任何优势。腾讯公司也没有能力控制自己的商品数量和其与用户的交易。互联网中的即时通信服务数量繁多,每出现一个商品,用户都可以在互联网中获得,并且没有任何证据来证明腾讯公司拒绝和用户交易。

同时,互联网是一个开放的市场,任何经营者都可以在互联网上发布自己的产品,用户也可以轻易地得到该产品,腾讯公司不具有可以阻碍其他经营者进入互联网的能力。一审法院还指出,即时通信市场处于高度竞争和高度不稳定状态,新技术、新商业模式层出不穷,没有证据显示有任何一家企业可能长期操纵市场。同时,腾讯公司的财力和技术条件也不具有实质性地排除新的竞争者进入市场或者扩大产能的能力。本案证据显示中国移动、中国联通、中国电信、阿里巴巴、百度等企业后于腾讯公司进入即时通信领域的竞争者的财力和技术能力都很雄厚,这些大型企业都有足够实力对腾讯公司和腾讯计算机公司在该领域的领先地位造成巨大冲击。综上,腾讯公司和腾讯计算机公司在该市场不具有支配地位。

最高人民法院对于一审法院有关市场支配地位的判断基本上是认可的,但是也做出了新的分析。首先,最高人民法院界定了市场支配地位:市场支配地位是经营者在相关市场内具有能够控制商品价格、数量或者其他交易条件,或者能够阻碍、影响其他经营者进入相关市场能力的市场地位。判断是否具有市场支配地位应考虑诸多因素:该经营者在相关市场的市场份额以及相关市场的竞争状况、该经营者控制销售市场或者原材料采购市场的能力、该经营者的财力和技术条件、其他经营者对该经营者在交易上的依赖程度、其他经营者进入相关市场的难易程度等。同时,最高人民法院也指出,市场份额对于判断市场支配地位的作用应该具体案件具体分析,不能仅仅依靠市场份额来判断。

最高人民法院在认定该案的市场支配地位时与一审法院的判断标准一致,也是从市场的竞争状态,腾讯公司是否控制了商品价格、数量和其他的交易条件,腾讯公司的财力和技术水平,其他经营者进入该市场的难易程度等方面进行判断。最高人民法院指出,即时通信领域的竞争格局正在日渐多元化,创新较为活跃,正处于蓬勃发展时期,市场竞争比较充分。由于即时通信的服务都是免费的,用户也不会为其支付任何费用,任何经营者都没有能力控制商品的价格。同时,互联网的盈利模式是通过产品吸引大量的用户,从而获得广告业务和增值业务的盈利，为了吸引更多的用户，经营者必须不断提高服务质量，不断开发新的服务。此外，互联网的开放性使经营者可以轻易地将自己的产品投放到互联网，用户也可以轻易地得到。因此，被上诉人控制商品价格、质量、数量或者其他交易条件的能力较弱。

关于腾讯公司的财力和技术条件，最高人民法院也做出了和一审法院相同的判断，认为其财力和技术条件对其市场力量的影响十分有限。而对于进入市场的难易程度，最高人民法院指出：对于认定是否具有市场支配地位而言，重要的是市场进入以及扩大市场占有率的容易性。低市场份额并不当然意味着较弱的市场竞争约束力，只要能够迅速进入并有效扩大市场，就足以对在位竞争者形成有效的竞争约束。而现实是每年都有大量的符合行政许可条件的境内经营者进入即时通信领域，且不少经营者在短时间内就迅速建立起足以支撑其发展的市场份额，从而证明即时通信市场的进入较为容易。

综上，最高人民法院的结论是现有证据并不足以支持腾讯公司具有市场支配地位。一审法院认定被上诉人不具有市场支配地位并无不当，奇虎公司的相应上诉理由不能成立法本院不予支持。

思考题：

(1)国内外对于市场支配地位的认定方法有哪些？

(2)认定市场支配地位应该考虑哪些因素？

(3)相关市场的界定与市场支配地位的认定有什么关系？

(四)模块四

关于腾讯公司和腾讯计算机公司是否滥用市场支配地位，是否排除、限制了竞争？

关于这一问题，一审法院主要从两个方面进行了分析判断。首先是关于腾讯公司和腾讯计算机公司实施的“产品不兼容”行为(用户“二选一”)；其次是关于腾讯公司和腾讯计算机公司是否存在反垄断法所禁止的无正当理由搭售的问题。

首先，一审法院认为：腾讯公司和腾讯计算机公司采取“二选一”的目的不是拒绝与用户交易，而在于逼迫用户只能与其进行交易而不与360进行交易。上述行为实质上仍然属于限制交易的行为。

腾讯公司对于其所采取的“二选一”的行为的辩解是不得已采取不兼容技

术措施来阻止和排除奇虎公司产品对自身产品的破坏,是一种正当的自力救济行为。而一审法院认为,我国民法上的自力救济不能超过必要限度,由于互联网行业的特殊性,通过网络实施的侵权行为具有蔓延速度快、范围广、后果难以挽回等特点,因此腾讯公司和腾讯计算机公司的合法权益在当时的确处于危险状态之中。但即便如此,腾讯公司和腾讯计算机公司采取自力救济的直接反击对象也必须是不法侵害人即本案奇虎公司本身,而不得涉及网络用户。同时,我国知识产权侵权诉讼的诉前禁令制度赋予了当事人权利,在其合法权益可能遭受紧急或无法逆转的侵害时,有权向人民法院申请采取临时措施,及时、快捷、有效地制止不法侵害行为发生或继续。腾讯公司并没有依据法律来行使其权利,而是用了"二选一"的行为波及用户,其行为是缺乏正当性的。

其次,一审法院认为腾讯公司和腾讯计算机公司的行为不构成反垄断法所禁止的搭售行为。第一,腾讯公司和腾讯计算机公司在即时通信服务市场中不具有市场支配地位。第二,腾讯公司和腾讯计算机公司没有限制用户的选择权。第三,腾讯公司和腾讯计算机公司的相关行为具有经济合理性。第四,腾讯公司和腾讯计算机公司的相关行为未产生限制或排除竞争的效果。第五,奇虎公司没有提供证据证明腾讯公司和腾讯计算机公司 QQ 软件打包安装以及 QQ 软件管理、QQ 医生升级为 QQ 电脑管家的行为已经造成或者将会造成对消费者的损害。因此,奇虎公司所诉腾讯公司和腾讯计算机公司实施了滥用市场支配地位的搭售行为不能成立。

而最高人民法院对腾讯公司是否滥用市场支配地位的分析则更加具体清晰。最高人民法院首先指出,虽然之前已经明确了腾讯公司并不具有市场支配地位,但是由于本案的相关市场的边界比较模糊,所以需要进一步分析被诉垄断行为对竞争的影响效果,以检验关于其是否具有市场支配地位的结论正确与否。同时,最高人民法院也指出,即使腾讯公司具有市场支配地位,判断其是否构成滥用市场支配地位,也需要综合评估该行为对消费者和竞争造成的消极效果和可能具有的积极效果,进而对该行为的合法性与否作出判断。

最后,最高人民法院详细分析了腾讯公司的"二选一"的行为。最高人民法院指出,腾讯公司"二选一"的行为主要是针对奇虎公司作出的,这一行为表面上是要求用户在使用腾讯 QQ 和 360 安全软件之间做出选择,实质上是被上诉人限定了自己的腾讯 QQ 软件的使用环境。虽然这一限制可能对消费者使用腾讯 QQ 或者 360 安全软件造成不便,但是,由于在即时通信市场和安全软件市场均有充分的替代选择,腾讯QQ软件并非必需品,这种不便对消费者利益并无重大影响。当然,这并不意味着被上诉人实施"产品不兼容"行为无可指责。最高人民法院认为该行为虽不影响消费者,但是也是需要被指责的。同时,最高人民法院也分析认为,腾讯实施的"二选一"的行为目的并不在于排挤其他潜在的竞争对手进入其所占有领先地位的即时通信服务市场。而由于该行为的实际影响只实施了一天,其影响力非常弱,并未显著排除或者限制安全软件市场的竞争。综上,虽然被上诉人实施的"产品不兼容"行为对用户造成了不便,但是并未导致排除或者限制竞争的明显效果。这一方面说明被上诉人实施的"产品不兼容"行为不构成反垄断法所禁止的滥用市场支配地位行为,也从另一方面佐证了被上诉人不具有市场支配地位的结论。

关于搭售的判定,最高人民法院首先界定了搭售应满足的条件:搭售产品和被搭售产品是各自独立的产品;搭售者在搭售产品市场上具有支配地位;搭售者对购买者实施了某种强制,使其不得不接受被搭售产品;搭售不具有正当性,不符合交易惯例、消费习惯等或者无视商品的功能;搭售对竞争具有消极效果。而本案中并没有证据证明腾讯的搭售行为使其在即时通信市场上的领先地位延伸到安全软件市场,腾讯将QQ即时通信软件与QQ软件管理打包安装,实现QQ即时通信软件的功能整合,用户可以更好地管理和使用QQ即时通信软件,保障账号安全,从而提高QQ即时通信软件的性能和价值。同时,最高人民法院指出,腾讯的搭售行为并没有强制性,虽然QQ即时通信软件与QQ软件管理打包安装时并未提示用户将同时安装QQ软件管理,但是被上诉人提供了卸载QQ软件管理的功能,用户可以方便地自主选择卸载。综上,最高人民法院并没有支持奇虎公司关于腾讯公司实施了滥用市场支配地位行为的上诉。

思考题:

(1)如何认定市场支配地位与界定滥用市场支配地位行为之间的关系?假如确定了不具有市场支配地位,是否还认定滥用市场支配地位?

(2)滥用市场支配地位行为的表现是什么?认定时应该考虑的因素有哪些?

(五)模块五

专家证人在诉讼中的适用问题?

专家证人制度是由当事人委托具有丰富的专业知识以及实践经验的专业人

士，在审判的过程中针对某些专业性极强的、存在争议的问题进行分析并得出结论的一系列具有法律性质的制度的总和。专家证人并不仅仅指那些具有某些专业技术资格或专业技术水平比较高的人，实际上凡是在各个工作领域具有一技之长或者具有相当丰富的专业知识的人，不论其年龄或性别等客观条件如何，都可以被称为其所在工作领域的专家。

在本案中，奇虎公司和腾讯公司都聘请了专家证人。奇虎公司聘请余妍、大卫·斯塔利布拉斯（David Stallibrass）作为专家辅助人出庭就该案相关问题发表了意见，腾讯公司和腾讯计算机公司聘请姜奇平、吴韬作为专家辅助人出庭就该案相关问题发表了意见。双方争议的焦点主要存在于大卫·斯塔利布拉斯所做的证明。

首先，奇虎公司在上诉阶段出示了证据《关于360和腾讯反垄断诉讼案件的经济分析报告》，为了证明一审判决在界定相关商品市场时，运用假定垄断者测试的方法违背了经济学原理；一审判决关于本案相关商品市场的界定方法在理论上存在错误，本案相关商品市场应界定为个人电脑（PC）端综合性即时通信产品和服务；一审判决对本案相关地域市场界定错误，本案相关地域市场应界定为中国大陆地区；被上诉人具有市场支配地位。该证据的作者是大卫·斯塔利布拉斯，并由Sharon Pang、Weiye Li协助完成。

而被上诉人质证认为，大卫·斯塔利布拉斯的最高学位是业余取得的伦敦大学理科硕士，其所谓的竞争法研究生是业余远程授课的，并没有取得学位，更没有在经济学领域权威刊物上发表过较有影响力的学术成果，其专业性和可信度缺乏保障。对于另外两位协助者的身份与资质，上诉人没有提供任何证据予以证明。该报告对中国反垄断法的解释和适用、证据采信、审判逻辑、审理思路等发表意见，显然超出了经济分析范畴，属于提供法律服务，不具有合法性。该报告关于本案相关市场的认定混乱，结论不具有可靠性。

最高人民法院最后给出结论，将结合该证据以及大卫·斯塔利布拉斯的庭审发言对其专家意见予以考虑。对于被上诉人所提大卫·斯塔利布拉斯的教育背景、工作经历、研究成果等问题，最高人民法院认为，对于专家意见应重点审查该意见是否具有充分的事实或者数据基础；是否运用了合理、可靠的市场调查或者经济分析方法；是否考虑了可能改变市场调查或者经济分析结果的相关事实；专家是否尽到了专业人员所应具有的谨慎和勤勉。因此，对于专家的教育背景、工作经历、研究成果应适当留意而不必苛求。

其次,奇虎为了证明全球经济咨询集团[Global Economics Group(GEG),以下简称全球经济咨询]的经济分析报告对于本案相关市场的界定、市场支配地位的认定及滥用行为的评估均存在错误,提出了由CRA特别顾问大卫·斯塔利布拉斯出具的《对GEG的反驳报告》。

而被上诉人质证认为,该证据是否在中国大陆境内形成无法确认,未办理公证认证手续,对其真实性不予认可。该证据实为针对GEG的相关报告发表的质证意见,已超出了经济分析范畴,明显属于提供法律服务,不具有合法性。同时,该证据缺乏事实基础和严谨的经济学论证,不能实现上诉人的证明目的。

最高人民法院指出,该证据系在中国境外形成,且大卫·斯塔利布拉斯亦已出庭发表专家意见和接受质询,本院亦将把该证据作为分析评估本案相关专业问题的参考。

专家证人在本案的举证过程中起到了重要作用,但是有学者对专家证人制度提出了质疑。专家证人制度有时会成为双方当事人"公平游戏"的工具。当下的对抗制诉讼当事人充分利用"公平游戏"理论,俨然将专家证人制度变成了法庭上的竞技性游戏。当事人会尽力寻找支持自己观点的专家证人,而且许多经过庭前培训而有丰富经验的专家证人知道如何表述对雇主有利的意见。这使有些事实真相被掩盖,影响了案件结果的客观与公正。也有学者认为我国的诉讼土壤不适宜专家证人制度的生长。我国的诉讼模式类似于大陆法系的职权主义诉讼模式,而专家证人制度是在英美法系的对抗制诉讼模式下产生的。除此之外,无论是在询问机制还是在"诉讼证明标准"、证据排除规则等方面都存在很大的差异。

最终,最高人民法院认为,一审判决认定事实基本属实,适用法律正确,裁判结果适当。奇虎360公司的上诉理由虽部分成立,但不足以影响本案裁判结果。依照《反垄断法》第17、18、19条,《民事诉讼法》第170条第1款第1项之规定,判决驳回上诉,维持原判。一审案件受理费人民币796800元,按照原判决执行;二审案件受理费人民币796800元,由上诉人北京奇虎科技有限公司负担。

本判决为终审判决。

教学指导手册

教学对象及目标

本案例供法律硕士案例教学使用,法学本科、经济法学硕士也可以参酌使用。

本案例主要就反垄断诉讼中相关市场的认定、市场支配地位的认定、滥用市场支配地位的认定等问题进行了讲授。具体要解决的问题包括:(1)在滥用市场支配地位的案件中,相关市场的认定方法和标准,以及如何从需求替代角度和供给替代角度分析相关市场;(2)市场份额在确定相关市场过程中起到的作用,以及在复杂的案件中考虑哪些因素来认定相关市场;(3)在滥用市场支配地位的案件中,市场支配地位的认定以及标准都有哪些;(4)在滥用市场支配地位的案件中,滥用市场支配地位行为的分析原则和方法;(5)假定垄断者测试的运用;(6)搭售的具体内涵以及构成搭售的条件。

教学内容

1. 在滥用市场支配地位的案件中,认定相关市场的意义是什么?

相关市场(Relevant Market)的界定在反垄断法中并不是一项独立的制度,但它却是反垄断法各个主要制度的基础,更是反垄断法执行过程中最基本、最重要和最复杂的问题。在反垄断法执行过程中,除少数自身违法情况外,对于绝大多数的行为都要通过具体分析其是否具有反竞争的危害来确定其违法性,而这种分析的展开是以竞争的场所即相关市场的界定为前提。只有通过相关市场的界定,才能确定一个市场上竞争者数量的多寡以及他们各自所占的市场份额,进而正确评估企业具有的垄断力的程度或者市场支配力的大小。对于一个涉嫌垄断的企业,如果对其相关市场的界定过于狭窄,其市场份额就会变大,市场支配力就会相应增强,认定其构成垄断的可能性就会变大;反之,把其置于一个相对宽泛的市场中，则其市场份额就会相应变小，市场支配力在这个相对宽泛的市场中就会变弱，其被认定构成垄断的可能性就会变小。因此，如果相关市场的界定不当，就会使某些企业蒙受“不白之冤”，而有的企业就会成为“漏网之鱼”。

在滥用市场支配地位的案件中，首先要确定的就是相关市场，但是应当明确相关市场只是工具，是用来认定主体是否具有市场支配地位的，其本身并不是目的。但是，一个边界清晰的相关市场可以更加明确地认定市场支配地位，虽然有时由于案件本身复杂，相关市场的边界很难被确定清晰，但是这也是处理该类案件所必须经过的程序。

2. 在滥用市场支配地位的案件中，相关市场具体都有哪些？如何界定？

在反垄断法中，相关市场也称特定市场，我国《反垄断法》第12条第2款定义的相关市场，是指经营者在一定时期内就特定商品或者服务进行竞争的商品范围和地域范围。从其定义可以看出，相关市场涉及三个要素：一是时间；二是商品；三是地域。时间上的相关市场，是指能够与经营者的产品和服务发生竞争关系的同类和替代产品和服务的、符合测算要求的时间范围内的市场。在不同的时间段内，同类或替代产品和服务的规模会发生变化，相关经营者的市场地位也会相应地改变。因此，确定好时间上的相关市场对认定市场支配地位具有重要意义。

相关商品市场和相关地域市场往往是案件中的焦点，确定起来也较为复杂。所谓相关商品市场，是指能够与经营者的产品和服务发生竞争关系的、同类和替代的产品和服务的市场。在认定该市场时，运用比较多的是从需求角度分析和从供给角度分析。需求角度分析是根据消费者对替代性的判断，即对产品和服务品质上的替代性、产品和服务用途上的替代性以及产品和服务价格上的交叉弹性等因素判断。供给角度分析是根据供给的替代产品和服务的交叉弹性等因素进行判断。具体来说，就是对滥用市场支配地位的主体所提供的商品的被替代性进行分析，对其他产品和其提供的产品在特性、功能、价格、用途等方面进行比较，假如在很多方面都类似，则可以认定用户可以选择其他产品来替代滥用市场支配地位主体所提供的产品。而供给角度分析则是提供与滥用市场支配地位主体的商品相类似的产品的难易程度，如果没有任何阻碍则可以认定该产品与主体的产品属于同一市场。

所谓相关地域市场，是指在能够与经营者的产品和服务发生竞争关系的同类和替代产品和服务所分布的空间范围内的市场。在认定该市场时，也会从需求角度和供给角度进行分析。从需求替代的角度，主要考虑需求者因商品价格或者其他竞争因素的变化而转向或考虑转向其他地域购买商品的证据、商品的运输成本和运输特征、多数需求者选择商品的实际区域和主要经营者商品的销售分布、地域间的贸易壁垒、特定区域需求者偏好等因素。从供给替代的角度，则主要考虑其他地域的经营者对商品价格等竞争因素的变化作出反应的证据、其他地域的经营者供应或销售相关商品的即时性和可行性等因素。

3. 相关市场界定的原则有哪些?

相关市场界定原则是在相关市场界定的立法、司法、行政执法过程中必须遵循的根本指导思想和操作指针。相关市场的界定不仅具有技术性，还具有强烈的不确定性。因此，原则对于相关市场界定具有非常重要的意义。

相关市场界定是反垄断法一个重要的组成部分，界定相关市场应当遵循反垄断法的基本价值取向。因此，反垄断法的基本原则都可以适用于界定相关市场，并对其实践起着重要作用。当然，由于反垄断法的规则体系与一般部门法不同，反垄断法的原则都比较广泛，这个特点同样表现在相关市场界定的原则上。因此，在具体适用时需要法院或者反垄断执法机关作出详细的解释。这些基本原则包括：政策性原则、有利竞争原则、保护消费者原则、效率原则和可操作原则。

4. 什么是假定垄断者测试？在确定相关市场时如何应用?

所谓假定垄断者测试，是指一个被假定的垄断者，在持续一段时间内适度提高价格，结果消费者转向了其他替代品，那么替代品与诉争产品则属于同一市场，有竞争关系；反之，则不属于。具体来讲，该测试首先假设在某个市场上存在这样一家企业，该企业是该商品或该类商品的唯一供应者。当该企业对其商品进行一个“小幅但有意义的，且非临时性的涨价”时，如果客户选择了其他商品，从而使其涨价变得无利可图，因而阻止了该假定垄断者的这种涨价行为，那么相关产品市场就不是由这种商品单独构成，而应该将消费者最可能选择的替代品纳入待选市场，并且重新进行上述测试，直到最终达到一个临界点，使这个供应有关产品或者服务的假定垄断者在这个点上获得市场支配力，即该假定垄断者可以通过将价格保持在平均水平之上而达到其利润的最大化。这个临界点通常就是划分相关产品市场的标准。这个测试中提到的涨价标准,一般而言采用5%—10%作为常用幅度。

相关商品市场和相关地域市场都可以用假定垄断者测试来进行界定,但是在应用的过程中,应该注意变通。正如本案所分析的,当商品的价格为零时,再按照对商品的价格进行“小幅但有意义的,且非临时性的涨价”就会扩大主体的相关市场。而通过数量不大但有意义且并非短暂的质量下降(SSNDQ)的方法进行分析就会更好地得出相应结论。因此,面对案件应根据案件的具体情况来适用假定垄断者测试的方法。

5. 在滥用市场支配地位的案件中,如何认定主体具有市场支配地位?应该参考哪些因素?

我国的《反垄断法》第17条第2款明确给出了市场支配地位的定义:“本法所称市场支配地位,是指经营者在相关市场内具有能够控制商品价格、数量或者其他交易条件,或者能够阻碍、影响其他经营者进入相关市场能力的市场支配地位。”

我国《反垄断法》规定了界定市场支配地位的标准。认定主体是否具有市场支配地位应考虑以下几点因素,都又不限于以下几点:该经营者在相关市场的市场份额以及相关市场的竞争状况、该经营者控制销售市场或者原材料采购市场的能力、该经营者的财力和技术条件、其他经营者对该经营者在交易上的依赖程度、其他经营者进入相关市场的难易程度等。上述因素需要根据个案情况具体考量,每一个均不一定具有决定性作用。但一般而言,市场份额越高,持续的时间越长,就越可能预示着市场支配地位的存在。

6. 滥用市场支配地位的行为特征是什么?都有哪些行为表现?

滥用市场支配地位亦称滥用市场优势地位,是指企业获得一定的市场支配地位以后滥用这种地位,对市场的其他主体进行不公平的交易或者排除竞争对手的行为。滥用行为,是指处于市场支配地位的企业实施的,能够影响市场结构、破坏市场竞争秩序的行为和措施。滥用市场支配地位行为一般都必须具有不合理地限制竞争的后果。反垄断法禁止的并不是企业支配市场的地位本身,而是禁止企业滥用市场支配地位的行为,确定市场支配地位是为了规范这种市场支配地位。通过防范企业滥用市场支配地位来限制自由竞争,保护市场经济。

滥用市场支配地位行为的基本特征主要表现在:(1)行为主体是具有市场支配地位的经营者。(2)行为目的是维持或提高市场地位,获取超额垄断利益。(3)行为后果是对市场竞争的实质性损害或损害的可能性。

我国《反垄断法》规定的滥用市场支配地位的行为有:(1)以不公平的高价销售商品或者以不公平的低价购买商品;(2)没有正当理由,以低于成本的价格销售商品;(3)没有正当理由,拒绝与交易相对人进行交易;(4)没有正当理由,限定交易相对人只能与其进行交易或者只能与其指定的经营者进行交易;(5)没有正当理由搭售商品,或者在交易时附加其他不合理的交易条件;(6)没有正当理由,对条件相同的交易相对人在交易价格等交易条件上实行差别待遇;(7)国务院反垄断执法机构认定的其他滥用市场支配地位行为。

7. 什么是搭售?构成搭售应符合哪些条件?

搭售是指商品或服务的提供者(卖方)在买方欲购买其某种商品或服务时,拒绝单独出售该商品或服务,而坚持买方须同时购买另一项商品或服务,否则拒绝交易的行为。我们把买方愿意购买的商品或服务称为结卖品,将卖方要求购买的商品或服务称为搭卖品。

搭售应当符合如下条件:搭售产品和被搭售产品是各自独立的产品;搭售者在搭售产品市场上具有支配地位;搭售者对购买者实施了某种强制,使其不得不接受被搭售产品;搭售不具有正当性,不符合交易惯例、消费习惯等或者无视商品的功能;搭售对竞争具有消极效果。搭售行为本身既可能产生积极效果,也可能造成消极效果。搭售的积极效果是在特定情况下可以提高产品质量、降低成本、促进销售、确保安全,从而提高效率,其消极效果是搭售可能使得在搭售产品上市场具有支配地位的经营者将其竞争优势延伸到被搭售产品市场上。

预期效果

通过对案例的分析研究,使学生能够熟练掌握在判定滥用市场支配地位行为的过程中的各个流程,引领学生经历案件从开始到审判全过程,将程序问题、证据问题和实体处理问题融入其中,着重锻炼学生的实际操作能力和解决具体问题的能力,并着重达到以下效果:

1. 能够对相关市场的认定有一个更深层次的理解。

2. 能够熟练运用假定垄断者测试来认定相关市场,能从需求者的角度和供给者的角度来分析相关市场。

3. 能够综合考虑多种因素来认定市场支配地位。

4. 能够对滥用市场支配地位行为进行认定。

5. 理解搭售的内涵以及构成搭售的条件。

教学计划

教学计划安排如下:

1. 课前计划:安排学生阅读案例及相关参考资料,对案例所涉及问题进行指导,要求学生自行思考,撰写思考要点。

2. 课中计划:(1)介绍教学目的,明确讨论主题;(2)分组讨论,回答各项思考题,讨论实践题的撰写要点;(3)小组代表提出撰写要点,学生讨论和分析;(4)教师进行引导分析并归纳总结。

3. 课后计划:布置学生进一步思考在分析滥用市场支配地位的案件中所应用的各种方法,以及运用该方法对其他类似案件的应用。要求学生对实践题进行撰写,教师进行课后批改,检验教学成果。

课堂时间安排

本案例可以作为专门的案例教学课来进行,整个案例课的课堂安排6个课时,每课时45分钟。计划每个模块用时2个课时或根据实际情况进行调整。

思考题

1. 反垄断法的行为主义理论和结构主义理论对于滥用市场支配地位行为都是什么态度?有什么不同?哪一个更加合理?
2. 什么是相对优势理论?相对优势理论对认定滥用市场支配地位行为的作用是什么?相对优势理论如何与行为理论结合?
3. 滥用市场支配地位的法律制裁有哪些?
4. 阐述一下本案的法律责任问题?

5. 通过学习，再从需求替代角度和供求替代角度以及运用假定垄断者测试这三种方法来界定本案的相关市场。
6. 除搭售外，滥用市场支配地位行为还有哪些？这些行为的构成条件又是什么？
7. 假如你是一名律师，在处理类似案件时，该从哪些方面收集、整合证据？
8. 结合本案总结互联网领域垄断行为的特点是什么？其与现实的垄断行为有什么不同？
9. 重新思考本案，奇虎以滥用市场支配地位来起诉腾讯对其是否最有利？以不正当竞争起诉会不会更好？

参考文献

1. 熊凌霄：《"3Q大战"垄断争议之法律剖析》，载《时代金融》2013年第12期。
2. 奇虎公司与腾讯公司垄断纠纷上诉案判决书。
3. 李剑：《双边市场下的反垄断法相关市场界定——"百度案"中的法与经济学》，载《法商研究》2010年第5期。
4. 孟雁北：《互联网行业相关市场界定的挑战——以奇虎诉腾讯反垄断案例判决为例证》，载《电子知识产权》2013年第4期。
5. 刘旭：《奇虎诉腾讯滥用市场支配地位案中的市场支配地位认定——参考德国和欧盟经验简析广东省高级法院一审判决》，载《电子知识产权》2013年第4期。
6. 参见《中国计算机学会针对腾讯360事件发声明》。尹田教授基于合同法原则对腾讯QQ《软件许可及服务协议》相关条款的分析参见柴春元、王地：《民法专家详解QQ用户维权之诉》，载《检察日报》2010年11月7日。相反，在微软MSN在2010年10月突然宣布停止维护博客服务时，不仅给用户预留了6个月的备份时间，还提供了导出博客内容到新浪等博客网站的服务。
7. See ECJ, 13.02.1979, Case 85/76, Hoffmann - La Roche, Summary 4.
8. 金福海：《反垄断法疑难问题研究》，知识产权出版社2010年版。

撰稿人｜王利军，河北经贸大学法学院教授

6 CASE 李某某、富强物流公司诉太平洋保险公司、光辉汽修厂等合同纠纷案

| 摘　要 |

李某某、富强物流公司诉太平洋保险公司、光辉汽修厂等合同纠纷案，是由一个因维修合同引起的一系列法律纠纷。由于原告将保险合同、维修合同以及融资租赁合同等几个法律关系混在一个诉讼中，导致本案成为一个看似比较简单实则相对复杂的案例。解决该合同法律纠纷，除了要分析当事人之间的维修合同法律关系，还要分析案例中所涉及的保险合同法律关系、融资租赁合同法律关系，以及挂靠法律关系、诉讼法律关系，进而结合相关证据，对民事诉讼法以及合同法有关合同的履行、合同的解除以及抗辩权等理论知识逐一进行分析和判断，从而为最终解决本案的法律纠纷提供理论和技术支持。

| 关键词 |

法律关系　管辖　合同解除　抗辩权　反诉

| 教学目标 |

1. 知识与技能目标：作为一名法律硕士研究生，结合法学理论知识分析处理具体司法实践案件是其最基本的职业技能，而分析案件最首要也是最重要的工作就是要准确分析和把握案件所涉及的法律关系，以便针对每种法律关系结合相关法律知识进行准确分析。通过本次案例教学，使学生能够理解和掌握法律关系、管辖法院、合同履行、合同解除、违约以及抗辩权等民法、合同法以及民事诉讼法等相关知识，掌握分析和解决司法实践案例的基本技能。此外，培养对现有法律法规进行反思的能力，也是本次教学的主要目标。

2. 过程与方法目标：分别从实体法和程序法切入。在实体法方面，面对一个具体实务案例时，首先要做的是判断案件的性质、分析案件的法律关系、厘清法律关系的当事人以及其之间的权利义务关系，在找出重点、难点以及考点后深入展开

学习。在程序法方面，首先要明确案件的诉讼标的、管辖法院，以及了解一审、二审中具体的操作程序和民事诉讼的基本流程。从横向和纵向两个方面学习能够使学生在实务案例中分析案件的能力得到进一步提升。

3. 情感态度与价值观：通过本次案例教学，培养和锻炼学生作为一个法律人的职业道德精神和品质，使学生明白：哪怕面对的是一个看似很小的案件，也一定不能掉以轻心，必须要秉持一个法律人特有的专业精神，必须保持认真负责的实干精神，通过个案维护个人合法权益以实现法律正义和社会正义。

教学案例主文

一、案例背景信息

近年来，汽车消费日渐走入寻常百姓家，而因交通事故、汽车修理引起的纠纷也随之增多，且案情日趋复杂，矛盾难以调和。而其中的汽车起重车，作为普通个人无权经营，而在挂靠经营的情况下，发生的纠纷尤为复杂。李某某、富强物流公司诉太平洋保险公司、光辉汽修厂等合同纠纷一案，就是在这样的背景下发生的一起涉及保险合同、维修合同以及融资租赁合同等多种法律关系的案件。为了较好地处理这类案件，通过对此类典型案件进行分析，并从中发现问题，提出相应建议。

（一）存在问题

1. 立案案由不统一。此类纠纷在立案时案由确立不规范，实践中有：道路交通事故纠纷、修理合同纠纷、承揽合同纠纷、服务合同纠纷甚至保险合同纠纷、买卖合同纠纷等案由。这种不分属种、不按纠纷性质的立案，会导致因适用法律的不同，而影响司法统一性和权威性。

2. 诉讼主体确定混乱。由于目前汽车维修商大多使用维修单为凭证，这容易导致汽车送修人即维修单上签名人与汽车实际权利人不同。一旦发生纠纷，一般以维修单上的双方为诉讼当事人，从而导致法院不得不追加当事人，而这种追加往往无法得到当事人的认可，使得主体混乱，诉讼拖延。

3. 双方约定的权利义务确定难。由于目前汽车维修行业整体处于发展初期,大多数消费者和维修商无订立的书面合同或者仅以简易维修单为证据,一旦出现纠纷,双方各执一词,其所约定的权利义务难以确认。

4.赔偿事实和数额确定难。由于此类汽车维修纠纷从以往简单的追缴维修款项,发展到暂停维修导致停运损失等引发的纠纷,一旦发生损害只能依据双方的约定,无法参照有关标准。

(二)建议

1.理顺法律关系,科学立案。严格按照最高人民法院的规定和纠纷的本质、种属划分确立案由,类似汽车维修纠纷应统一确立为修理合同纠纷。

2.加强专类诉讼指引,引导双方合理诉求。通过制定各类立案须知、举证须知、风险告知等引导纠纷当事人在诉讼主体确定、诉讼请求的提出及相关证据搜集上越来越符合法律要求,防止诉累。

3.加大审判力度,探索多元化纠纷解决途径。通过合理进行举证分配、事实推定、过错推定适当加重出于诉讼强势一方的举证责任;针对确实存在欺诈消费者的行为,要大胆适用有关保护消费者权益的法律进行双倍赔偿。同时,邀请专业机构、高等院校的专家、官员以陪审或专家证人的方式参与调解和庭审,以更地好促成双方服判息诉。

二、基本案情

2011年5月6日,富强物流有限公司(住址:南充市甲县)作为承租人与出卖人同创工程机械有限公司(住址:成都市某区)、出租人(买受人)中恒国际租赁有限公司(住址:北京市)签订融资租赁合同,由中恒公司为富强公司融资购买汽车起重车,并由出卖人同创公司直接将设备交给承租人富强公司。此后,中恒公司向太平洋财保丙县支公司投了机动车交通事故责任强制保险及商业险,并指定了第一受益人为中恒租赁有限公司。

2012年5月20日下午,驾驶员王某在南充市甲县某工地操作起重车因操作不当侧翻,造成车辆局部受损的事故。事发后,富强公司向太平洋保险丙县支公司报了险,太平洋保险丙县支公司委托南充市支公司进行了现场查勘并定损后,将事故车辆交由光辉汽车修理厂(住址:南充市乙区)维修。

2012年7月26日,光辉汽车修理厂要求支付施救费材料费等52486元。但李某某(实际车主,住址:南充市甲县)、富强公司、太平财保丙县支公司均未向光辉汽车修理厂支付该费用，该起重车随即处于待修状态。

2013年1月9日，甲方（保险人）太平财产保险有限公司南充市支公司、乙方（被保险人）富强物流有限公司（以及实际车主李某某）、丙方（承修方）光辉汽车修理厂三方签订《损失确认书》，内容为："……经当地辖区交警勘查裁定：当事人王某承担事故的全部责任。甲方现场查勘核实，并经甲、乙、丙三方友好协商，同意对该事故车辆采用包干修复方案，包干修复费用为人民币（大写）贰拾肆万伍仟元（245000元）整"。虽然此《损失确认书》上明确："此金额为最终损失核定金额，三方签字或盖章生效"，甲、乙、丙三方亦均加盖印章，但实际车主李某某却以富强物流公司的名义在确认书末尾注明："此修理费由保险公司承担与我公司无关。"确认书签订后，太平洋财保丙县支公司和富强公司仍然未向光辉汽车修理厂支付修复费用。光辉汽车修理厂因无法保证能够拿到维修费用，无奈之下不再继续维修该事故车辆。

三、一波三折的诉讼过程

2013年3月13日，富强物流公司和李某某向南充市甲县人民法院提起第一次诉讼：被告为（1）太平洋财产保险有限公司丙县支公司、（2）光辉汽车修理厂、（3）中恒国际租赁有限公司，同创工程机械有限公司为第三人。请求法院判令："1. 被告（2）将涉案汽车起重车修复完毕，并由被告（1）在承包商业险范围内对起重车修复费全额赔偿，用于原告支付该起重车修复费用；2. 解除原告和被告（3）之间的租赁合同，将修复好的起重车返还给被告（3）；3. 赔偿由被告（1）对该车不及时定损、被告（2）迟延修理涉案车辆而致原告停运损失42000元；4. 三被告承担本案的诉讼费用。"

在此次诉讼中，因被告光辉汽车修理厂提出管辖权异议，南充市甲县人民法院将案件移送到南充市乙区人民法院后，原告撤诉。

2013年9月30日，原告富强物流公司向南充市甲县人民法院提起第二次诉讼，起诉被告太平洋保险有限公司南充市支公司。请求法院判令："1. 被告在承保商业险范围内对汽车起重车修复费全额赔偿，用于原告支付该起重车修理费；2. 被告对该车不及时定损造成迟延、不能修理涉案车辆所致原告车辆停运损失243000元；3. 被告承担诉讼费用。"南充市甲县人民法院对富强物流有限公司的民事起诉作出如下的判决："一、太平保险丙县支公司在判决生效后五日内在交强险和商业险总额中向富强物流公司支付川R44673号起重车包干修复费用人民币245000元；二、太平保险丙县支公司在判决生效后五日内赔偿富强物流公司停运损失每月23000元（从2013年3月10日起计算至付清第一项款项之日止）。保险公司不服一审判决，即向市中级人民法院上诉，市中级人民法院于2015年7月3日判决：一、维持甲县人民法院（2014）南民初字第3165号民事判决第一项，即“被告太平财产保险有限公司丙县支公司在判决生效后五日内，在交强险和商业险总额中向原告富强物流有限公司支付川R44673号起重车包干修复费用人民币245000元”；二、撤销甲县人民法院（2014）南民初字第3165号民事判决第二项，即“被告太平财产保险有限公司丙县支公司在判决生效后五日内赔偿原告富强物流有限公司停运损失每月23000元（从2013年3月10日起计算至付清第一项款项之日止）”；三、驳回富强物流有限公司的其他诉讼请求。”

2015年8月20日，原告富强物流公司向南充市乙区人民法院提起第三次诉讼，起诉光辉汽修厂，请求：“1. 依法判令解除原告与被告签订的维修合同；2. 依法判令被告立即返还川R44673号汽车起重车一辆并与第三人太平洋财产保险公司某县支公司共同赔偿因其迟延、不能修理涉案车辆给原告造成的车辆停运损失（自2013年1月起至被告返还车辆时止，月停运损失按2万元计算）3. 本案诉讼费用由被告及第三人承担。”

教学指导手册

教学目标

本案例主要适用于法律专业学位硕士学生学习《民法》《合同法》《保险法》《民事诉讼法》《司法实践与操作》等专业课程时的实务操作教学，也可适用于法学学术型研究生《民法》《合同法》《保险法》《民事诉讼法》以及相关司法解释等专业课程的学习。

在理论学习技能方面，本案例的编写目的，在于让法学专业学位研究生通过案例的学习和讨论，学习理解和掌握相关法律概念和法律理论，在实体法方面学会分析法律关系，结合民法、合同法等相关法律法规使所学法律理论知识运用到司法实践中。学会案例分析方法的运用；在分析案例的过程中，掌握法学专业知识，熟悉法律实务的相关程序与文书写作；并且能够学会问题导向的思维方式，总结归纳法律案件的争议焦点，形成发现问题与解决问题的思路。在诉讼法方面，找出诉讼标的以及所属管辖法院。使学生能够联系实体法和诉讼法相关知识提高解决实务案件的能力，培养学生接触司法实务案例时所应当具有的法律思维，锻炼学生的表达能力和实务操作能力，真正实现法律硕士作为专业型实践人才的专业素质的大力提升。

在司法实践方法方面，分别从实体法和程序法切入，从横向和纵向两个方面学习能够使学生在实务案例中分析案件的能力得到进一步提升。在实体法方面，面对一个具体实务案例时，首先要做的是判断案件的性质，学会分析相关法律关系，总结归纳法律纠纷案件的争议焦点，厘清法律关系的当事人以及其之间的权利义务关系，找出重点、难点以及考点后深入展开学习。掌握合同法、保险法等相关专业知识，能迅速查找有关法条和司法解释。在程序法方面，首先要明确案件的诉讼标的、管辖法院，以及了解一审、二审中具体的操作程序以及民事诉讼的基本流程。熟悉法律诉讼实务的相关程序及文书写作。

最后，作为硕士研究生，具备一定的研究分析能力，也是本案例教学的一个基本目标。由于本案例涉及的相关法律法规的规定存在一定的不完善之处，通过本案例的分析，学生可以反思相关规定，并进行进一步的相关研究，为我国法律法规的完善作出应有贡献。

■ 教学计划

本案例作为法学专业学位研究生的案例研讨课进行授课，主要分为案例资料发放、案例内容讲解、案例思考题讨论与课后研究报告等环节展开。

1. 教学方法

案例教学与学生讨论为主，教师讲授与点评为辅助。

2. 环节安排

(1)提出案例，在结合案例讲解理论知识之外，同时在学生参与讨论、答辩、举证质证及辩论的每个环节都将结合理论知识进行分析，让学生更进一步深入理解和掌握相关法律理论知识。逐一发言，由每个学生针对案例的思考题并结合自己的所学知识逐一发表自己的观点。

(2)让学生进入角色身临其境,组织学生分组扮演原告以及三个被告角色,由原告阐述事实及理由,三个被告分别进行答辩,引入相关法律知识点,这需要两个课时。分组讨论,可以考虑将持不同观点的学生分为两组,以模拟法庭的方式进行举证与质证、开展法庭辩论等,时间控制在45分钟之内。

(3)学生掌握了相关理论知识之后,组织学生分析有关证据,对证据进行真实性、合法性、关联性质证,并再次组织学生扮演原告被告进行辩论,加深对相关理论知识的理解和掌握,这需要两个课时。

(4)讨论课后思考题,让学生学会独立思考和判断,并对案件提出自己的看法。全班进一步讨论并在教师的引导下对本案例做最终总结,时间控制在25分钟之内。

3. 课后建议

可以要求学生撰写一份对本案思考的研究报告,总结案例研习的经验,启发同学们提出问题的意识与解决问题的思维,并能进一步分析研究相关法律法规的规定和提出完善建议。

课后,讲授的教师及时总结本次案例教学的优点与不足,用于以后案例教学方式的改进。

教学内容

(一)分析案件法律关系

分析一个具体案件,最首要工作是要准确分析把握案件所涉及的法律关系,以便针对每种法律关系结合相关法律知识进行准确分析。

本案所涉及的法律关系主要有:

1. 富强物流有限公司与卖方同创工程机械有限公司、出租人中恒国际租赁有限公司之间的融资租赁合同法律关系。融资租赁合同的三方当事人分别是富强物流公司(承租人)、同创工程机械有限公司(卖方)与中恒国际租赁有限公司(出租人)。

2. 富强物流公司与太平洋财保丙县支公司之间的保险合同法律关系。在这一保险合同中,投保人是富强物流公司,保险人是太平洋某县支公司,受益人是中恒国际租赁有限公司。

3. 富强物流公司与光辉汽修厂的维修合同法律关系，双方当事人分别是富强物流公司和光辉汽修厂。

4. 李某某与富强物流公司的挂靠法律关系，李某某为实际车主所有者，富强物流公司为法定车主所有者。

根据本案原告的诉讼请求，可以确定该案最核心的法律关系应该是，富强物流公司与太平洋财保丙县支公司之间的保险合同法律关系，以及富强物流公司与光辉汽修厂的维修合同法律关系。但由于涉案事故车辆的法律属性涉及的挂靠法律关系，关系到原告的主体资格问题，因此，也是分析本案例时需要重点关注的法律关系。原告在诉讼过程中将法律关系混淆，对其提到的“解除融资租赁合同”的诉讼请求，涉及融资租赁合同法律关系，也是分析本案例需要简单学习和了解的。

（二）关于原告与被告中恒国际租赁有限公司之间的融资租赁合同

本案原告在 2013 年 3 月 13 日起诉被告中恒国际租赁有限公司，要求解除原告和被告中恒国际租赁有限公司之间的融资租赁合同，并将修复好的起重车返还给被告。为了更好地解决二者之间的法律纠纷，需要学习了解融资租赁合同的有关知识。

融资租赁合同，是指出租人根据承租人对出卖人、租赁物的选择，向出卖人购买租赁物，提供给承租人使用，承租人支付租金的合同。根据〔2014〕3 号《最高人民法院关于审理融资租赁合同纠纷案件适用法律问题的解释》（以下简称《融资租赁合同解释》）的相应规定，主要从以下方面认定是否构成融资租赁合同及其效力：人民法院应当根据合同法第 237 条的规定，结合标的物的性质、价值、租金的构成以及当事人的合同权利和义务，对是否构成融资法律关系作出认定。对名为融资租赁合同，但实际不构成融资租赁法律关系的，人民法院应当按照其实际构成的法律关系处理。承租人、将其自有物出卖给出租人，再通过融资租赁合同将租赁物从出租人处租回的，人民法院不应仅以承租人和出卖人系同一人为由认定不构成融资租赁法律关系。根据法律、行政法规规定，承租人对于租赁物的经营使用应当取得行政许可的，人民法院不应仅以出租人未取得行政许可为由认定融资租赁合同无效。

原告能否要求解除原告和被告中恒国际租赁有限公司之间的融资租赁合同？根据《融资租赁合同解释》规定的法定解除权主要有以下情形：

1. 下列三种情形,出租人、承租人均享有法定解除权:

(1)买卖合同被解除、被确认无效或者被撤销,且未能重新订立买卖合同的;

(2)租赁物因不可归责双方的原因毁损、灭失,且不能修复或者确定替代物的;

(3)因出卖人的原因致使融资租赁合同的目的不能实现[须说明:该条重新厘清了履行不能与法定解除的关系。在因出卖人的原因致使合同目的不能实现(履行不能)的场合,不仅承租人享有法定解除权,出租人(违约的一方)也享有法定解除权]。

2. 下列四种情形,出租人享有法定解除权:

(1)承租人未经出租人同意,将租赁物转让、转租、抵押、质押、投资入股或者以其他方式处分租赁物的;

(2)承租人未按照合同约定的期限和数额支付租金,符合合同约定的解除条件,经出租人催告后在合理期限内仍不支付的(强调一点:即使约定解除权成立,仍须催告后才能解除);

(3)合同对欠付租金解除合同的情形没有明确约定,但承租人欠付租金达到两期以上,或者数额达到全部租金的15%以上,经出租人催告后在合理期限内仍不支付的;

(4)承租人违反合同约定,致使合同目的不能实现的其他情形。

3. 因出租人的原因致使承租人无法占有、使用租赁物,承租人请求解除融资租赁合同的,人民法院应予支持。

根据以上相关规定可知,原告不具有依法解除本融资租赁合同的情形,因此原告要求解除和被告中恒国际租赁有限公司之间的融资租赁合同,是无法得到法院支持的。

(三)关于原告与被告光辉汽修厂之间的承揽合同

本案最核心的法律关系是维修合同法律关系,根据维修合同的特点,可知维修合同是属于《合同法》分则中承揽合同的一类。

承揽合同,是指承揽人按照定作人的要求完成工作,交付工作成果,定作人给付报酬的合同(《合同法》第251条第1款)。承揽合同属于:有名合同、不要式合同、诺成合同、双务合同、有偿合同。承揽合同的类型包括:加工(如甲提供原材料，乙为甲建房、装修、加工服饰）；定作（如乙提供原材料为甲制作订制的蛋糕、家具、首饰）；修理（如乙修理甲的汽车、手表、手机、房屋）；复制（如乙为甲打印文件、冲洗照片、刻录 DVD）；测试（如乙为甲制造的相机进行性能测试并出具检测报告）；检验（如乙为甲制造的红酒进行性能、品质检验并出具检验报告）。

如何理解定作人支付报酬义务的“后付主义”？承揽人享有同时履行抗辩权还是合同解除权？在本案中，承揽人光辉汽修厂享有什么权利？

有观点认为，根据《合同法》第 263 条的规定，除非当事人另有约定，对定作人支付报酬的义务采用“后付主义”。“后付主义”对承揽合同中同时履行抗辩权产生一定影响。（《合同法》第 263 条：“定作人应当按照约定的期限支付报酬。对支付报酬的期限没有约定或者约定不明确，依照本法第六十一条的规定仍不能确定的，定作人应当在承揽人交付工作成果时支付；工作成果部分交付的，定作人应当相应支付。”第 264 条：“定作人未向承揽人支付报酬或者材料费等价款的，承揽人对完成的工作成果享有留置权，但当事人另有约定的除外。”第 61 条：“合同生效后，当事人就质量、价款或者报酬、履行地点等内容没有约定或者约定不明确的，可以协议补充；不能达成补充协议的，按照合同有关条款或者交易习惯确定。”）

具体而言：承揽人有先完成工作的义务，而定作人无先给付报酬的义务，因而，承揽人不得以报酬未支付而拒绝工作。但是，能不能因此就认为承揽人没有同时履行抗辩权？虽然承揽人取得报酬的时间通常在交付工作成果之后，但报酬请求权的成立与报酬的实际取得时间并非同一的，权利成立于实现之前是符合客观实际的，至于其成立时间是在工作成果交付之前、交付时或交付后，均没有实质性的影响。因此，前述“承揽人不得以报酬未支付而拒绝工作”，仅仅指的是，定作人同意在交付成果时支付报酬，而不是直接拒绝支付报酬。也就是说，承揽人请求定作人支付报酬的请求权，在承揽合同生效时就成立，承揽人在交付成果之前，享有要求定作人支付报酬的请求权，如果定作人在承揽人的请求下还明确拒绝支付报酬，承揽人当然可以拒绝继续完成承揽工作。

但是，根据《合同法》第 66 条“当事人互负债务，没有先后履行顺序的，应当同时履行。一方在对方履行之前有权拒绝其履行要求。一方在对方履行债务不符合约定时，有权拒绝其相应的履行要求”之规定，同时履行抗辩权的前提是

"应当同时履行",而不是"主张"。因此,似乎承揽人不能享有同时履行抗辩权。但根据《合同法》第94条"有下列情形之一的,当事人可以解除合同:……(二)在履行期限届满之前,当事人一方明确表示或者以自己的行为表明不履行主要债务……"和第96条"当事人一方依照本法第九十三条第二款、第九十四条的规定主张解除合同的,应当通知对方。合同自通知到达对方时解除。对方有异议的,可以请求人民法院或者仲裁机构确认解除合同的效力"的规定,承揽人可以通知定作人解除合同。

因此,根据我国相关法律规定,在本案中,作为承揽人的光辉汽修厂,在定作人明确表示不履行给付维修费用这项主要债务的情况下,是享有合同解除权的。

此外,在分析本案时,我们还需了解承揽合同其他的一些知识点,以便更好地理解承揽合同:

1. 承揽合同的风险负担

报酬风险。制作物因不可抗力毁损灭失的,依照《合同法》第174条之规定,准用买卖合同风险移转的规则,采交付主义:交付前,风险由承揽人承担;交付后,风险由定作人承担。

原材料风险。原材料因不可抗力毁损灭失的,依照理论,采所有权人主义:原材料由定作人提供的,损失由定作人负担,承揽人不负担;原材料由承揽人提供的,损失由承揽人负担,定作人不负担;不规则承揽中,定作人提供的原材料,自所有权移转于承揽人时,原材料风险由承揽人承担。

2. 定作人的任意变更权和解除权

任意变更权(《合同法》第258条:承揽中途,定作人有权单方面变更承揽工作的要求)。任意解除权(《合同法》第268条:承揽中途,定作人有权随时解除承揽合同)。

时间上的限制:承揽人完成工作之前。

损害赔偿责任:定作人行使任意变更权或者任意解除权或解除承揽合同,因此给承揽人造成损失的,定作人应承担赔偿责任。

3. 承揽人可否将工作交由第三人完成

除非另有约定,承揽人应亲自完成主要工作。承揽人擅自将主要工作交给第三人完成的,定作人享有法定解除权。经定作人同意,承揽人可将主要工作交由第三人完成,但应就该第三人完成的工作成果向定作人负责。所谓"主要工作",指对工作成果的质量起决定性作用的工作。承揽人可以将辅助工作交由第三人完成,但应就该第三人完成的工作成果向定作人负责。

(四)关于原告的主体资格问题

在民事诉讼法中,民事诉讼的当事人是指因民事权利义务发生争议,以自己的名义进行诉讼,要求法院行使民事裁判权的人。当事人有狭义和广义之分。狭义上的当事人,仅指原告和被告。广义上的当事人,除原告和被告以外,还包括共同诉讼人、诉讼中的第三人。当事人适格又称正当当事人,是指对于具体的诉讼,有作为本案当事人起诉或应诉的资格。

本案中,富强物流公司提起了三次诉讼,每次起诉的诉讼请求中都有请求被告赔偿因车辆停运造成的损失,但是其诉讼请求并不能得到法院支持。首先,因为在维修合同法律关系中,适格的原告是李某某,其是事故车的实际车主,因为李某某与富强物流公司之间存在一个挂靠关系,李某某才是起重车的实际车主,富强物流公司只是起重车的法定车主。因此,富强公司请求赔偿停运损失的请求不能成立。其次,在保险合同法律关系中,富强物流公司才是保险合同的一方当事人,适格的原告是富强物流公司,作为实际车主的李某某依然无权向保险公司主张停运损失。

(五)关于本案的管辖法院

2013 年 3 月 13 日,富强物流公司和李某某向南充市甲县人民法院提起诉讼。

根据《民事诉讼法》第 23 条的规定:"因合同纠纷提起的诉讼,由被告住所地或者合同履行地人民法院管辖。"

对于加工承揽合同,《最高人民法院关于适用〈中华人民共和国民事诉讼法〉的解释》(以下简称《解释》)作出了修改,《解释》第 18 条规定:合同约定履行地点的,以约定的履行地点为合同履行地。合同对履行地点没有约定或者约定不明确,争议标的为给付货币的,接收货币一方所在地为合同履行地;交付不动产的,不动产所在地为合同履行地;其他标的,履行义务一方所在地为合同履行地。即时结清的合同,交易行为地为合同履行地。合同没有实际履行,当事人双方住所地都不在合同约定的履行地的,由被告住所地人民法院管辖。

对于财产租赁合同、融资租赁合同,《解释》第 19 条规定:财产租赁合同、融资租赁合同以租赁物使用地为合同履行地。合同对履行地有约定的,从其约定。

对于保险合同,《解释》第21条规定:因财产保险合同纠纷提起的诉讼,如果保险标的物是运输工具或者运输中的货物,可以由运输工具登记注册地、运输目的地、保险事故发生地人民法院管辖。因人身保险合同纠纷提起的诉讼,可以由被保险人住所地人民法院管辖。

在本案第一次起诉中,原告富强物流公司虽然起诉了太平洋保险公司某县支公司、光辉汽车维修厂、中恒国际租赁公司三个被告,将几个法律关系混在一个诉讼之中,但究其实质,本案的核心是一个维修合同关系(承揽合同关系)。三个被告的住所地均不在南充市甲县,维修合同(加工承揽合同)的履行地也不在南充市甲县,原告向南充市甲县法院起诉,违反了民事诉讼法有关管辖权的规定。因此,南充市甲县人民法院作出裁定,认为被告光辉汽车修理厂对本案管辖权提出的异议成立,将本案移送南充市乙县人民法院处理。

(六)关于合同解除:原告是否有权请求解除与被告光辉汽修厂之间的维修合同

在2015年8月20日原告富强物流公司对被告光辉汽修厂提起的诉讼中,原告请求判令解除原告与被告签订的维修合同。那么原告是否有权请求解除与被告光辉汽修厂之间的维修合同?

合同解除是指合同有效成立后,因当事人一方或双方的意思表示,使合同关系归于消灭的行为。合同解除分为法定解除与约定解除。

1. 法定解除

合同解除的条件由法律直接加以规定者,其解除为法定解除。在法定解除中,有的以适用于所有合同的条件为解除条件,有的则仅以适用于特定合同的条件为解除条件。《合同法》第94条规定,有下列情形的,当事人可以解除合同:(1)因不可抗力致使不能实现合同目的;(2)在履行期限届满之前,当事人一方明确表示或者以自己的行为表明不履行主要债务;(3)当事人一方迟延履行主要债务,经催告后在合理期限内仍未履行;(4)当事人一方迟延履行债务或者有其他违约行为致使不能实现合同目的;(5)法律规定的其他情形。法律针对某些具体合同规定了特别法定解除条件的,从其规定。

2. 约定解除

约定解除是指当事人以合同形式,约定为一方或双方保留解除权的解除。其中,保留解除权的合意称为解约条款。解除权可以保留给当事人一方,也可以保留给当事人双方。保留解除权，可以在当事人订立合同时约定，也可以在以后另订立保留解除权的合同。合同法承认了约定解除（《合同法》第 93 条第 2 款），值得肯定。因为约定解除是根据当事人的意思表示产生的，其本身具有较大的灵活性，在复杂的事物面前，它可以更确切地适应当事人的需要。当事人采取约定解除的目的虽然有所不同，但主要是考虑到当主客观上的各种障碍出现时，可以从合同的拘束下解脱出来，给废除合同留有余地，以维护自己的合法权益。作为一个市场主体，为了适应复杂多变的市场情况，当事人有必要把合同条款规定得更细致、更灵活、更有策略性，其中应包括保留解除权的条款，使自己处于主动而有利的地位。

结合本案分析，原被告之间既没有约定解除合同的情形，也不符合法定解除情形，因此原告无权主张请求解除合同。

（七）被告光辉汽修厂认为原告属于预期违约

被告光辉汽修厂提出答辩称，原告属于预期违约。预期违约是指一方当事人首先违约，是另一方不履行合同的原因。那么被告光辉汽修厂的答辩理由是否成立？首先，我们先来学习下有关预期违约的知识。

1. 预期违约又称先期违约，是指在合同履行期限到来之前，一方虽无正当理由但明确表示其在履行期到来后将不履行合同，或者其行为表明在履行期到来后将不可能履行合同。作为违约行为的形态之一，预期违约当然要负违约责任。

2. 构成要件：根据明示毁约和默示毁约，作不同分析。

（1）明示毁约。明示毁约必须发生在合同有效成立后合同履行期到来前这段时间内，同时债权人接受毁约的意思表示必须是在合同履行期届满之前作出，否则就会构成实际违约。①毁弃合同。当事人将不履行义务的意思表示必须是自愿地、无条件地、确定地、不含糊地作出。如果一方的语言是含糊其辞的，不能表明其肯定将不履行其义务的意图，该语言就不能构成毁弃合同，同时，毁弃合同的表示必须是不附条件的。②重大威胁。当事人表示的不履行，必须是重大的，对合同重要内容的不履行。只有当事人一方的不履行构成对另一方当事人利益的重大威胁，才会构成明示毁约。

（2）默示毁约。①一方当事人预见到另一方当事人在合同履行期限到来时将不履行或不能履行合同。只有当事人一方预见到另一方当事人没有能力履约或不履行合同的情形，使他的期待债权将得不到实现时，才可能构成默示毁约。

②一方当事人的预见须是合理的,有确切证据的。由于默示毁约中毁约人并未明确告知对方当事人将不履行即将届至的合同义务,所以一方当事人认为对方当事人的行为构成预期违约须有确切的证据。③必须能预见到对方将不会或不能履行合同的主要义务。如只能预见对方将不会或不能履行合同的次要义务,不会构成根本性违约,由于并未使当事人一方的合同目的落空,其借助合同可取得的期待利益并未受重大影响,故也不构成预期违约。④一方当事人的预见必须在合同成立生效以后,合同履行期届至以前,否则即为实际违约。⑤对方须无明确地表示将来不履行合同义务,否则为明示毁约。

3. 承担责任

(1)继续履行,又称强制履行,是指违约方根据对方当事人的请求继续履行合同规定的义务的违约责任形式。对于预期违约,合同履行期到后,除非出现以下三种情形,否则违约方就应当继续履行:A. 法律上或者事实上不能履行的;B. 债务的标的不适于强制履行或者履行费过高的;C. 债权人未在合理期限内要求履行的。

(2)赔偿损失,又称违约损害赔偿、赔偿损害金,是指违约方以支付金钱的方式弥补受害方因违约行为所减少的财产或者所丧失的利益的责任形式。赔偿损失的数额有约定从约定,没有约定的,赔偿对方当事人因违约行为所造成的损失,包括合同履行后可以获得的利益。

(3)违约金。如果双方当事人事先约定了违约金,就按约定的违约金赔偿。约定的违约金低于或者过分高于实际损失的,当事人可以请求人民法院或者仲裁机构予以变更。

(4)定金。如果双方当事人一方交付了定金,则适用定金罚则,即给付定金的一方不履行合同的,无权要求返还定金;收受定金的一方不履行合同的,应当双倍返还定金。定金的数额由双方当事人约定,但是不能超过主合同标的额的20%。一方违约时,另一方当事人可以根据实际情况选择上述的任一项责任形式,要求对方承担违约责任。实际上,选择的责任形式和相关救济成本也是有所不同的。

根据以上知识分析,我们认为原告富强物流公司在合同履行期限到来之前,明确表示其在履行期到来后将不支付维修费用,但是是否属于具有"正当理由",是需要进一步讨论分析的。

(八)关于被告光辉汽修厂的抗辩权

原告认为被告光辉汽修厂违约,并主张被告光辉汽修厂行使的是不安抗辩权,但是被告光辉汽修厂却主张自己行使的是同时履行抗辩权而不是不安抗辩权,那么被告光辉汽修厂究竟行使的是什么抗辩权?

1. 同时履行抗辩权

同时履行抗辩权是指在没有规定履行顺序的双务合同中,当事人互负债务,没有先后履行顺序的,应当同时履行。一方在对方履行之前有权拒绝其履行要求。一方在对方履行债务不符合约定时,有权拒绝其相应的履行要求(《合同法》第66条)。

同时履行抗辩权的构成要件包括:

(1)须有同一双务合同互负债务。同时履行抗辩权的根据在于双务合同功能上的牵连性,因而它适用于双务合同,而不适用于单务合同和不真正的双务合同。可主张同时履行抗辩的,系基于同一双务合同而生的对待给付。如果双方当事人的债务不是基于同一双务合同而发生,即使在事实上有密切关系,也不得主张同时履行抗辩权。因此,成立同时履行抗辩权,必须有双方当事人基于同一双务合同互负债务这一要件。这里的债务,首先应为主给付义务。在从给付义务的履行与合同目的的实现具有密切关系时,也应认为它与主给付义务之间有牵连关系,产生同时履行抗辩权。双方互负的债务应具有对价关系。该对价关系不强调客观上等值,只要双方当事人主观上认为等值即可。

(2)须双方互负的债务均已届清偿期。同时履行抗辩权制度,旨在使双方当事人所负的债务同时履行,所以只有双方的债务同时到期才能行使同时履行抗辩权。如果一方当事人负有先履行的义务,就不由同时履行抗辩权制度管辖,而让位于不安抗辩权或先履行抗辩权。

(3)须对方未履行债务或未提出履行债务。原告向被告请求履行债务时,须自己已为履行或提出履行,否则被告可行使同时履行抗辩权,拒绝履行自己的债务。不过原告未履行的债务或未提出履行的债务,与被告所负的债务无对价关系时,被告仍不得主张同时履行抗辩权。原告的履行不适当时,被告可行使同时履行抗辩权,但在原告已为部分履行,依其情形,被告拒绝履行自己的债务违背诚实信用原则时,不得主张同时履行抗辩权。

(4)须对方的对待给付是可能履行的。同时履行抗辩权制度旨在促使双方当事人同时履行其债务。对方当事人的对待给付已不可能时,则同时履行的目的已不可能达到,不发生同时履行抗辩权问题,应由合同解除制度解决。同时履行抗辩权存在的基础在于双务合同的牵连性。所谓双务合同的牵连性,是指给付与对待具有不可分离的关系。可分为发生上的牵连性、存续上的牵连性和功能上的牵连性。所谓发生上的牵连性,是指一方的给付与对方的对待给付在发生上互相牵连,即一方的给付义务不发生时,对方的对待给付义务也不发生。所谓存续上的牵连性,是指双务合同的一方当事人的债务因不可归责于双方当事人的事由致不能履行时,债务人免除给付义务,债权人亦免除对待给付义务。所谓功能上的牵连性,又称履行上的牵连性,是指双务合同的当事人一方所负给付与对方当事人所负对待给付互为前提,一方不履行其义务,对方原则上亦可不履行,只有如此,才能维持双方当事人之间的利益平衡。同时履行抗辩权正是这种功能上的牵连性的反映。上述思想正是诚实信用原则的应有之义,所以同时履行抗辩权也是诚实信用原则所要求的。当然,诚实信用原则同时也限制了同时履行抗辩权的滥用。在当事人一方已为部分给付时,对方当事人若拒绝其给付有违诚实信用原则,则不得拒绝自己的给付。

同时履行抗辩权行使的效力问题包括:

(1)所谓"行使的效力",指须经主张同时履行抗辩权,才能发生的效力 。具体包括:①对方未履行义务并提出履行请求的,须主张同时履行抗辩权,才能产生有权拒绝履行全部对待给付义务的效果;②对方虽履行合同但不符合约定并提出履行请求的,须主张同时履行抗辩权,才能产生有权拒绝履行相应对待给付义务的效果;③在诉讼中,若被请求人未主张同时履行抗辩权,法院不得依职权援用同时履行抗辩权,而应对请求人宣告无条件胜诉的判决。

(2)所谓"存在的效力",指无须主张同时履行抗辩权,即当然具有的效力。主要包括:①附同时履行抗辩权的债权不得以之为主张债权主张抵消;②有同时履行抗辩权的债务人不陷于履行迟延;③对方欲解除合同,须提供自己的履行。

2. 不安抗辩权

不安抗辩权是指当事人互负债务,有先后履行顺序的,先履行的一方有确切证据表明另一方丧失履行债务能力时,在对方没有恢复履行能力或者没有提供担保之前,有权中止合同履行的权利。规定不安抗辩权是为了切实保护当事人的合法权益,防止借合同进行欺诈,促使对方履行义务。

不安抗辩权的构成要件包括:(1)双方当事人因"同一双务合同"互负债务;(2)双方当事人履行债务的期限有先后履行顺序(根据通说观点,应当先履行一方的债务是否到期，在所不问）；（3）应当先履行一方有“确切证据”证明对方具有届时不能或者不会作出对待给付的情形（不安事由），包括：经营状况严重恶化；转移财产、抽逃资金，以逃避债务；丧失商业信誉；有丧失或者可能丧失履行债务能力的其他情形（《合同法》第68条）。

不安抗辩权的行使情形包括：（1）不安抗辩权人有权中止履行自己的义务（中止履行不构成违约）；（2）不安抗辩权人负有及时通知对方的义务；（3）对方在合理期限内恢复履行能力或者提供相应担保的，不安抗辩权消灭；（4）对方在合理期限内未恢复履行能力或者未提供适当担保的：①中止履行一方享有法定解除权；②中止履行一方亦可不解除合同，要求对方提前清偿债务；③对方构成预期违约的，中止履行一方有权依照《合同法》第108条请求对方承担预期违约的责任。

3. 先履行抗辩权

先履行抗辩权，又称后履行抗辩权、顺序履行抗辩权，理论界的称谓不一但主流观点称之为“先履行抗辩权”。

先履行抗辩权，是指当事人互负债务，有先后履行顺序的，先履行一方未履行之前，后履行一方有权拒绝其履行请求，先履行一方履行债务不符合债的本旨，后履行一方有权拒绝其相应的履行请求（《合同法》第67条）。在传统民法上，有同时履行抗辩权和不安抗辩权的理论，却无先履行抗辩权的概念。中国合同法首次明确规定了这一抗辩权。先履行抗辩权，本质上是对先期违约的抗辩。先期违约是指一方当事人首先违约，是另一方不履行合同的原因。先履行抗辩权是对负有先履行义务一方违约的抗辩，亦即对先期违约的抗辩。

要理解先履行抗辩权，首先要区别：

（1）先履行抗辩权与同时履行抗辩权

先履行抗辩权基本跟同时履行抗辩权是一样的，唯一的不同是先履行抗辩权的债务履行有先后顺序；同时履行抗辩权的债务履行没有先后顺序。先履行抗辩权发生于有先后履行顺序的双务合同中，基本适用于先履行一方违约的场合，这些都是它不同于同时履行抗辩权之处。

先履行抗辩权易与同时履行抗辩权相混淆。在论述同时履行抗辩权时，有的学者在严格意义上理解“同时履行”。严格意义上的“同时履行”，是指合同没有约定，法律也没有规定哪一方当事人应先履行合同义务时，双方当事人应当同时履行合同义务。多数学者在研究同时履行抗辩权时，所称同时履行，除包括严格意义上的同时履行之外,还包括一方先履行,一方后履行,但履行期均已届至的情况。在对同时履行作扩大解释的基础上产生的抗辩权,称为扩张意义上的同时履行抗辩权。在"扩张"的基础上研究同时履行抗辩权,受有关立法例的影响。《德国民法典》第320条〔契约不履行的抗辩〕中规定:因双务契约而负担债务者,在他方未为对待给付之前,得拒绝自己的给付,但自己有先为给付的义务者,不在此限。《日本民法典》第533条〔同时履行抗辩权〕规定:双务契约当事人的一方,于相对人履行债务前,可以拒绝履行自己的债务。但是,相对人的债务不在清偿期时,不在此限。从上述规定看,同时履行抗辩权实际上可产生于两种情况:其一,双方当事人负同时履行义务,一方未为对待给付之前,另一方得拒绝履行自己的给付。其二,一方有先为给付的义务而未为给付之前,另一方得拒绝履行自己的给付。这两种情况都可以产生履行抗辩权,前者是最本质意义上的同时履行抗辩权,后者虽被学者纳入同时履行抗辩权的研究范围,但与同时履行抗辩的作用、适用规则、效果等已相去甚远。囿于德、日两国的规定研究同时履行抗辩权,对同时履行作扩张解释,则偏离了同时履行的本质意义,且概念模糊,使人难以把握要领。笔者的基本思路是将第二种情况,即一方先履行、一方后履行的抗辩在先履行抗辩的题目下研究,将同时履行抗辩权与先履行抗辩权相区分。

(2)先履行抗辩权与不安履行抗辩权

二者都适用于有先后履行顺序的合同,但行使权利的主体不同。先履行抗辩权是后履行一方的抗辩权,不安履行抗辩权是先履行一方的抗辩权。

既然先履行抗辩权属于负在后履行义务一方享有的抗辩权,这就使其与不安抗辩权有了明显区别。不安抗辩权是负在先履行义务的一方享有的抗辩权,当预期的回报有不能实现的危险时,产生不安抗辩权。在行使不安抗辩权时,并不要求对方履行义务期限届至,而只要求行使不安抗辩权一方履行期届至。如果负在先履行义务的一方履行期未届至,不产生不安抗辩权,因履行期未届至,他只能暂停履行的准备,而无从停止履行。先履行抗辩权的产生和行使,须双方履行期均已届至,但必须一方履行期在前,一方履行期在后。在先一方未届履行期,另一方无权要求其履行,先履行抗辩权无产生的必要,在后履行的一方未届履行期,履行效力尚处于冻结状态,也无产生先履行抗辩权的基础。

不安抗辩权产生的实体条件是对方有不能为对待给付的危险,使自己的交换目的不能实现。在对方履行期届至以前,这种危险只是一种现实的危险,而不是一种现实。若等现实的危险转化为现实,则已无抗辩的机会和必要了。先履行抗辩权是对方的违约已成为现实。若在先履行的一方按合同的约定履行,则在后履行的一方无从产生先履行抗辩权,如果其不依约履行,则构成违约行为。

创立先履行抗辩权的概念,则更加完善了履行抗辩制度。三种抗辩权同时存在,即负先履行义务者有不安抗辩权,负同时履行义务者有同时履行抗辩权,负后履行义务者有先履行抗辩权。

(3)先履行抗辩权与合同解除权

先履行抗辩权与合同解除权都是对违约的救济(合同解除权还可因不可抗力而发生),但二者也有明显区别。

第一,先履行抗辩权属一时的抗辩权。先履行抗辩权仅阻却合同履行效力的发生,并不产生消灭合同的法律效果。当产生先履行抗辩权的原因消失后,当事人应当履行合同。合同解除,则消灭合同的履行效力。在符合法定条件时,当事人一方可以径直通知对方解除合同,当事人双方也可以以合意的方式解除合同。先履行抗辩权纯粹是单方行为,这种权利的行使,在符合法定条件时,依一方的意思已足,不必借助对方的行为和意思表示。

第二,先履行抗辩权的产生原因,是一方当事人先期违约,合同法定解除权的产生原因,是一方先期违约或发生不可抗力以至合同履行不必要或不可能,没有法定理由,当事人也可协商解除合同。先履行抗辩权属于负后履行义务的一方当事人,合同解除权如因违约发生,属被违约人(被违约人一般属后履行义务人),如因不可抗力发生,则属直接遭受不可抗力的一方当事人。就违约而言,因违约导致合同履行不必要或不可能,则被违约人只能采用解除合同的救济方法,一方当事人违约,但合同履行尚有必要和可能,另一方当事人可以行使先履行抗辩权,中止履行合同义务,等待对方的履行。

第三,在两种权利可以选择行使的场合,行使先履行抗辩权可以节约合同成本,保证当事人的履行利益。事实上,对所有届期未履行的合同,不能都适用解除的方法,因为解除合同未必符合被违约人的最大利益,而行使先履行抗辩权,往往能使被违约人履约,最终实现合同目的。先履行抗辩权与合同解除权也可分两步行使,当行使先履行抗辩权后,对方仍未履行,可再行使合同解除权,并要求违约方承担财产责任。

根据我国目前《合同法》的相关规定以及以上分析,我们无法得出结论:光辉汽修厂行使的是其中任何一种抗辩权。

（九）被告光辉汽修厂的反诉

反诉是指在一个已经开始的民事诉讼（诉讼法上称为本诉）程序中，本诉的被告以本诉原告为被告，向受诉法院提出的与本诉有牵连的独立的反请求。该权利亦是当事人法律地位平等原则的重要体现，是本诉被告所享有的重要权利，是保障本诉被告人民事权益的一项重要制度。其存在的目的在于：通过反诉与本诉合并审理，减少当事人讼累，降低诉讼成本，便于判决的执行。

在本案第一次和第三次诉讼中，本诉被告光辉汽修厂向本诉原告富强物流公司和李某某提起了反诉，请求法院依法判令："1. 被反诉人支付反诉人维修费、工时费、材料费、管理费、施救费等共计52486元；2. 解除反诉人与被反诉人之间的维修合同关系，立即拖走停放在反诉人场地的川R44673号起重车；3. 诉讼费用由被反诉人承担。"

根据《民事诉讼法》的规定和本案实际情况，本诉的被告光辉汽修厂可以向本诉的原告富强物流公司和李某某提起反诉。

预期效果

1. 厘清分析思路

本案例的分析路径应为：厘清案情—归纳争议焦点—学习相关理论知识—提出观点。

2. 掌握相关理论及关键知识点

（1）案由与法律关系。根据最高人民法院《民事案件案由规定》（法发〔2008〕11号）（已修改）的相关规定，民事案件案由是民事诉讼案件的名称，反映案件所涉及的民事法律关系的性质，是人民法院将诉讼争议所包含的法律关系进行的概括。建立科学、完善的民事案件案由体系，有利于当事人准确选择诉由，有利于人民法院在民事立案和审判中准确确定案件诉讼争点和正确适用法律，有利于提高民事案件司法统计的准确性和科学性，有利于对受理案件进行分类管理，从而更好地为审判规范化建设服务，为人民法院司法决策提供更有价值的参考。民事案件案由应当依据当事人主张的民事法律关系的性质来确定。法律关系是在法律规范调整社会关系的过程中所形成的人们之间的权利与义务关系。"诉"是一种裁判保护的请求，一般情况下，一个诉讼解决的是一个法律关系中的权利义务之争。

(2)承揽人享有同时履行抗辩权还是合同解除权？承揽人有先完成工作的义务，而定作人无先给付报酬的义务，因而承揽人不得以报酬未支付而拒绝工作。但是能不能因此就认为承揽人没有同时履行抗辩权？虽然承揽人取得报酬的时间通常在交付工作成果之后，但报酬请求权的成立与报酬的实际取得时间并非同一的，权利成立于实现之前是符合客观实际的，至于其成立时间是在工作成果交付之前、交付时或交付后，均没有实质性的影响。因此，前述"承揽人不得以报酬未支付而拒绝工作"，仅仅指的是定作人同意在交付成果时支付报酬，而不是直接拒绝支付报酬。也就是说，承揽人请求定作人支付报酬的请求权，在承揽合同生效时就成立，承揽人在交付成果之前，享有要求定作人支付报酬的请求权，如果定作人在承揽人的请求下还明确拒绝支付报酬，承揽人当然可以拒绝继续完成承揽工作。

(3)掌握理解合同解除权的概念、类型以及具体如何行使合同解除权。合同解除是指合同有效成立后，因当事人一方或双方的意思表示，使合同关系归于消灭的行为。合同解除分为法定解除与约定解除。作为一个市场主体，为了适应复杂多变的市场情况，当事人有必要把合同条款规定得更细致、更灵活、更有策略性，其中应包括保留解除权的条款，使自己处于主动而有利的地位。

(4)熟悉并掌握几种抗辩权的概念并会具体运用，思考我国关于抗辩权的规定是否还有值得完善的地方。

课堂时间安排

共分为9个课时。

第1个课时，熟悉案例，找出案例所涉及的法律关系，并具体分析案例所涉及的法律关系。

第2个课时，学习合同法分则中的融资租赁合同和加工承揽合同以及保险合同相关知识。

第3、4个课时，由学生扮演原告陈述案件事实及理由，被告分别进行答辩，引入相关理论知识，学习掌握诉讼主体资格以及管辖法院和反诉的相关知识。

第5个课时，掌握分析合同解除相关理论知识，并分析本案原告是否享有合同解除权。

第6个课时,掌握分析预期违约抗辩权相关理论知识,具体分析本案中被告光辉汽修厂暂停修理起重车的行为的性质。

第7、8个课时,组织学生分析有关证据,对证据进行真实性、合法性、关联性质证,并再次组织学生扮演原告被告进行辩论。

第9个课时,讨论课后思考题,培养和锻炼学生作为一个法律人的职业道德精神和品质,使学生明白:必须要秉持一个法律人特有的专业精神,必须保持认真负责的实干精神,通过个案维护个人合法权益以实现法律正义和社会正义。

思考题和实践题

1. 思考题

(1)分析本案所涉及的法律关系。

(2)富强物流公司有权解除与中恒融资租赁公司之间的融资租赁合同吗?

(3)结合保险法相关知识分析保险公司是否应该赔偿物流公司因停运而造成的间接损失?

(4)分析本案中被告光辉汽修厂暂停修理起重车的行为的性质是否属于违约?如果不是违约,那么究竟属于行使抗辩权还是合同解除权?

(5)富强物流公司是否有权向光辉汽修厂主张损失?

2. 实践题

撰写一份结合本案进一步思考的研究报告,内容包括对本案中所涉及的法律知识的观点、对本案争议焦点的解决建议、对合同纠纷的处理观点以及对庭审过程的熟悉情况,以及对我国相关法律规定(尤其是合同解除权和抗辩权的相关规定)进行反思等。

参考文献

1. 李杰、李宗胜主编:《合同之诉:不同视角下合同案例审视》,法律出版社2015年版。

2. 王利明:《合同法研究》(第一卷),中国人民大学出版社2015年版。

3. 范彦彦:《合同管理与合同风险规避》,中国时代经济出版社2011年版。

4. 奚晓明主编:《保险合同纠纷》,法律出版社2015年版。

5. 刘竹梅、林海权:《保险合同纠纷审判实务疑难问题探讨》,载《法律适用》2013年第2期。

6. 潘红艳:《论保险人的免责条款明确说明义务——以对保险行业的实践考察为基础》,载《当代法学》2013年第2期。

7. 孙积禄:《保险合同效力研究》,载《政法论坛》2012年第3期。

8. 常敏:《保险合同可争议制度研究》,载《环球法律评论》2012 年第 2 期。
9. 闫谦逊:《保险合同条款解释中有利解释规则的适用与限制》,载《学术交流》2013 年第 5 期。
10. 彭万林:《民法学》,中国政法大学出版社 2007 年版。
11. 江平:《民法学》,中国政法大学出版社 2011 年版。
12. 李奕廷:《保险合同格式条款的法律问题研究》,载《东南大学学报》(哲学社会科学版)2015 年第 1 期。

撰稿人 | 唐芬,西华师范大学法学院副教授,硕士生导师

7 CASE

环保科技公司与大拇指公司股东出资纠纷案

| 摘　要 |

本案例以一起真实的外商独资企业出资纠纷为蓝本,围绕外资企业的董事长和法定代表人的变更展开。通过对本案一审、二审的分析,先从国际私法角度出发,适用冲突规范确定准据法,进而适用外国法的查明确定具体的法律规范;同时,根据外商投资企业的法律特点,确定本案应如何适用外商投资企业法与公司法;最后,根据公司法的原则与具体规定,解决股东委派的法定代表人与工商登记的法定代表人应如何认定的问题。本案不仅能够帮助学生了解涉外民商事案件的特点,同时也帮助学生理解外商投资企业法与公司法的异同,对涉外民商事案件的处理具有典型意义。

| 关键词 |

外国法的查明　　外商独资企业　　　公司代表权之争

| 教学目标 |

由于本案例属于涉外民商事案件,既具有涉外民商事案件的特点,又涉及外商投资企业法的内容,因此,本案例教学应着重让学生把握以下四个方面的内容:(1)根据涉外民商事案件的特点,从整体结构上掌握分析涉外民商事案件的方法;(2)通过冲突规范的适用和外国法的查明确定案件所需的法律规范;(3)掌握外商投资企业法的特点,尤其是审批制及其与公司法的适用问题;(4)掌握股东委派的法定代表人与工商登记的法定代表人应如何认定的问题。

教学案例主文

一、本案事实

(一)本案的当事人

原告:大拇指环保科技集团(福建)有限公司(以下简称大拇指公司),系2004年在中国设立的外商独资企业,企业类型为外国法人独资的有限责任公司,该公司股东为中华环保科技集团有限公司。

被告:中华环保科技集团有限公司(SINO - ENVIRONMENT TECHNOLOGY GROUP LIMITED)(以下简称环保科技公司),于2001年在新加坡注册成立,公司类别为股份有限上市公司,系大拇指公司的唯一股东。

(二)大拇指公司的增资过程

2008年6月,大拇指公司经福建省对外贸易经济合作厅批准,投资总额由2.3亿元人民币(以下币种同)增至5亿元,注册资本由1.3亿元增至3.8亿元。增资部分全部由环保科技公司以等值外汇现金投入,首期缴付不低于20%的新增注册资本,增资部分分期至2010年8月3日缴清。

2008年7月,环保科技公司向大拇指公司缴纳了首期增资款5000万余元;2009年5月,环保科技公司缴纳了第二期增资款466万余元。至此,大拇指公司实收注册资本为1.85亿余元。

2010年8月,大拇指公司向福州市中级人民法院提起诉讼,请求判令环保科技公司先行支付增资款4900万元。后此案一审和二审均判决支持了大拇指公司的诉讼请求,环保科技公司履行了判决,支付了4900万元增资款。

2012年3月大拇指公司办理了营业执照变更登记,变更后,大拇指公司的注册资本为3.8亿元,实收资本2.34亿余元。据此,大拇指公司向福建省高级人民法院(以下简称福建高院)提起诉讼,请求判令环保科技公司履行股东出资义务,缴付增资款4500万元。

（三）大拇指公司董事、法定代表人的变更

环保科技公司于2001年在新加坡注册成立，系大拇指公司的唯一股东。2010年6月，新加坡高等法院作出法庭命令，裁定环保科技公司进入司法管理程序，委任西蒙（Simon）先生和余明缘女士为环保科技公司的共同及个别司法管理人，主管公司的日常事务、业务及财产，以便对公司进行整顿，或者保留其全部或部分业务以便公司可持续经营，及（或）取得比解散企业更有利的企业资产变现等。此后，司法管理人先后两次对大拇指公司的法定代表人作出调整：2011年1月，环保科技公司的司法管理人作出书面决议，将大拇指公司的法定代表人田垣变更为何昱均，将董事田垣、潘成土、陈斌变更为西蒙、余明缘、何昱均。2012年3月，环保科技公司的司法管理人再次作出书面决议和任免书，免去何昱均大拇指公司董事长及法定代表人职务，委派保国武为大拇指公司董事长和法定代表人，免去西蒙、余明缘、何昱均3人大拇指公司董事职务，委派保国武、徐丽雯、宋宽3人为大拇指公司董事，任期均为3年。

2012年12月18日，大拇指公司将法定代表人变更登记为洪臻。

（四）环保科技公司提起的4起关联诉讼

环保科技公司在福建高院受理此案1个月后，接连提起了4起关联诉讼：

1. 2012年5月，环保科技公司向福州市中级人民法院起诉大拇指公司、田垣、陈斌和潘成土与公司有关的纠纷，提出了确认环保科技公司任免大拇指公司董事、监事、法定代表人的决议合法有效等诉讼请求（以下简称268号案）。法院于同年9月作出一审判决："一、确认环保科技公司作出的《书面决议》和《任免书》有效；二、大拇指公司应于判决生效之日起10日内办理法定代表人、董事长、董事的变更登记和备案手续，将大拇指公司的法定代表人、董事长变更为保国武，董事变更为保国武、徐丽雯、宋宽；三、驳回环保科技公司的其他诉讼请求。"

2. 2013年5月，环保科技公司向福州市鼓楼区人民法院起诉福建省工商行政管理局和大拇指公司，请求撤销大拇指公司法定代表人由田垣变更为洪臻的行为及相关行政登记（以下简称167号案）。该院于2014年3月裁定中止诉讼。

3. 2013年6月，环保科技公司向福州市中级人民法院起诉孙江榕、洪臻，请求判令两人就擅自将大拇指公司法定代表人由田垣变更为洪臻等行为停止侵权、赔礼道歉、消除影响和赔偿损失（以下简称753号案）。

4. 2013年12月，环保科技公司向鼓楼区人民法院起诉福州市鼓楼区对外贸易经济合作局不履行行政批准法定职责，该案由鼓楼区法院受理。

二、本案一审情况

福建高院受理大拇指公司与环保科技公司股东出资纠纷案，原告大拇指公司请求判令被告环保科技公司履行股东出资义务，缴付增资款4500万元。

（一）大拇指公司观点

1. 按照约定缴纳增资款

2008年6月，福建省对外贸易经济合作厅批准了大拇指公司的增资方案，并约定增资部分分期至2010年8月3日缴清。且2012年3月大拇指公司办理了营业执照变更登记，变更后，大拇指公司的注册资本为3.8亿元。但由于其唯一的股东环保科技公司未履行股东出资义务，导致大拇指公司的实收资本为2.34亿余元，仍有4500万增资款未缴纳，因此请求判令环保科技公司履行股东出资义务。

2. 环保科技公司任命的法定代表人不合法

环保科技公司新任命的法定代表人未按照中国法律规定进行法人变更登记就行使法人权利是违法的，大拇指公司要求增资的诉求合乎中国的法律。

（二）环保科技公司观点

1. 大拇指公司起诉的意思表示不能代表公司的真实意思

大拇指公司系中国法人，其起诉状及其委托律师参加诉讼的授权委托书均加盖了该公司的公章，环保科技公司对大拇指公司公章的真实性没有提出异议。环保科技公司作为唯一股东已经就大拇指公司包括法定代表人、董事在内的管理层进行更换，新任的大拇指公司"法定代表人"向法庭作出撤诉的意思表示，因大拇指公司实际控制人拒不交出公章，导致新"法定代表人"无法就撤诉申请盖章等为由，否定大拇指公司提起本案诉讼的意思表示。

2. 本案应中止审理

环保科技公司主张本案应中止诉讼，主要理由是本案的审理需要以前述268号案、167号案、753号案的审理结果为依据，环保科技公司还主张本案审理应等待环保科技公司以大拇指公司名义申请减资的结果。

(三)福建高院观点

1. 法律适用

本案的法律适用,主要涉及两个方面,一是环保科技公司的民事权利能力及民事行为能力事项,环保科技公司系在新加坡登记的法人,根据《中华人民共和国涉外民事关系法律适用法》第14条第1款"法人及其分支机构的民事权利能力、民事行为能力、组织机构、股东权利义务等事项,适用登记地法律"的规定,应适用新加坡法律;二是大拇指公司系在中国注册的外商独资企业,属于中国法人,环保科技公司作为大拇指公司的唯一股东,对大拇指公司行使包含出资在内的相关权利义务应适用中国法律。

2. 大拇指公司起诉的意思表示是真实意思表示

在适用中国法律的前提下,工商登记的信息具有公示公信的效力。认定大拇指公司的法定代表人仍应以工商登记为准,在无证据证明保国武被登记为大拇指公司的法定代表人前,其代表大拇指公司作出撤诉的意思表示不具有法律效力,故不予认可。

3. 本案不应中止审理

环保科技公司在上述四个案件中的诉讼请求,前三案请求指向的是大拇指公司董事、监事、法定代表人委派、变更登记及是否有侵权行为等事项,与环保科技公司的减资请求无直接、实质的关联;第四个案件是环保科技公司起诉减资审批机关不作为的行政诉讼,请求是责令行政机关立即履行减资的行政初审法定职责,并非要求行政机关履行减资审批手续。因此,环保科技公司提出的四个诉讼案件,其结果如何并不当然影响本案环保科技公司的出资义务,亦不影响本案出资纠纷的审理。本案的审理也无须等待环保科技公司通过大拇指公司名义申请减资的结果。

4. 环保科技公司应缴纳增资款

大拇指公司于2008年经报外商投资企业审批机关福建省对外贸易经济合作厅批准增资,增资的程序合法有效,环保科技公司应遵守中国法律按时、足额履行对大拇指公司的出资义务。环保科技公司未履行股东足额缴纳出资的法定义务,侵害了大拇指公司的法人财产权,大拇指公司有权要求环保科技公司履行出资义务,补足出资。

福建高院就本案于2013年12月作出(2013)闽民初字第43号民事判决书,判决环保科技公司应于判决生效之日起10日内向大拇指公司缴纳出资款4500万元。

三、本案二审情况

环保科技公司不服福建高院的判决，向最高人民法院提起上诉。最高人民法院受理本案，并依法组成合议庭于2014年6月11日公开开庭对本案进行了审理。

（一）环保科技公司观点

请求撤销原判，驳回大拇指公司的起诉或准许保国武代表大拇指公司撤回起诉；如不能支持前述请求，则中止审理本案或驳回大拇指公司的全部诉讼请求。理由如下：

1. 撤诉申请是大拇指公司的真实意思

保国武为大拇指公司合法的现任董事长。大拇指公司的起诉状和授权委托书是无权人员盗用公司公章而为，未经合法的法定代表人同意，不能代表大拇指公司的真实意思，起诉无效。保国武签署的撤诉申请是大拇指公司的真实意思。

2. 本案应中止审理

本案处理需要以其他案件的审理结果和减资申请的结果为依据，故本案应当中止审理，在查明相关事实后再恢复审理。

3. 股东的合法权利受损

大拇指公司的实际控制人恶意阻挠，导致减资申请未获准许，但减资是环保科技公司的真实意思，大拇指公司作为环保科技公司的全资子公司应服从母公司的减资决议，其阻挠行为侵犯了中国公司法赋予股东的相关权利。

（二）大拇指公司观点

请求驳回上诉，维持原判。理由如下：

1. 环保科技公司任命的法定代表人无权申请撤诉

工商登记载明的大拇指公司法定代表人洪臻有权代表大拇指公司提起本案诉讼。按照中国现行法律规定，大拇指公司新任的法定代表人须经合法登记后，方可行使法定代表人职权，环保科技公司司法管理人任命的所谓法定代表人保国武未依法进行变更登记，故不能行使法定代表人职权，亦无权申请撤诉。

2. 本案不应中止审理

环保科技公司提出的中止诉讼的理由不能成立，本案不应中止审理，反而应尽快审理以保护大拇指公司的合法财产权。

3. 环保科技公司应履行出资义务

环保科技公司的减资申请应履行相应的核准程序，在未获得核准前，环保科技公司仍应履行其法定的出资义务。

(三) 最高人民法院观点

1. 大拇指公司提起诉讼的意思表示并非真实意思表示

大拇指公司是环保科技公司在中国境内设立的外商独资企业，按照《公司法》和《外资企业法》及其实施细则的有关规定，大拇指公司属于一人公司，其内部组织机构包括董事和法定代表人的任免权均由其唯一股东——环保科技公司享有。

环保科技公司进入司法管理程序后，司法管理人作出了变更大拇指公司董事及法定代表人的任免决议。根据新加坡公司法227G的相关规定，在司法管理期间，公司董事基于公司法及公司章程而获得的权力及职责均由司法管理人行使及履行。

根据《公司法》第47条第2项的规定，大拇指公司董事会应当根据其唯一股东——环保科技公司的决议，办理董事及法定代表人的变更登记。由于大拇指公司董事会未执行股东决议，造成了工商登记的法定代表人与股东任命的法定代表人不一致的情形，进而引发了争议。

根据《公司法》第13条的规定，公司法定代表人变更应当办理变更登记。法律规定对法定代表人变更事项进行登记，其意义在于向社会公示公司意志代表权的基本状态。工商登记的法定代表人对外具有公示效力，如果涉及公司以外的第三人因公司代表权而产生的外部争议，应以工商登记为准。而对于公司与股东之间因法定代表人任免产生的内部争议，则应以有效的股东会任免决议为准，并在公司内部产生法定代表人变更的法律效果。因此，环保科技公司作为大拇指公司的唯一股东，其作出的任命大拇指公司法定代表人的决议对大拇指公司具有拘束力。

本案起诉时，环保科技公司已经对大拇指公司的法定代表人进行了更换，其新任命的大拇指公司法定代表人明确表示反对大拇指公司提起本案诉讼。因此，本案起诉不能代表大拇指公司的真实意思。

2. 本案不应中止审理

环保科技公司在本案一审受理后另行提起了数个关联诉讼,虽然部分案件涉及大拇指公司法定代表人是否适格的问题,但本案的争议焦点之一就是工商登记的法定代表人与股东任命的法定代表人谁能代表大拇指公司意志的问题。鉴于环保科技公司在本案中已经就该问题提出了实质性抗辩,本案审理范围当然包括大拇指公司法定代表人是否适格的问题,本案应当对该问题作出认定,无需以其他案件的审理结果为依据。因此,本案不存在中国民事诉讼法规定的中止审理的情形,环保科技公司关于本案应中止审理的上诉理由不能成立,对其该项主张不予支持。

最高人民法院就本案作出(2014)民四终字第 20 号民事裁定书,裁定撤销福建省高级人民法院(2013)闽民初字第 43 号民事判决;驳回大拇指公司的起诉。

教学指导手册

教学目标

由于本案例属于涉外民商事案件,既具有涉外民商事案件的特点,又涉及外商投资企业法的内容,因此,本案例教学应着重让学生把握以下四个方面的内容:(1)根据涉外民商事案件的特点,从整体结构上掌握分析涉外民商事案件的方法;(2)通过冲突规范的适用和外国法的查明确定案件所需的法律规范;(3)掌握外商投资企业法的特点,尤其是其与公司法的适用问题;(4)掌握股东委派的法定代表人与工商登记的法定代表人应如何认定的问题。

教学内容

1. 什么是冲突规范,本案中冲突规范是如何适用的?

冲突规范,又称法律适用规范、法律选择规范,它是指出某种涉外民事关系应该适用何国法律来调整的规范。冲突规范本身并不直接规定涉外民事关系当事人之间的具体权利和义务,而只是指明应该适用哪一国法律来确定这种权利和义务,因而通过这一指引使有关国家的实体法最终得到适用。

根据《涉外民事关系法律适用法》第14条第1款的规定:“法人及其分支机构的民事权利能力、民事行为能力、组织机构、股东权利义务等事项,适用登记地法律。”本案中,环保科技公司是在新加坡注册登记的法人,因此,关于环保科技公司的民事行为能力问题应当适用新加坡法律。

2. 什么是外国法的查明?

外国法的查明是指一国法院根据本国冲突规范指引应适用外国法时,如何查明该外国法的存在和内容。这是法院按照冲突规范适用外国法时首先面对的问题,只有确定了应适用的外国法的内容,才能将该外国法具体适用于涉外民商事关系,才能最终确定当事人的权利义务。

对于外国法的查明,一般会采取以下四种不同的做法:

一是把外国法看作事实,当事人主张和证明。英美等普通法系国家采用这种做法。

二是把外国法看作事实,原则上由当事人负责举证,但法官也可直接认定。法国采用这种方法。

三是把外国法看作法律,由法官依职权查明。意大利等欧洲国家采用这种做法。

四是把外国法看作法律,原则上由法官负责查明,必要时也可要求当事人予以协助。德国、奥地利、瑞士等国采用这种方法。

3. 本案中,外国法的查明是如何进行的?

(1)本案中谁是进行外国法的查明的主体?依据《涉外民事关系法律适用法》第10条第1款的规定:“涉外民事关系适用的外国法律,由人民法院、仲裁机构或者行政机关查明。当事人选择适用外国法律的,应当提供该国法律。”因此,本案应当由人民法院查明此节所应予适用的新加坡法律的相关规定。

(2)人民法院通过何种途径查明新加坡法律?根据法(办)发〔1988〕6号最高人民法院《关于贯彻执行〈中华人民共和国民法通则〉若干问题的意见(试行)》第193条的规定,有五种查明外国法律的途径,包括:第一,由当事人提供;

第二，由与我国订立司法协助协定的缔约对方的中央机关提供；第三，由我国驻该国使领馆提供；第四，由该国驻我国使馆提供；第五，由中外法律专家提供。要求当事人提供相应的外国法律的规定本身也是法院查明外国法律的途径之一。然而，司法实践中并不局限于上述途径，而是鼓励法官通过其他行之有效的途径查明外国法律。实践中，外国法院作出的相关判决中关于外国法律的意见，也可以作为法院理解和适用外国法律的参考。

4. 本案中，外国法的查明起到了什么作用？

本案中，根据查明的事实，环保科技公司已经于 2010 年 6 月 4 日经新加坡高等法院作出法庭命令，进入司法管理程序，并委任了司法管理人，明确司法管理人的职责是：主管公司的日常事务、业务及财产，以便对公司进行整顿，或者保留其全部或部分业务以便公司可持续经营，及（或）取得比解散企业更有利的企业资产变现等。新加坡高等法院于 2012 年 3 月 1 日再次作出法庭命令，将 2010 年 6 月 4 日作出的司法管理命令延期至 2012 年 5 月 2 日，并委任了新的司法管理人，明确新司法管理人继续进行由前司法管理人提起的任何诉讼或法律程序等。环保科技公司的司法管理人分别于 2011 年 1 月 20 日、2012 年 3 月 30 日作出决议，将环保科技公司作为唯一股东在中国设立的独资企业——大拇指公司的法定代表人和董事进行了变更，法定代表人变更为保国武。新加坡公司法 227G(2) 规定，在司法管理命令生效期间内，由本法或公司组织章程大纲或组织章程细则赋予董事的所有权力及赋予董事的所有职责，均由司法管理人而非董事行使及履行。2013 年 1 月 11 日，新加坡高等法院作出清盘令，环保科技公司进入清盘程序，并委任了清盘人，清盘人被授权行使新加坡公司法 272(1)(a) 至 272(1)(e) 中规定的任何权力。新加坡公司法 272(2)(a) 还规定，清盘人可以以公司名义代表公司提起或抗辩任何诉讼或其他法律程序。

根据上述新加坡法院裁决及新加坡公司法的规定，环保科技公司的司法管理人和之后的清盘人有权作出变更大拇指公司法定代表人和董事的决议；在环保科技公司被诉的情况下，有权代表环保科技公司参加本案诉讼，也有权委托诉讼代理人参加本案诉讼。

5. 本案中，最高人民法院如何认定新加坡法院的判决？

根据《民事诉讼法》第 282 条的规定，中国境内法院所认可的境外法院的判决和裁定,必须是已经发生法律效力的,且两国之间已存在国际条约或者互惠原则。因此,认可境外法院的判决要满足以下条件:首先,任何外国法院司法文书的认可和执行都需要中国法院的确认;其次,为中国法院认可和执行的司法文书均需要是终局的,临时性的司法文书无法得到承认;最后,我国必须与作出判决和裁定的国家签订了条约或者存在互惠原则。

本案中,最高人民法院采取了与上述不同的方式对新加坡法院的裁决进行了认定。环保科技公司已经被新加坡法院裁决进入司法管理程序,之后被裁决进入清盘程序。该情节应当被作为事实在本案中得到确认。虽然有观点认为,未经我国法院对新加坡法院作出的判决应否得到承认和执行进行司法审查的程序,不能将新加坡法院的裁决作为事实直接在案件中确认。但是最高人民法院认为,新加坡法院根据新加坡公司法的规定作出命令,导致环保科技公司的存续状态发生变化,这本身就是事实,无须经过我国法院对新加坡法院判决的承认程序即可以在本案中直接作出认定。

6. 什么是外商独资企业,其有哪些法律特征?

外商独资企业又称外资企业,是由外商拥有全部资本并独立经营的企业,属于外商投资企业的一种。根据《外资企业法》(1986 年 4 月通过,2000 年 10 月修正)第 2 条的规定:“本法所称的外资企业是指依照中国有关法律在中国境内设立的全部资本由外国投资者投资的企业,不包括外国的企业和其他经济组织在中国境内的分支机构。”同时,第 8 条规定:“外资企业符合中国法律关于法人条件的规定的,依法取得中国法人资格。”所谓“符合中国法律关于法人条件的规定”,主要是指符合我国《民法通则》第 37 条关于法人资格的四个基本条件。这类企业是按照东道国的法律注册登记而成立的,属于投资东道国的法人或经济实体。外资企业的历史较为悠久,是国际上广泛采用的一种直接投资方式。

外商独资企业在法律上具有以下特征:

第一,投资主体只有外方,全部资本都由外国投资者投入。投资主体只有外方是相对同为中外合资经营企业和中外合作经营企业而言的,即外商独资企业设立时不能包括中方的投资者而只能由外国的企业、其他经济组织或个人出资设立。这是外商独资企业的基本特征。目前,在我国已经设立的外商独资企业,既有由一个外国投资者设立的,也有由几个外国投资者共同投资设立的。

第二,外国投资者对外商独资企业的经营管理拥有绝对控制权。外商独资企业的投资主体只有外方,全部资本由外方投入的这一根本特征决定了外国投资者对其投资设立的外资企业拥有绝对的控制权,可以独立地对有关企业经营的任何重大事项作出决策。比如,章程的修改,企业的中止或解散,注册资本的增加、减少或转让及企业的合并、分离等。

第三,外商独资企业是按中国法律设立的企业。外商独资企业是外国投资者按照《外资企业法》《外资企业法实施细则》及与之有关的配套法律,经批准在中国境内注册成立的企业,因此具有中国的国籍,其合法权益受到中国法律的保护。凡符合我国法人资格的法定条件,均能取得中国法人的地位。外资企业作为中国的法人企业或非法人企业,它们与中国的其他公司、企业或经济组织之间在经济交往中处于平等的法律地位,因此它们所发生的各种经济关系只能适用中国的法律。

本案中的大拇指公司属于外商独资企业,并且是具有中国法人资格的有限责任公司。

7. 外商独资企业的投资总额是什么,其与注册资本有何区别?

投资总额是外商投资企业法的特有规定,根据《外资企业法》及其《外资企业法实施细则》的规定,外资企业的投资总额,是指开办外资企业所需资金总额,即按其生产规模需要投入的基本建设资金和生产流动资金的总和。从其来源分析,由外国投资者的投资额和以外资企业的名义的借款这两部分组成,它等于外资企业的自有资金及该企业的借贷资金之和。简言之,投资总额是指外国投资者所商定的投资项目所需要的全部资金的总额。

然而,外资企业的注册资本,是指为设立外资企业在工商行政管理机关登记的资本总额,即外国投资者认缴的全部出资额。注册资本只是构成投资总额的一部分,另一部分则是外资企业的借款。

一般而言,投资总额往往要高于注册资本。但是投资总额并非越多越好,如果借款与注册资本之比太高(借款太多),就会直接影响对债权人和第三人的利益的保护以及整个社会经济秩序的稳定。因此,外资企业的注册资本要与其经营规模相适应,注册资本与投资总额的比例应当符合中国有关规定。

本案中,大拇指公司经福建省对外贸易经济合作厅批准,投资总额由 2.3 亿元增至 5 亿元,注册资本由 1.3 亿元增至 3.8 亿元。

8. 外商投资企业法的审批制是什么?

对外国资本的输入设置条件是大多数国家尤其是发展中国家的普遍做法,也是国家主权原则的体现,我国作为发展中国家也对外资准入进行了规定,在我国外资立法中主要体现为外商投资企业法的审批制度。审批即审查与批准,是指资本输入国政府依据一定的程序、标准,对进入本国的外国投资进行鉴定、甄别、评价,并决定是否给予许可的一种制度。对外商投资企业的审批制并不违反WTO的规则和原则,同时也符合外资准入的国际法律实践,即除非已对他国做出法律意义上的承诺,一个国家有权从投资者资格、投资领域、出资形式、投资方式等方面来自行确定外国资本进入本国市场的条件。外商投资企业法的审批制贯穿于企业的设立、管理、运行及其终止的所有阶段。审批机关一般为各地商务主管部门,在中央为商务部。

本案中,大拇指公司的投资总额和注册资本的增加需经福建省对外贸易经济合作厅批准;环保科技公司提起的第4起关联诉讼,即环保科技公司向鼓楼区人民法院起诉福州市鼓楼区对外贸易经济合作局不履行行政批准法定职责,其原因是环保科技公司变更大拇指公司的法定代表人需当地对外贸易经济合作局进行审批,而环保科技公司认为其怠于行使审批的职责。

根据商务部2016年第3号《外商投资企业设立及变更备案管理暂行办法》(以下简称《办法》)的规定,将不涉及国家规定实施准入特别管理措施的外商投资企业设立及变更事项,由审批改为备案管理。与行政许可不同,该《办法》规定的备案管理属于告知性备案,不是企业办理其他手续的前置条件。外商投资企业或其投资者以承诺书形式对填报信息的真实性、准确性和完整性负责,备案机构在备案阶段仅对填报信息进行形式审查,领取备案回执也不是强制性要求。这与目前外资逐案审批制有着根本性区别,是方便企业、服务企业的"真备案"制度。由于本案是在《办法》颁布并生效前审理完毕的,所以不适用该《办法》,仍然适用审批制的规定。如果本案适用该《办法》,则因为大拇指公司不涉及国家规定实施准入特别管理措施,所以采用备案制,无须进行审批。

9. 未经审批的补充协议是否有效?

外资审批包括设立审批与变更审批。设立审批是指企业成立阶段的审批,包括立项审批与合同、协议及章程的审批;而变更审批是指企业成立之后的审批。

对于本案中所涉及的变更审批，即环保科技公司委派保国武为大拇指公司董事长和法定代表人，委派保国武、徐丽雯、宋宽3人为大拇指公司董事，这些变更需先经审批机关批准方可进行变更登记。但是当地对外贸易经济合作局并未对此进行审批，其变更是否发生效力。根据《第二次全国涉外商事海事审判工作会议纪要》第87条、《最高人民法院关于审理外商投资企业纠纷案件若干问题的规定(一)》第2条第1款之规定，当事人就外商投资企业相关事项达成的补充协议对已获批准的合同不构成重大或实质性变更的，人民法院不应以未经外商投资企业审批机关批准为由认定该补充协议未生效。所谓"重大或实质性变更"包括注册资本、公司类型、经营范围、营业期限、股东认缴的出资额、出资方式的变更以及公司合并、公司分立、股权转让等。因此，首先，本案所涉及的董事与法定代表人的变更并不属于"重大或实质性变更"。其次，不属于"重大或实质性变更"的变更审批属于事后监管而非行政确权。民事行为经审批后之所以发生效力以及发生何种效力，均源于当事人的约定而非审批机关的审批。既然审批只是对民事行为的认可，则当合同约定与批准不一致时，除非合同无效，否则就应根据合同约定而非批准证书来确权。综上，大拇指公司的董事与法定代表人变更虽并获得审批通过，但只要其反映了股东的真实意思表示，应当认定其有效。

根据商务部2016年第3号《办法》第5条的规定，外商投资企业的设立备案，既可以在营业执照签发前，也可以在营业执照签发后30日内办理；第6条规定，外商投资企业变更备案，可在变更事项发生后30日内办理，且设立和变更均是通过备案系统在线填报和提交备案申报材料，办理备案手续。由于大拇指公司不涉及国家规定实施准入特别管理措施，所以如果适用该《办法》，大拇指公司不采取审批制，只需按该《办法》的规定进行备案即可，但因为该《办法》的颁布晚于本案的审理，故不适用本案，对本案不产生效力。

10. 外商投资企业如何适用《公司法》？

《公司法》第217条对外商投资企业适用公司法问题作出了如下规定：外商投资的有限责任公司和股份有限公司适用本法；有关外商投资的法律另有规定的，适用其规定。根据该条的规定，外商投资企业在适用《公司法》上应遵循如下两条原则：

(1)外商投资的有限责任公司和股份有限公司，应适用《公司法》。

第一,《公司法》是规范全国范围内所有公司的设立、管理、运行及其终止、解散等重要事宜的,它无疑是规范全国所有公司企业的最具权威的法律。外商投资企业是在中国境内投资设立的公司,属于中国的法人,应该遵守中国的法律,理应受《公司法》的管辖。

第二,外商投资企业适用《公司法》是国家主权的要求。法律作为行使国家主权的重要工具,对其境内的所有自然人和法人都具有管辖权,对于在中国境内注册登记的具有中国法人资格的外商投资企业,依据《公司法》进行管辖,这是理所当然、无可非议的。

第三,外商投资企业法是作为我国专门规范具有外商投资因素的企业的法规。但其基本上采取出现什么具体问题就解决什么具体问题的立法方式,因此,难免存在不够全面、不够系统之处。《公司法》则具有全面和系统的特点。《公司法》的颁布和实施,毫无疑问是对外商投资企业法的有益补充。外商投资企业适用《公司法》的规定,有利于其进一步法制化和规范化,有利于我国投资软环境的进一步完善。

(2)有关外商投资的法律另有规定的,适用其规定。

第一,我国以《中外合资经营企业法》及《中外合资经营企业法实施条例》、《中外合作经营企业法》及其实施细则与《外资企业法》及其实施细则为基本内容的外商投资企业法,奠定了我国外商投资企业的法律基础,使我国外商投资企业基本上能做到有法可依。它们对鼓励、吸引以及规范外商来华投资起到了重要的作用。事实证明,这些法规是行之有效的,是基本符合我国外商投资企业的需要的,是应该而且可以继续实施的。

第二,外商投资企业是具有涉外因素的企业,在我国目前情况下具有一定的特殊性,而外商投资企业法则较有效地解决了这一特殊问题。在目前情况下,《公司法》还难以全部顾及这一点。

第三,外商投资企业法属于我国公司法规的一个组成部分,属于解决具有涉外因素的一种特别法。《公司法》则是管辖国内所有公司企业的一般法。根据公认的法律原则,即特别法优先一般法的原则,如果两法的规定不一致,外商投资企业应首先适用外商投资企业法的规定。

本案中涉及具有法人资格的外商独资企业如何适用《公司法》的问题。对于《外资企业法》及其实施细则的特别规定,应适用这些特别规定,如投资总额、审批制等;对于下面要讨论的股东对管理者的选择权、公司的代表权之争等则属于公司法的一般原则,应当适用《公司法》。

11. 环保科技公司是否有权选择大拇指公司的董事?

保护公司股东的基本权利,这是公司法的一项基本任务。没有了这一条,经济就会无序,社会就可能动荡。我国《公司法》第4条明确规定了股东的基本权利:"公司股东依法享有资产收益、参与重大决策和选择管理者等权利。"股东作为对公司的投资者,拥有对公司的收益权、决策权和管理者选择权。股东的这三种基本权利是相辅相成、互为条件的。其中,收益权是目的,决策权是手段,管理者选择权是措施。措施是实现目的和手段的具体路径。如果司法机关在审判活动中不保护股东为实现其投资最终目标而行使由法律赋予的管理者的选择权的话,股东的决策权就会形同虚设。因为公司决策是要由公司的管理者实施的;股东的收益权是要依靠公司的管理者实现的。因此,如果公司的股东无权选择管理者,或者股东选择管理者的权利受到外界的干扰,乃至不能按自己的意愿去选择管理者,这等于在实质上剥夺了投资者的所有其他法定权利,公司法的所有其他权利就会流于形式。由此可见,股东关于公司管理者的选择权是股东的基础权利,阻碍和破坏该权利的畅通无阻实际上是无视和违反公司法的基本原理和立法宗旨。

在本案中,在福建注册的大拇指公司是环保科技公司全资拥有的子公司。从公司法的角度,大拇指公司是一人公司,环保科技公司是大拇指公司的唯一股东。按照我国《公司法》第4条的规定,环保科技公司对大拇指公司拥有无阻碍的管理者选择权,包括对大拇指公司法定代表及董事会成员的委派,任何机构、人员或不法行为都是不得予以阻止。

12. 如何看待公司法人代表的变更登记?

从商法的角度分析,工商变更登记可以分为两种:

"设权性登记",即只有登记才能取得权利,目前主要指不动产物权登记,《物权法》第9条第1款规定:"不动产物权的设立、变更、转让和消灭,经依法登记,发生效力;未经登记,不发生效力,但法律另有规定的除外。"

"公示性或宣示性登记",即登记既不创设权利,也不改变权利,仅是将权利事实公之于众,使其具有一定的公信力,为交易安全提供保障。公司法人代表的变更登记即属于此种登记。我国《公司法》第13条规定:"……公司法定代表人变化,应当办理变更登记。”但《公司法》第32条又规定:“……公司应当将股东的姓名或者名称向公司登记机关登记;登记事项发生变更的,应当办理变更登记。未经登记或者变更登记的,不得对抗第三人。”从这一点出发,股东注册登记本身主要是起向社会公示的作用,并不决定公司内部的法律关系。

公司办理法定代表人变更登记手续的法律效果是对既存的权利进行公示登记,方便工商行政管理部门的管理和第三人的查阅,使其产生公信力。公司法定代表人变更工商登记的目的就是使其影响力扩大到公司以外的第三人,使其产生对抗公司外部第三人的效力。工商登记本身并不授予股东及公司权利,也不改变其权利,有没有进行登记并不影响公司内部股东权利的变化,包括对法定代表人的选择。

13. 大拇指公司的代表权之争

本案虽为股东出资纠纷,但是重要的焦点之一是“谁有权代表大拇指公司”。根据《公司法》第46条第2项的规定,公司董事会作为股东会的执行机关,有义务执行股东会或公司唯一股东的决议。大拇指公司董事会应当根据其唯一股东环保科技公司的决议,办理大拇指公司董事及法定代表人的变更登记。然而,大拇指公司董事会未予执行其唯一股东的决议,因此造成了大拇指公司在工商登记机关登记的法定代表人(洪臻)与其唯一股东环保科技公司任命的法定代表人(保国武)不一致的情形。

根据《公司法》第13条的规定,公司法定代表人变更应当办理变更登记。法律规定对法定代表人变更事项进行登记,其意义在于向社会公示公司意志代表权的基本状态。工商登记的法定代表人对外具有公示效力,如果涉及公司与公司之外的第三人之间因公司代表权产生的外部争议,关于公司代表权的确定即应当以工商登记为准;而如果是类似本案公司与其股东之间因公司法定代表人任免产生的内部争议,则应以有效的股东会或唯一股东任免决议为准,并在公司内部产生法定代表人变更的法律效果。因此,环保科技公司作为大拇指公司的唯一股东,其作出的任命大拇指公司法定代表人的决议对大拇指公司具有拘束力。本案起诉时,环保科技公司已经对大拇指公司的法定代表人进行了更换,其新任命的大拇指公司法定代表人保国武明确表示反对大拇指公司提起本案诉讼。因此,以洪臻为法定代表人的大拇指公司提起本案诉讼不能代表大拇指公司的真实意思。

14. 研究本案的现实意义

本案体现了目前外商投资企业中经常出现的问题——外国投资者与中国投资者的意见不合,导致企业陷入僵局,经营管理停滞。虽然本案中的大拇指公司是一家外商独资企业,不涉及中方投资者,但本案的纷争恰恰是因中方管理层与外国投资者不合而起,致使外国股东的决议得不到中方公司管理层的执行,甚至对该决议置之不理,另起炉灶,损害股东的利益。无论是在中外合资经营企业还是中外合作经营企业中,中外投资者就经营管理的分歧与单纯的内资企业股东之间的分歧有着显著的差别,本案的中方管理者与外方股东的不和也反映了这一现象,因此,对本案的分析一方面要从法律角度理解对这种情形的处理,另一方面要帮助学生了解实践中外商投资企业的真实状况,中外股东的不同诉求,在此基础上才能避免该种情况的出现,为外商投资企业的正常营运提供有效的法律支持。

预期效果

通过对本案例的讲授及学生的学习,学生应从本案例中了解并学习到以下四个方面的内容:(1)从宏观上了解涉外民商事案例的分析方法,由于涉外案件的特殊性,首先要进行准据法的确定,然后再对具体问题进行分析;(2)了解并掌握如何适用冲突规范确定准据法,同时如何适用外国法的查明确定案件所应适用的外国法及其相关规定;(3)由于司法实践中涉及很多外商投资企业的案件,但是在法学院的教学中往往又忽略了外商投资企业法,所以导致很多学生对外商投资企业法知之甚少,本案例很大的作用就是通过鲜活的案例帮助学生了解并掌握外商投资企业法的相关知识;(4)掌握我国司法实践对股东委派的法定代表人与工商登记的法定代表人不同时的认定标准,并通过讨论的方式理解最高人民法院对此的法理分析。

教学计划

本案例可以作为专门的案例教学课来进行,整个案例课的课堂安排 6 个课时,每课时 45 分钟。

课堂时间安排

1. 课前计划:安排学生阅读案例及相关参考资料(以教科书、期刊文章为主),从本案例中的思考题出发,对案例涉及的问题进行思考。

2. 课中计划:(1)介绍教学目标,明确讨论主题;(2)按照教学目标的分类,就每个问题按顺序进行分析;(3)学生分组对每个问题进行深入讨论;(4)小组代表发言,教师引导其他学生一起讨论、分析;(5)教师进行归纳总结,并引导学生对实践题进行思考;(6)教师安排学生在线观看最高人民法院庭审视频。

3. 课后计划:布置学生进一步思考外商投资企业与内资企业的异同及外商投资企业法的发展方向,并就学生讨论中出现的问题进行归纳和深度剖析。

思考题和实践题

1. 思考题

(1)什么是冲突规范?为何本案需要适用冲突规范?

(2)本案中如何适用外国法的查明?

(3)本案中,最高人民法院对涉案的新加坡法院的判决是如何认定的?

(4)外商投资企业有哪些法律特点?

(5)外商投资企业法中的投资总额是什么?

(6)外商投资企业法中的审批制在本案中的作用是什么?

(7)外商投资企业法中的备案制是什么?为何要采取备案制?

(8)外商投资企业法与公司法的适用原则是什么?

(9)本案中,大拇指公司作为外资企业为何可以适用《公司法》?

(10)在本案中,股东委派的但未进行工商登记的法定代表人应当如何认定?

(11)你是否同意最高人民法院对本案的意见,并说明理由。

(12)如果本案案情不变,且发生在商务部2016年第3号《办法》生效之后,本案会如何审理?

(13)你认为我国外商投资企业法今后应如何发展?

2. 实践题

(1)作为一名涉外律师,如果你认为在解决涉外民商事案件时,应当注意哪些问题?

(2)如果本案中的大拇指公司是一家中外合资经营企业,其中中方股东也同意环保科技公司的意见,其他案情不变,你认为该案件应如何处理?

(3) 如果本案中的大拇指公司是一家中外合作经营企业,其中中方股东也同意环保科技公司的意见,其他案情不变,你认为该案件应如何处理?

(4) 如果你是环保科技公司的法务律师,你认为事前可以采取哪些措施避免类似的诉讼发生?

(5) 如果你是大拇指公司的法务律师,你认为事前可以采取哪些措施避免类似的诉讼发生?

参考文献

1. 沈四宝、王军:《国际商法》(第2版),对外经济贸易大学出版社2010年版。
2. 赵相林:《国际私法》(第4版),中国政法大学出版社2014年版。
3. 范健:《商法》(第4版),高等教育出版社2011年版。
4. 高晓力:《环保科技公司与大拇指公司股东出资纠纷案法律适用解读》,载《中国审判》2014年第7期。
5. 沈四宝:《股东对公司管理者的选择权应受法律保护》,载《中国审判》2014年第7期。
6. 沈健:《经济全球化背景下我国外资准入困境与出路——以外商投资企业审批制度为视角》,载《湖南商学院学报》2012年第2期。
7. 付荣、麻锦亮:《论外资审批的效力》,载《法律适用》2010年第1期。

撰稿人 | 沈健,中央财经大学法学院院长助理,讲师

8 CASE 湖南方盛制药股份有限公司与怀化正好制药有限公司知识产权纠纷案

| 摘　要 |

本案例以2014年中国法院十大创新性知识产权案件“湖南方盛制药股份有限公司与怀化正好制药有限公司知识产权纠纷案”为蓝本，以案件诉讼过程及诉讼文书为基础，综合讨论此案关联的知识产权的专利侵权认定及确认不侵权诉讼的要件等问题。通过本案的学习拟促使学生对知识产权的相关法律制度有更为熟练的把握，加强对相关法律知识的理解，同时亦期待对学生知识产权诉讼法律实务能力的提高有所裨益。

| 关键词 |

专利侵权　确认不侵权之诉　举证责任

| 教学目标 |

本案例以湖南方盛制药股份有限公司与怀化正好制药有限公司知识产权纠纷案为基础，介绍案件的发生经过和基本案情。通过对案例的阅读、分析，指导学生对案情进行梳理、归纳。在此基础上，使学生主要把握四个方面的内容：(1)专利侵权的认定。(2)提起确认不侵权之诉的要件。(3)如何理解新民事诉讼法司法解释中的举证责任。(4)当事人如何授权委托，如何撰写起诉状和代理词，从而提高法律知识的运用能力。

教学案例主文

一、案件所涉及主体

(一)湖南方盛制药股份有限公司

方盛制药公司系1997年10月13日成立的非上市股份有限公司,经营范围包括硬胶囊剂(含头孢菌素类)、片剂(含头孢菌素类)、颗粒剂(含头孢菌素类)、散剂、栓剂、粉针剂(含头孢菌素类)、酊剂(外用)、喷雾剂(外用)、洗剂(中药提取)的生产、销售等。

(二)怀化正好制药有限公司

怀化正好制药有限公司系1997年5月28日成立的有限责任公司,经营范围包括片剂、颗粒剂、丸剂(大蜜丸、小蜜丸、水蜜丸、水丸、浓缩丸)、酒酊剂、合剂(含口服液)、洗剂(含中药提取)、原料药(雷公藤提取物)等。

二、案件简况

怀化正好制药有限公司(以下简称正好公司)于2005年7月1日向国家知识产权局提出名称为"一种药物金刚藤微丸及其制备方法"的发明专利申请,并于2009年6月17日获得授权,专利号为ZL200510080293.X。湖南方盛制药股份有限公司(以下简称方盛公司)就药品名称为"金刚藤分散片"的片剂药品向湖南省食品药品监督管理局(以下简称湖南省药监局)提出新药申请,湖南省药监局于2005年10月19日对该申请予以受理。2008年12月25日,国家食品药品监督管理局药品审评中心(以下简称审评中心)向方盛公司致函称,在该公司的"金刚藤分散片"注册过程中,正好公司向审评中心反映该申报药品涉及专利问题。审评中心通知方盛公司对此出具答复意见。2009年1月9日,方盛公司向审评中心出具了对上述问题的答复意见,认为"金刚藤分散片"的药品注册申请未与正好公司的专利权形成冲突。方盛公司于2011年9月13日向正好公司致函,督促其行使诉权或者向国家药监局撤回异议。后正好制药公司既未提起诉讼,亦未撤回异议。方盛公司向湖南省长沙市中级人民法院提起确认不侵害专利权之诉。一审法院判决确认方盛公司的“金刚藤分散片”不侵犯正好公司的专利权。正好公司不服，提起上诉。湖南省高级人民法院二审判决驳回上诉、维持原判。

三、具体案情

(一)提出异议

方盛公司就药品名称为“金刚藤分散片”的片剂药品向湖南省药监局提出新药申请，湖南省药监局于2005年10月19日出具《药品注册申请受理通知书》，认为经过形式审查，原告方盛制药公司的“金刚藤分散片”的申报资料基本符合《药品注册管理办法》等有关规定的要求，对原告的申请予以受理。2005年10月24日，湖南省药监局向原告发出《药品注册现场核查通知书》，拟对原告的“金刚藤分散片”新药注册开展现场核查工作。

2008年12月25日，审评中心出具《关于“金刚藤分散片”药品注册相关事宜的函(致注册申请人)》给方盛公司。该函记载：“湖南方盛制药有限公司：你公司申报的金刚藤分散片(受理号：CXZS0504811)在注册过程中，收到来函反映你公司申报的该品种涉及相关专利问题(专利持有人：怀化正好药业)。现将有关事宜函告如下：一、你公司应当根据国家法律、法规及有关规定，对申报品种是否涉及专利权认真进行查询检索，并积极与异议人进行沟通。你公司也可以向有管辖权的专利管理机构或人民法院申请裁决解决。二、请你公司按照下发的集中审评工作文件《中药质量标准不明确的判定标准及处理原则》第六条的规定，以书面方式对该异议问题提出明确答复意见(一式两份)报我中心。该书面答复意见将被转交给异议人。”

2009年1月9日，方盛公司向审评中心出具了《关于金刚藤分散片药品注册异议的答复意见》，称原告“金刚藤分散片”药品注册申请符合既定的条件，且与异议人正好公司专利权不构成冲突。2011年7月7日，方盛公司出具一份函给正好公司，该函载明方盛公司将“金刚藤分散片”药品向国家食品药品监督管理局申报注册的配方及生产工艺的相关资料寄送被告，并称如贵被告认为原告的该药品侵犯了被告的专利权，请被告在收到本函后一个月之内向有管辖权的法院提起侵犯专利权之诉；如被告认为原告的该产品未侵犯上述专利权，请正好公司在收到本函后一个月之内，向国家食品药品监督管理局书面确认方盛公司不侵犯被告的该专利权。

2011年9月13日，方盛公司通过申通快递寄出一份快递单号为368944058443、标注品名为“关于金刚藤分散片与分散片相关事宜的通知函”的邮件，收件单位名称为“怀化正好制药有限公司”，收件地址为“湖南省怀化市河西正好路18号”。2011年10月20日，湖南申通快递有限公司出具证明称，该公司于2011年9月13日从原告处接收一份单号为368944058443的快递文件，于2011年9月14日由公司派件员送至湖南怀化正好制药有限公司，收件地址为湖南省怀化市河西正好路18号，签收人为周，整个派件过程顺利，并未发生任何送件错误或者退件事宜。该证明的附件为368944058443号邮件的网络送件跟踪记录，记录显示已于2011年9月14日签收，签收人是周。

（二）一审判决

原审法院认为，根据《最高人民法院关于审理侵犯专利权纠纷案件应用法律若干问题的解释》第18条规定，成立不侵权之诉应当符合以下条件：“1. 权利人发出侵犯其专利权的警告；2. 被警告人或者利害关系人书面催告权利人行使诉权；3. 权利人在收到书面催告一个月内或自书面催告发出之日起两个月内权利人不撤回警告亦不起诉。”本案已查明：“1. 在原告方盛公司申报“金刚藤分散片”（受理号CXZS0601858）注册过程中，被告以相关专利权人的身份向审评中心去函对原告申报的该品种提出异议；2. 原告于2011年9月13日通过快递的方式向被告去函，督促其行使诉权或者向国家药监局撤回异议，且该邮件已于2011年9月14日送达被告。”对于被告正好公司提出的原告没有证据证明被告为异议人，被告亦未收到原告催告函的辩论意见，原审法院认为，虽然审评中心向原告出具的《关于“金刚藤分散片”药品注册相关事宜的函（致注册申请人）》中只注明专利持有人为“怀化正好药业”，并未直接写明异议人为被告正好公司，但结合全案事实来看，被告正好公司作为200510080293. X号“一种药物金刚藤微丸及其制备方法”发明专利的专利权人，其专利与原告申请注册的“金刚藤分散片”产品及生产工艺系同类产品和技术方案，原、被告双方同作为制药公司，共有相同的市场板块，存在市场竞争关系，被告正好公司对原告申报相近似产品注册的行为提出异议符合常理，且被告亦未对该事实提供任何证据证明，因此原审法院对被告关于原告没有证据证明其为异议人的辩论意见不予采信；同时，原告已经提供证据证明其通过邮寄的方式向被告送达催告函的事实，在被告单纯进行口头否定称未收到该催告函而并未提供任何证据予以证明的情况下，原审法院对该辩论意见不予采信。综上所述，被告正好制药公司虽未直接向原告方盛制药公司发出侵权警告函，但被告以相关专利权人的身份通过国家食品药品监督管理局药品审评中心对原告申请注册的“金刚藤分散片”提出异议，双方已经形成争议的事实，相对于该事实，原告属于利害关系人，构成本案系确认不侵权之诉的前提，且原告方盛制药公司早在2011年9月就向被告正好制药公司发送了函件督促被告行使诉权或者撤回异议，被告正好制药公司既未提起诉讼，亦未撤回异议，故本案构成确认不侵权之诉。

本案中，被告的专利包括10项权利要求，权利要求1、2、3、4、5、7为产品权利要求，权利要求6、8、9、10为方法权利要求。要认定原告申报注册的“金刚藤分散片”技术方案是否落入被告的专利权保护范围，则要对原告的“金刚藤分散片”技术方案是否与被告专利的10项权利要求所记载的全部技术特征相同或等同进行认定。对于原告产品技术方案与被告专利产品的权利要求1、2、3、4、5、7的比对，原审法院认为，“经庭审比对，原告产品的技术方案与被告专利的产品权利要求存在以下不同：(1)原告的产品为“金刚藤分散片”，而被告专利的权利要求1记载的专利产品为“一种药物微丸”。虽原告“金刚藤分散片”产品与被告专利权利要求1保护的药物微丸主料均为金刚藤干浸膏，但对于两者是否为相同产品，被告在其专利说明书第4页表述为“本金刚藤微丸的溶散时限明显比金刚藤胶囊、片的崩解时限短，本研究的金刚藤微丸能快速溶散，生物利用度高”，说明原告的“金刚藤分散片”与被告的“金刚藤微丸”并非完全相同。(2)二者的成分不相同。(3)二者的成分比例不同。因此，原审法院认为原告“金刚藤分散片”产品未落入被告专利的权利要求1的专利保护范围。基于权利要求2、3、4、5、7作为权利要求1的从属权利要求，其技术特征限定范围均小于其独立权利要求即权利要求1，因此原告产品亦未落入被告专利的权利要求2、3、4、5、7的保护范围。对于原告产品技术方案与被告专利的方法权利要求即权利要求6、8、9、10的比对，原审法院认为，权利要求6为“如权利要求5所述的药物微丸的制备方法”，权利要求5为“如权利要求1、2、3或4所述的药物微丸”。因此，权利要求6所要求保护的系一种生产特定的微丸，即“如权利要求1、2、3或4所述的药物微丸”的制备方法，而非一种纯粹的药品微丸剂型制备方法，因此被告权利要求6体现的技术特征必然包含被告专利产品权利要求特征，原告的生产方法亦是针对特定产品“金刚藤分散片”的片剂制作技术方案。通过对原告产品与被告专利权利要求1、2、3、4、5、7进行比对,原告产品的成分及其配比与被告产品权利要求保护的技术特征存在明显差别,原告产品并未落入被告专利的产品权利要求的保护范围,因此,原告的"金刚藤分散片"产品制备方法未落入被告权利要求6的保护范围。被告权利要求8、9、10所保护的是一种在微丸的制备方法的基础上将微丸制成临床接受的水蜜丸、水丸、糊丸的制备方法,因此原告的"金刚藤分散片"产品制备方法同样未落入被告专利权利要求8、9、10的保护范围"。

综上所述,原审法院认为,原告"金刚藤分散片"技术方案未落入被告涉案专利权的保护范围,对被告关于原告"金刚藤分散片"构成对被告专利等同侵权的意见不予采信。据此,依照《专利法》第59条第1款,《最高人民法院关于审理侵犯专利权纠纷案件应用法律若干问题的解释》第7、18条之规定,判决如下:确认原告湖南方盛制药股份有限公司在本案中主张的"金刚藤分散片"不侵犯被告怀化正好制药有限公司的第200510080293.X号专利权。

(三)二审判决

本院认为,根据查明的事实,首先,2008年12月25日审评中心出具《关于"金刚藤分散片"药品注册相关事宜的函(致注册申请人)》,该函内容反映:对"金刚藤分散片"药品注册提出异议的人是"怀化正好药业",并要求方盛公司以书面方式对该异议问题提出明确答复意见(一式两份)报审评中心,该书面答复意见将被转交给异议人。其次,方盛公司按照审评中心的要求于2009年1月12日向其提交了书面的《关于金刚藤分散片药品注册异议的答复意见》,称"金刚藤分散片"药品注册申请符合既定的条件,且与异议人"怀化正好制药公司"专利权不构成冲突。对方盛公司提出的异议人即为正好公司的意见,审评中心一直未提出任何异议,正好公司直到纠纷发生前亦未提出过异议。再次,正好公司的专利与方盛公司申请注册的"金刚藤分散片"产品及生产工艺系同类产品和技术方案,作为制药公司,两公司存在市场竞争关系,正好公司对方盛公司申报相近似产品注册的行为提出异议符合常理。同时,"怀化正好制药有限公司"简写为"怀化正好药业"符合中国人的书写习惯。上诉人亦未提出证据证明怀化尚有以"正好"为企业字号的制药企业。综上,原审认定异议人是正好公司,有事实和法律依据。对上诉人正好公司提出的其不是异议人的上诉主张,本院不予支持。

虽然正好公司并未直接向方盛公司发出侵权警告函,但是通过向审评中心提出异议,且审评中心向方盛制药公司转达了正好公司的异议,应视为是专利人正好公司向方盛公司发出了侵犯专利权的警告。方盛公司遂向审评中心出具了答复意见,向正好公司出具催告函,后又寄出催告邮件,且该邮件已由正好公司签收。正好公司对方盛公司要求其撤回警告或依法行使诉权的请求不予理睬超过两个月,方盛公司可以提起确认不侵权之诉。上诉人正好公司提出的本案不符合确认不侵权之诉条件的主张没有事实和法律依据,本院不予支持。

经过将请求确认不侵权产品相应的技术特征与涉案专利的专利要求1的全部技术特征进行比对分析,可以认定"金刚藤分散片"未落入涉案专利权利要求1的保护范围。

关于权利要求2—10。本案中权利要求2—10均为权利要求1的从属权利要求,均是在权利要求1微丸技术方案的基础上附加技术特征后形成的新的技术方案。该9项从属权利要求保护范围小于权利要求1的保护范围。因此,在请求确认不侵权产品不落入权利要求1的保护范围的情况下,亦不落入权利要求2—10的保护范围。

综上,"金刚藤分散片"产品及其生产工艺未落入涉案专利权的保护范围,不构成对涉案专利权的侵犯。

综上所述,上诉人关于本案不符合确认不侵权之诉的条件以及被上诉人申报的产品落入其涉案专利权利的保护范围的上诉请求缺乏事实和法律依据,依法应予驳回。原审判决认定事实清楚,适用法律正确,程序合法,依法应予维持。依据《中华人民共和国民事诉讼法》第170条第1款第1项之规定,判决如下:驳回上诉,维持原判。

教学指导手册

教学目标

本案例供法律硕士案例教学使用,法学本科、知识产权法学硕士也可以参酌使用。

本案例主要着眼于分析知识产权纠纷中侵权的认定及确认不侵权之诉的提起条件,本案例扩展了侵权警告函的形式和对象的范围,即本案中的侵权警告是以正好公司针对方盛公司的新药申请而向国家有关部门提出的权利异议的方式体现。从尽快稳定法律关系和恢复市场秩序的角度出发,法院在本案中对侵权警告函的形式和对象做出的灵活处理和解释,符合法律设置确认不侵权之诉的立法本义。具体要解决的问题包括:(1)专利侵权行为的认定。(2)提起确认不侵权之诉的要件。(3)如何理解新民事诉讼法司法解释中的举证责任。(4)当事人的授权委托手续有哪些?代理人如何撰写民事起诉状和代理词?

教学内容

1. 专利侵权行为的认定

根据《专利法》第 59 条第 1 款的规定,发明专利权的保护范围以其权利要求的内容为准,说明书及附图可以用于解释权利要求的内容。《最高人民法院关于审理侵犯专利权纠纷案件应用法律若干问题的解释》(以下简称《解释》)第 7 条规定,人民法院判定被诉侵权技术方案是否落入专利权的保护范围,应当审查权利人主张的权利要求所记载的全部技术特征。被诉侵权技术方案包含与权利要求记载的全部技术特征相同或者等同的技术特征的,人民法院应当认定其落入专利权的保护范围;被诉侵权技术方案的技术特征与权利要求记载的全部技术特征相比,缺少权利要求记载的一个以上的技术特征的,或者有一个以上技术特征不相同也不等同的,人民法院应当认定其没有落入专利权的保护范围。

本案中正好公司的专利为"一种药物金刚藤微丸及其制备方法",其权利要求如前所述包括了 1—10。权利要求 1 为独立产品权利要求,权利要求 2—10 均为从属权利要求。要判断方盛公司申请注册的"金刚藤分散片"产品及其生产技术方案是否落入正好公司的"一种药物金刚藤微丸及其制备方法"专利权的保护范围,就应当将方盛公司申请注册的"金刚藤分散片"产品及其技术方案的技术特征与正好公司的该专利所记载的每项权利要求所具有的全部技术特征进行比对。经比对两者在权利要求 1 中名称及形状、原料组成及其比例上都明显不同。权利要求 2—10 均为权利要求 1 的从属权利要求,均是在权利要求 1 微丸技术方案的基础上附加技术特征后形成的新的技术方案。该 9 项从属权利要求保护范围小于权利要求 1 的保护范围。因此,在请求确认不侵权产品不落入权利要求1的保护范围的情况下,亦不落入权利要求2—10的保护范围。综上,“金刚藤分散片”产品及其生产工艺未落入涉案专利权的保护范围,不构成对涉案专利权的侵犯。

2. 提起确认不侵权之诉的要件

2008年4月1日,最高法院颁布的《民事案件案由规定》将“确认不侵权纠纷”纳入民事案由规定。在三级案由“确认不侵权纠纷”下设三个四级案由(1)确认不侵犯专利权纠纷;(2)确认不侵犯注册商标专用权纠纷;(3)确认不侵犯著作权纠纷。由此解决了确认不侵权之诉的案由依据问题。

2009年12月21日最高人民法院审判委员会第1480次会议通过了《解释》(2010年1月1日实施),其第18条规定:“权利人向他人发出侵犯专利权的警告,被警告人或者利害关系人经书面催告权利人行使诉权,自权利人收到该书面催告之日起一个月内或者自书面催告发出之日起二个月内,权利人不撤回警告也不提起诉讼,被警告人或者利害关系人向人民法院提起请求确认其行为不侵犯专利权的诉讼的,人民法院应当受理。”根据该司法解释,确认不侵权之诉的受理条件为:(1)权利人向他人发出侵犯知识产权的警告;(2)被警告人或者利害关系人经书面催告权利人行使诉权;(3)权利人自收到该书面催告之日起一个月内或者自书面催告发出之日起两个月内,权利人不撤回警告也不提起诉讼。此时被警告人或者利害关系人可以向人民法院提起请求确认其行为不侵犯知识产权的之诉。至此,关于确认不侵权之诉的法院受理条件有了明确的依据。虽然该司法解释针对的是专利权,但在实践中,商标权、版权的确认不侵权之诉也以此为受理依据。

本案中虽然正好公司并未直接向方盛公司发出侵权警告函,但是通过向审评中心提出异议,且审评中心向方盛公司转达了正好公司的异议,应视为是专利人正好公司向方盛公司发出了侵犯专利权的警告。方盛公司遂向审评中心出具了答复意见,向正好公司出具催告函,后又寄出催告邮件,且该邮件已由正好公司签收。正好公司对方盛公司要求其撤回警告或依法行使诉权的请求不予理睬超过两个月,方盛公司可以提起确认不侵权之诉。

3. 如何理解新民事诉讼法司法解释中的举证责任?

举证责任也称证明责任,是指应当由当事人对其主张的事实提供证据并予以证明,若诉讼终结时根据全案证据仍不能判明当事人主张的事实真伪,则由该当事人承担不利的诉讼后果。

一般而言,裁判的做出是以法律规范为大前提,以具体的事实为小前提,进而得出结论的三段论的过程。抽象的法律规范在适用中必然以具体的事实为对象,而事实的认定须是以证据为基础,在事实不能认定时,就会产生由谁承担不利后果的问题,也由此引起举证责任问题。因此,举证责任问题,属于民事诉讼中的基础性问题,也素有"民事诉讼的脊梁"之称。《最高人民法院关于民事诉讼证据的若干规定》(以下简称《证据规定》)以第2、4、5、6、7条五个条文对举证责任的内容及分配规则作出了规定,与之相比,《最高人民法院关于适用〈中华人民共和国民事诉讼法〉的解释》(以下简称《解释》)涉及举证责任的条文主要是第90、91、108条,虽然条文数量有所减少,但表述更为准确,内容更为科学。如将"真伪不明"作为举证责任的内容,明确了结果意义的举证责任的内涵。《证据规定》第2条关于"当事人对自己提出的诉讼请求所依据的事实或者反驳对方诉讼请求所依据的事实有责任提供证据加以证明。没有证据或者证据不足以证明当事人的事实主张的,由负有举证责任的当事人承担不利后果"的规定,具有明显的行为意义的举证责任的特征。尽管长期以来一直将《证据规定》中举证责任的含义解释为包含结果意义的举证责任,但结果意义举证责任的内容在《证据规定》的条文中并没有明确的体现。《解释》第90条虽然延续了《证据规定》第2条的内容,但在第108条中明确规定了待证事实真伪不明时法官如何作出判断,体现了结果意义举证责任的基本内容。与《证据规定》相比,《解释》对举证责任内容的规定更为全面、科学。

老师在教学时应当引导学生结合新修订的民事诉讼法司法解释,认真学习研读,并灵活应用,特别是区分传统意义上的举证责任。

4. 当事人的授权委托手续有哪些?

考虑到法学院学生将来的职业,本案例学习所针对的教学对象一部分是未来的律师,因此对此问题需要附带讲授。

办理授权委托手续,首先律师所属的律师事务所要与委托人签订委托代理合同,该合同内容应当载明:(1)受托人指定某律师负责处理委托人委托事务;(2)委托人委托的具体事务;(3)受托人的尽职义务和委托人的如实告知义务等;(4)代理费的数额及支付方式、支付时间等。接着律师本人与委托人之间还需签订授权委托书，内容包括一般代理和特殊授权等。所有手续完成后，代理人应将律师事务所出具的律师事务所公函以及委托书交给人民法院备案，随后，代理人便可以以被代理人名义进行相关的代理行为了。

5. 代理人如何撰写民事起诉状和代理词？

在民事诉讼的过程中，起诉状是整个诉讼程序启动的起点。其格式应当记明以下事项：(1)当事人的姓名、性别、年龄、民族、职业、工作单位、住所和联系方式；法人的名称或其他组织的名称、住所、法定代表人或主要负责人姓名、职务。(2)诉讼请求。(3)提起诉讼请求所依据的事实与理由。

撰写起诉状应当注意：(1)诉讼请求的简洁、明确、合理、适度。(2)描述事实和理由时保证事实各要素的清楚、全面；尽量保持语言的文明性；并记得阐明起诉的理由。

对于民事诉讼代理词，在教学中做出重点突出、说理充分等一般要求即可，在代理词的撰写上引导学生具有创造性的自我发挥。

因此，教师在授课的过程中，不仅要结合学者们关于专利侵权行为的认定方式，也要结合法条进行阐释。在教学中应当引导学生对专利侵权认定的相关问题及确认不侵权之诉要件进行讨论。

■ 预期效果

本案例以湖南方盛制药股份有限公司与怀化正好制药有限公司知识产权纠纷案为基础，通过对案例的阅读、分析，指导学生对案情进行梳理、归纳。在此基础上，使学生主要把握四个方面的内容：(1)专利侵权的认定。(2)提起确认不侵权之诉的要件。(3)如何理解新民事诉讼法司法解释中的举证责任。(4)当事人如何授权委托，如何撰写起诉状和代理词，从而提高法律知识的运用能力。

■ 教学计划(课堂时间安排)

本案例在现实中作为确认不侵权专利诉讼的典范，可以作为专门的案例教学课来进行，整个案例的课堂安排 2 个课时，每课时 45 分钟。

1. 课前计划：安排学生阅读案例及相关参考资料，对整个案例所涉及的问题进行思考。

2. 课中计划:课时1可介绍教学目的,对学生进行分组;引导学生对案例进行阅读分析,明确案情,逐步回答所涉及的思考题。课时2可由教师进行点评并归纳总结,引入对实践中所遇到问题更深层次的理论探讨。

3. 课后计划:布置学生课后进一步思考专利侵权认定及确认不侵权诉讼的要件等问题。

思考题和实践题

1. 思考题

(1)权利人发出侵权警告函是确认不侵权之诉成立的行为要件之一,司法实践中,以律师函等形式体现的警告函的发送对象通常是涉嫌侵权的生产经营者本人,但市场经营活动中已经越来越多地出现拖延或干扰他人正常的生产经营活动的行为而却未在形式上满足确认不侵权之诉的成立要件,对此法院应该怎么处理?

(2)侵犯专利权行为的认定原则有哪几种?相同原则与等同原则在司法实践中是如何应用的?

(3)相同原则与等同原则,特别是等同原则在司法实践中是被广泛采用,除此之外,还有其他侵权认定的方式吗,请你列举几个并进行解释?

(4)与传统的民事诉讼法相比较,如何理解新民事诉讼法司法解释中对于举证责任的规定?

2. 实践题

(1)假如你是本案的委托代理人,请结合本案案情,为他们撰写一份起诉状。

(2)作为本案当事人,在举证过程中哪些证据材料能证明其主张?请根据以上案情,编写证据清单。

参考文献

1. 尹新天:《中国专利法详解》,知识产权出版社2012年版。
2. 张广良:《确认不侵权之诉及其完善》,载《人民司法》2008年第11期。
3. 徐辉鸿:《知识产权确认不侵权之诉受理条件探析》,载《法学杂志》2006年第5期。
4. 赵蕾:《确认不侵权之诉的理论探讨及程序细化——以民事诉讼为视角的分析》,载《法治研究》2011年第1期。
5. 李浩:《〈民事诉讼法〉修订中的举证责任问题》,载《清华法学》2011年第3期。

撰稿人 | 易玲,中南大学法学院副教授

9 CASE 胡某与中国移动通信集团天津有限公司及武清分公司、中国联合网络通讯有限公司天津市分公司及武清分公司电信服务合同纠纷案

| 摘　要 |

本案例系电信服务合同纠纷案，围绕本案诉讼程序的各环节，涉及的知识点和执业技能包括：原被告律师如何对电信服务合同纠纷案件进行调查取证、法庭质证、法庭辩论，案件各方如何利用调解程序解决合同纠纷等。本案涉及的实体问题包括电信服务合同性质的分析、合同当事人权利义务内容的确定、行政机关内部规定作为法律依据的效力认定、等价有偿原则的理解和适用等。本案例对于解决运营商迟延履行义务以外的其他电信服务合同纠纷案件也有一定的参考价值。

| 关键词 |

电信服务合同　携号转网　行政机关内部规定　受案范围

| 教学目标 |

本案例供法律硕士案例教学使用，法学本科、民商法学硕士、民事诉讼法学硕士也可参酌使用。本案例主要就用户要求办理携号转网业务的电信服务合同纠纷案件中，有关电信服务合同内容、效力问题以及民事诉讼制度问题进行讲授。具体要解决的问题包括：(1)电信服务合同当事人的权利义务分析；(2)从法律关系的产生、变更、消灭角度来理解“携号转网”的流程；(3)一审判决能否以工业和信息化部的内部规定作为判案依据；(4)将“靓号”划为限制申请范围是否合适；(5)本案是否属于法院受案范围。

教学案例主文

一、案件基本背景

本案主要涉及除人民法院以外的五个诉讼主体，分别是原告(上诉人)胡某、被告(被上诉人)中国移动通信集团天津有限公司、中国移动通信集团天津有限公司武清分公司、中国联合网络通信有限公司天津市分公司以及中国联通网络通信有限公司天津市武清区分公司。原被告双方就电信服务合同效力及履行产生纠纷，诉至天津市和平区人民法院，后原告胡某不服一审判决上诉至天津市第一中级人民法院。

二、基本案情

原告胡某于2010年10月在中国联合网络通信有限公司天津市武清分公司(以下简称联通武清分公司)处开通卡号131××××8888。在2011年3月15日原告到被告中国移动通信集团天津有限公司武清分公司(以下简称移动武清分公司)处办理携号转网业务，但被告知原告与被告联通武清分公司签约期未满，不能办理转网业务。而原告与被告联通武清分公司未有签约期。为此，原告在被告之间多次交涉均无果而终。原告认为，根据国家工业和信息化部的相关规定和文件要求，被告应积极协助用户办理转网手续，而被告的行为扰乱了电信市场秩序，更是对原告合法权益的侵犯。原告诉至法院，要求：(1)请求判决被告协助办理“携号转网”业务；(2)请求判决被告赔偿原告交通费200元，误工费465元，咨询费100元，月租费30元，共计795元；(3)诉讼费由被告承担。被告移动公司与被告移动武清分公司共同辩称，原告办理的协助申请，移动公司已经办理，所以已经尽到了相关的义务，原告的损失与移动公司无关，因此要求驳回原告对移动公司的诉讼请求。被告联通公司及联通武清分公司辩称，原告手机号码是靓号，携号转网业务现仅在天津、海南两地试行，属于试行阶段，根据联通内部拟定的文件，属于限制申请范围，目前尚无法实现。因此，原告的诉讼请求并不现实，不同意赔偿。

三、一审中诉讼参与人的诉辩

胡某诉称，2010 年 10 月其在联通武清分公司处开通卡号 131××××8888。随后在 2011 年 3 月 15 日到移动武清分公司处办理携号转网业务，但却被告知其与联通武清分公司签约期未满，不能办理转网业务。胡某认为根据国家工业和信息化部的相关规定和文件要求，上述几家公司应协助用户办理转网手续，但其在几家公司间多次交涉均无果而终，故诉至法院。请求法院判令中国移动通信集团天津有限公司、中国移动通信集团天津有限公司武清分公司、中国联合网络通信有限公司天津市分公司以及中国联通网络通信有限公司天津市武清区分公司协助办理“携号转网”业务，并赔偿交通费、误工费、查询费、月租费以及诉讼费等相关费用。

中国移动通信集团天津有限公司（以下简称移动公司）与移动武清分公司共同辩称：“(1)胡某如果符合工业和信息化部携号转网的规定，则同意协助胡某办理；(2)胡某办理的协助申请，移动公司已经办理，所以已经尽到了相关的义务。故胡某的损失与移动公司无关，因此要求驳回胡某对移动公司的诉讼请求。”

中国联通网络通信有限公司（以下简称联通公司）与移动武清分公司共同辩称：“(1)携号转网的业务在天津启动，属试验性质，试验中的相关规范、范围，信息产业部都没有最终的文件性规定，标准和规范在修改，胡某所持有的号码目前属于靓号，在工业和信息化部拟定的尚未公布的文件中属于限制申请的范围；(2)携号转网的业务是一种测试，并不是一种强制性的法律规范，我们同意予以配合，但是配合不等于能帮其转网成功，需要等待工业和信息化部的确认，并不是联通和移动双方就可以实现的；(3)胡某提供的通知中的第 3 条和第 5 条明确规定，由地方通信管理局进行检查和接受投诉，因此不属于法院受案范围，并且胡某的第 2 项诉讼请求没有法律依据。请求法院公正处理本案。”

四、一审法院的判决

一审法院经审理查明，上述陈述均属实。

一审法院经审理查明，被告移动公司与被告移动武清分公司属于上下级隶属关系，被告联通公司与被告联通武清分公司属于上下级隶属关系。原告系被告联通公司的手机用户，手机号码为 131××××8888。2011 年 3 月 15 日原告到被告移动武清分公司要求办理携号转网的业务，将原告在被告联通公司办理使用的131××××8888手机号转到被告移动公司。被告移动公司为原告办理申请手续后，未转移成功，原因是被告联通公司提出原告的手机号码属于靓号，该号码属于限制申请携号转网的范围，目前尚无法实现。为此原告起诉法院，要求四被告协助办理"携号转网"业务并赔偿相关损失。

一审法院认为，用户携号转网业务是根据工业和信息化部的通知，在天津、海南两地进行的号码携带试验，目前正在试验阶段。对于携号转网的手机号码范围，工业和信息化部尚无明确的规定，对在办理此项业务中发现的问题，移动公司、移动武清公司、联通公司、联通武清公司及相关主管部门在试验中不断完善。该项业务并未在全国正式推广，因此胡某要求上述公司立即办理携号转网业务，缺乏法律依据，原审法院不予支持。关于胡某要求赔偿相关损失的诉求，缺乏事实及法律依据，原审法院不予支持。依照《最高人民法院关于民事诉讼证据的若干规定》第2条的规定，原审法院判决如下：(1)驳回原告胡某的诉讼请求；(2)一审案件受理费130元，减半收取65元，由胡某负担。

五、二审中诉讼参与人的诉辩

上诉人胡某不服原审判决，认为原审法院认定事实不清，适用法律错误，请求二审法院改判支持上诉人的诉讼请求，一、二审诉讼费用由被上诉人负担。事实与理由如下：(1)一审法院认定事实不清。一审法院认为上诉人办理携号转网没有成功原因是，根据被上诉人联通公司的内部规定，属于限制申请的范围，而事实上在一审诉讼过程中移动公司提供了"电脑截屏"，证明系上诉人与联通公司有在网协议，所以没能转网成功，但联通公司为此又无法举证与上诉人有在网协议。这完全是联通公司为了部门利益，剥夺上诉人选择电信业务经营者的权利。另外，一审法院既然已经认定是联通公司的内部规定，对作为消费者的用户来说又何来拘束力？作为平等民事主体之间的纠纷，法院不以法律及对外公布的国家电信政策作为依据，反而以一方当事人的内部规定来驳回诉请。国家政策性规定得不到一审法院的司法保障。(2)上诉人要求被上诉人办理转网业务有明确的法律依据。根据工业和信息化部的规定，在天津，电信和联通的手机用户可以携号转网到移动TD网；移动TD用户不能携号转网到其他网络；电信、联通的手机用户以及移动除TD用户外的手机用户之间，可以相互携号转网。且只有六种情形，不能办理携号转网：第一，非实名制手机用户，即机主身份信息不符；第二，用户与携出方有话费纠纷，欠费或账务不清；第三，用户与携出方签订有在网协议,并在网时间未满;第四,申请业务的号码为已停机的号码;第五,SIM卡被偷或SIM卡丢失的情况;第六,由于携出方网络故障而导致携出方无法受理该申请。因此,上诉人是根据国家的规定提出的业务申请,相反,工业和信息化部并没有出台上诉人所申请转网的号码属限制转网的规定。

被上诉人移动公司与移动武清分公司辩称,本案上诉人的上诉请求与移动公司无关,在办理携号转网过程中移动公司已经尽了义务,上诉人办理转网没有成功与移动公司无关,移动公司在本案中没有过错。

被上诉人联通公司与联通武清区分公司辩称,本案上诉人是2010年与联通公司建立的电信服务合同关系,2011年3月根据工业和信息化部电管函(2010)508号文要求变更服务合同关系,而上诉人拟携号转网的号码根据内部规定不属于携号转网业务范围,非被上诉人联通公司与联通武清区分公司单方的行为所致,并且上诉人提供的新证据与本案没有关联性。被上诉人联通公司与联通武清区分公司认为:(1)是否转网成功不影响合同的履行;(2)根据工业和信息化部的内部规定,该号属于靓号,属于限制申请的范围;(3)是否转网成功不取决于联通公司;(4)文件规定,对于此纠纷应通过电信管理部门解决,不属于法院审理范围。

教学指导手册

■ 教学目标

本案例供法律硕士案例教学使用,法学本科、民商法学硕士研究生、民事诉讼法学硕士研究生也可参酌使用。

本案例主要就用户要求办理携号转网业务的电信服务合同纠纷案件中,有关电信服务合同内容、效力问题以及民事诉讼制度问题进行讲授。具体要解决的问题包括:(1)电信服务合同当事人的权利义务分析;(2)从法律关系的产生、变更、消灭角度来理解“携号转网”的流程;(3)一审判决能否以工业和信息化部的内部规定作为判案依据;(4)将“靓号”划为限制申请携号转网范围是否合适;

(5)本案是否属于法院受案范围。

教学内容

1. 电信服务合同中,当事人的权利义务有哪些?

(1)电信运营商的权利:电信运营商作为国家电信业务的提供者以及普遍服务义务的承担者,必须依据国家规定的电信服务标准向电信用户提供服务。电信运营商的权利主要包括向用户收取服务费、对不按时缴纳服务费的用户收取滞纳金等权利。

(2)电信运营商的义务:提供公平的服务的义务,即电信运营商应当对所有的电信用户公平对待,不得对不同的用户区别对待;提供普遍服务的义务,即电信运营商应当对所有电信用户提供普遍服务,满足公共基础服务的要求;保护通信秘密的义务,即电信运营商对电信用户的通信内容应保守秘密,非依法定程序任何单位和个人不得查询其内容;忠实履行合同的义务,即电信运营商应对合同义务充分切实履行。

同时,电信运营商还应当遵守电信主管部门规定的服务费标准,电信业务种类、服务水平和质量标准。在电信服务格式合同中,不得含有:限制电信用户的自主选择权的条款;规定只有电信运营商单方面解释权;规定电信运营商违约时,免除其承担的违约责任;规定发生紧急情况明显对电信用户不利时的免除通知义务的条款等。电信业务经营者还应当建立健全内部管理制度;广泛听取电信用户意见,接受社会监督,不断提高电信服务质量;不得擅自停办主管机构要求必须经营的电信业务;对经营业务的资费标准、营业时间、业务种类都应该公开透明,充分考虑电信用户的利益。

(3)电信用户的权利:享受电信运营商所提供的服务。《电信条例》对电信用户的权利义务作出了细致规定。《电信条例》第 31 条明确规定,电信用户有权自主选择使用依法开办的各类电信业务。同时还规定了电信用户的知情权。电信用户申告电信服务障碍的,电信业务经营者应当自接到申告之日起,城镇 48 小时、农村 72 小时内修复或者调通;不能按期修复或者调通的,应当及时通知电信用户,并免收障碍期间的月租费用。电信业务经营者应当为电信用户缴费和查询提供方便,电信用户要求提供国内长途通信、国际通信、移动通信和信息服务等收费清单的,电信业务经营者应当免费提供。

(4)电信用户的义务:主要是向电信业务经营者缴纳服务费。根据《电信条例》第35条规定,电信业务经营者对不按时缴纳服务费的用户有权收取滞纳金。这既是电信运营商的权利,也是电信用户的义务。

2. 从法律关系的产生、变更、消灭角度来理解“携号转网”的流程

根据《合同法》第94条规定,具有法律规定的其他解除合同的情形,一方当事人可以通知对方解除合同。然而具体的合同关系中根据合同的性质和双方权利义务的特点,经常需要赋予一方或者双方另外的解除合同的权利。本案例系电信服务合同,电信服务合同的特征是单方面的选择性。即只有电信用户拥有选择电信运营企业的权利。又根据上述《合同法》条款,允许“携号转网”的行政行为赋予了电信服务合同原告胡某作为用户的解除权,则本案工业和信息化部的行政行为影响了原告胡某与被告联通公司的电信服务合同的相对性,即本案原告胡某与被告联通公司的合同关系消灭。

工业和信息化部电管函(2010)508号文要求:各电信企业总部应加强管理和指导,尊重用户转网意愿,根据相关规定和文件要求,积极协助用户办理转网手续,严格自律,规范有序开展市场经营活动。不得相互诋毁,不得扰乱市场秩序。该文发布目的是为了防止各运营商为了部门利益,各自为政。结合本案,移动公司无法协助上诉人办理转网手续,经证明系上诉人与联通公司之间签约期未满,然而联通公司在无法举证与上诉人有签约期的情况下,拒绝协助用户办理转网,实则剥夺了上诉人选择电信业务经营者的权利。那么根据前文所述,行政行为既然影响了合同的相对性,赋予了用户的解除权,当然同时也赋予了用户的再次选择权,即胡某可以根据自己意愿与被告移动公司签订电信服务合同的选择权。原告胡某与被告移动公司产生新的合同关系,从而完成整个携号转网的业务流程。

3. 一审判决能否以工业和信息化部“内部规定”作为判案依据?

联通公司所称的“内部规定”属于当时工业和信息化部拟定的未发布文件。显然,该“内部规定”由于没有发布且没有生效,也就是说该内部规定不能对抗现行法律及对外公布的国家电信政策。根据工业和信息化部电管函(2010)508号《关于启动天津、海南移动用户号码网间携带实验的通知》规定,于2010年11月22日零时正式启动天津、海南本地网面向移动用户的号码携带实验。该对外发布的文件中对于携号转网的手机号码范围只字未提，而“内部规定”却将所谓“靓号”划为限制申请范围。法院一审判决以目前尚无号码范围规定为由支持被告联通公司的主张，显然是变相以“内部规定”作为依据来驳回原告胡某的诉请。该做法当然是不可取的。

4. 忽略内部规定的效力问题，单纯讨论将“靓号”划为限制申请范围是否适合？

《民法通则》第4条规定了民事活动的“等价有偿”原则。但市场经济讲究的是主观等价，在此观念下，价值的正式定义是一件财货或者各种财货对物主福利所具有的重要性。因此，只要是自有判断的结果，就不违反等价原则。可见，所谓的“靓号”对特定主体具有非常巨大的主观价值，但该主观价值并不能影响被告联通公司作为电信服务商响应国家政策、履行电信服务合同义务。因为根据《电信网码号资源管理办法》第2条的规定，其所称码号资源，是指由数字、符号组成的用于实现电信功能的用户编号和网络编号。对于被告联通公司作为电信服务运营商履行电信服务合同义务来说，区分普通号码与“靓号”没有意义。

同时，根据《电信网码号资源管理办法》第3条规定，码号资源属于国家所有且国家对码号资源实行有偿使用制度。那么被告联通公司只是作为号码申请人向国家相关部门申请了号码并缴纳了号码占用费用，原告胡某作为消费者通过支付通话费等费用实际承担了电信运营商支付给国家的号码使用费用，理应享受携号转网的政策。被告联通公司利用对手机号码的控制来捆绑用户，变相限制了原告胡某作为消费者选择其他电信运营商的权利，显然损害了消费者“自主选择提供商品或者服务的经营者，自主决定购买或者不购买任何一种商品、接受或者不接受任何一项服务的权利”，如果能根据数据推定被告联通公司具有市场支配地位，还能根据《反垄断法》第17条第1款认定其构成滥用市场支配地位。

所以综上所述，“靓号”划为限制申请范围是不适当的。

5. 联通公司辩称“靓号”携号转网需要工业和信息化部确认，原告诉请不现实，原告应当向地方通信管理局进行投诉。那么本案是否属于法院受案范围？

民事诉讼的受案范围主要有三类：第一类是由受民法调整的民事主体间的财产关系和人身关系所引起的纠纷；第二类是由受劳动法调整的劳动关系所引

起的纠纷，依法应适用《民事诉讼法》审理的劳动争议纠纷；第三类是法律规定的适用《民事诉讼法》审理的其他纠纷或事项。显然，被告联通公司和联通公司武清分公司与原告（用户）属于受民法调整的平等主体。原告要求被告联通公司和联通公司武清分公司协助办理转网业务属于受民法调整的财产关系所引起的纠纷。至于携号转网需要工业和信息化部的确认流程的辩称系以工业和信息化部"内部规定"对外具有效力为前提。如前文所述，该限制"靓号"转网的规定不具有对外效力，联通公司理应协助原告办理携号转网业务，该确认手续并不妨碍原告的给付请求之诉，本案也当然属于法院受案范围。

■ 预期效果

通过本案的讨论，使学生掌握：（1）电信服务合同的权利义务内容；（2）通过携号转网理解民事法律关系的变动，启发对民事现象合理性的思考；（3）民事诉讼受案范围。

■ 教学计划及课堂时间安排

本案例计划采用学生讨论为主、教师讲解为辅的方式进行，整个案例课的课堂安排共计 3 个课时，每个课时 40 分钟。

1. 课前计划：提前将案例及相关参考资料发给学生，要求学生对案例所涉问题进行思考，撰写实践题答案。

2. 课中计划：（1）介绍教学目的，明确讨论主题；（2）分组讨论，回答各项思考题，讨论实践题的撰写要点；（3）小组代表提出撰写要点，学生讨论和分析；（4）教师归纳总结。

3. 课后计划：要求学生进一步思考如何撰写起诉书与答辩状。

■ 思考题和实践题

1. 思考题

（1）移动武清分公司、联通武清分公司是否可以成为民事诉讼的被告？

（2）电信服务合同属于有名合同还是无名合同？

(3)电信服务合同是否需要签一定的合约期?

(4)一审判决的认定是否存在法律适用上的错误?

2. 实践题

(1)如果您是胡某的律师,请针对以上案情分别为胡某撰写起诉书与代理词。

(2)如果您是胡某的律师,本案应该如何进行证据的调取?

(3)如果您是本案主审法官,请针对以上案情撰写判决书。

参考文献

1. 朱庆育:《民法总论》,北京大学出版社 2015 年版。
2. 林少莹:《无名合同的法律适用——兼论电信合同的性质》,载《太原师范学院学报》(社会科学版)2008 年第 4 期。
3. 贾玉平、吕中行、武瑞玲:《电信企业在电信服务合同中的义务》,载《人民司法》2006 年第 8 期。
4. 刘经靖:《移动电信服务合同的规范模式及纠纷解决机制研究》,载《法学杂志》2007 年第 2 期。
5. [奥]庞巴维克:《资本实证论》,陈端译,商务印书馆 1964 年版,第 155 页。

撰稿人 | 肖强,天津工业大学人文与法学院教授
陈志新,天津工业大学人文与法学院讲师

10 CASE 陈发树诉云南红塔股权转让纠纷案

| 摘　要 |

本案例以轰动我国资本市场的一起真实的巨额国有股转让纠纷为蓝本。

2009 年 1 月，中国烟草总公司批复同意云南红塔集团公司转让所持云南白药公司 12% 的国有法人流通股。2009 年 9 月，云南红塔与陈发树签订股份转让协议，陈发树支付了转让款 22 亿元后，相关股份却一直未能过户。

2011 年 12 月陈发树向云南省高级人民法院起诉云南红塔，请求确认合同有效和云南红塔的违约责任。2012 年 1 月，中烟批复称"为确保国有资产保值增值，防止国有资产流失"，否决了此次转让。2012 年 12 月，陈发树一审败诉；2014 年 7 月最高人民法院二审判决认定该协议"属于应当办理批准手续的合同，但未能得到有权机关批准，故应依法认定为不生效合同"，撤销一审判决，判令云南红塔向陈发树返回本金，并按同期人民银行贷款利率计算利息，驳回陈发树的其他诉讼请求。2015 年 5 月原告再审请求被驳回。

此案涉及了几十亿元的资金，相应股权在争议期间的市值最高时（2013 年 10 月底）更是接近 80 亿元，两审诉讼费用将近 3400 万元，一时被媒体称为"史上最大股权纠纷"。

本案例围绕国有股出让的各环节展开，涉及的实体知识点包括对国有股转让协议的效力认定、国有股出让审批主体的认定等，涉及的程序知识点包括行政救济程序和民事救济程序的关系处理、不同阶段诉讼请求的调整等。本案例涵盖民商事合同的缔结、审批，民事诉讼一审、二审、再审，兼及行政复议、行政诉讼。

| 关键词 |

国有股转让　审批　合同生效

| 教学目标 |

本案例希望令学生充分认识国有股转让的行政审批要求对合同效力的影响，并思考原被告代理律师应当如何为本方寻找有利的争点和诉讼策略。

具体需要学生掌握的法律适用问题包括：什么类型的国有股转让协议需要审批方能生效？哪些行政主体具有对国有股转让协议的审批权？我国当前实行国有股转让审批的逐级向上报告体制，上级国有企业主体是否有中途否决审批请求的权力？

诉讼策略问题包括：由于第三人不履行导致的合同纠纷中，第三人在诉讼中可能的地位；合同当事人可以就此展开的抗辩和反抗辩；合同不能履行时受害方对救济方式的选择；民行交叉案件中，民事和行政诉讼提起的先后顺序考量。

教学案例主文

2009年1月，中国烟草总公司（以下简称中烟）批复同意云南红塔集团有限公司（以下简称云南红塔）以公开征集受让方之方式整体协议转让所持深圳证券交易所上市公司云南白药集团股份有限公司（以下简称云南白药）全部12%的非控制性、无限售国有法人流通股，要求云南中烟工业有限责任公司（以下简称云南中烟）依该批复指导云南红塔按《国有股东转让所持上市公司股份管理暂行办法》和《上市公司解除限售存量股份转让指导意见》的规定进行股份转让。2009年8月，云南白药先后发布了《关于云南红塔集团有限公司拟整体协议转让所持云南白药股权的提示性公告》《公开征集受让方的公告》。

2009年9月，云南红塔与陈发树签订股份转让协议，前者将其持有的全部云南白药股份转让给陈发树个人。根据协议约定，陈发树于五个工作日内一次性支付了转让款22亿元，但相关股权却一直未能过户。因反复催促无效，2011年12月陈发树向云南省高级人民法院起诉云南红塔，请求确认合同有效和云南红塔的违约责任。

2012年1月，中烟《关于不同意云南红塔集团有限公司转让所持云南白药集团股份有限公司股份事项的批复》（中烟办〔2012〕7号）称“为确保国有资产保值增值，防止国有资产流失”，否决了此次转让。云南中烟等据此逐级做出了不同意批复。

2012年12月,陈发树一审败诉,法院确认合同有效,但由于转让协议"未获得有权国有资产监督管理机构批准",而驳回原告要求的继续履行合同请求和其他全部诉讼请求。陈发树上诉。2013年4月二审开庭,12月最后一次开庭。2014年7月最高人民法院经审判委员会讨论决定,做出(2013)民二终字第42号民事判决,[1]认定该协议"属于应当办理批准手续的合同,但未能得到有权机关批准,故应依法认定为不生效合同",撤销一审判决,判令云南红塔向陈发树返回本金,并按同期人民银行贷款利率计算利息,驳回陈发树的其他诉讼请求。

教学指导手册

教学目标

本案例供法律硕士案例教学使用,法学本科大四学生、法学硕士生(民商法、经济法、行政法、民事诉讼法)、法学博士生均可参酌使用。

本案例希望令学生充分认识国有股转让的行政审批要求对合同效力的影响,以及思考原被告代理律师应当如何为本方寻找有利的争点和诉讼策略。

具体需要学生掌握的法律适用问题包括:什么类型的国有股转让协议需要审批方能生效?哪些行政主体具有对国有股转让协议的审批权?我国当前实行国有股转让审批的逐级向上报告体制,上级国有企业主体是否有中途否决审批请求的权力?

诉讼策略问题包括:由于第三人不履行导致的合同纠纷中,第三人在诉讼中可能的地位;合同当事人可以就此展开的抗辩和反抗辩;合同不能履行时受害方对救济方式的选择;民行交叉案件中,民事和行政诉讼提起的先后顺序考量。

[1] 二审判决书全文于2014年12月26日被上传至最高人民法院中国裁判文书网。其他诉讼相关文件似未正式公开。案情进展相关公告可参见深圳证券交易所网站信息披露栏目云南白药公司部分,http://disclosure. szse. cn/m/drgg. htm。

■ 教学计划

结合案情,具体需要完成的教学知识点和要解决的法律问题包括:

1. 法律适用问题

(1)什么类型的国有股转让协议需要审批?什么类型的国有股转让协议需要审批后,合同才会生效?

(2)哪些行政主体具有对国有股转让协议的审批权?各级政府、各级国资委、财政部等的分权。

(3)我国当前实行国有股转让审批的逐级向上报告体制,上级国有企业主体是否有中途否决审批请求的权力?上级国企和国资监督管理机构的功能区分。

(4)上级国有企业主体中途否决审批请求的法律后果为何?

(5)在法律法规未对审批及审批报送时效做出明确时限规定的情况下,相关主体长期拖延是否会产生法律责任?

2. 诉讼策略问题

(1)由于第三人不履行导致的合同纠纷中,第三人在诉讼中可能的地位。

(2)由于第三人/上级单位不履行导致的合同纠纷中,合同当事人可以就此展开的抗辩和反抗辩。

(3)合同不能履行时,受害方对救济方式的选择(继续履行、违约赔偿、缔约过失责任等)。

(4)民行交叉案件中,民事和行政诉讼提起的先后顺序考量。

■ 教学效果

1. 令学生掌握合同生效与前置审批效果的关系。
2. 令学生理解当前的国有股转让审批体制,以及司法机关对之的认识。
3. 令学生学会从复杂的法律关系中辨析民事和行政关系。
4. 令学生增强与国有企业进行商事谈判之法律风险的感性认识。

教学内容

1. 什么类型的国有股转让协议需要审批？什么类型的国有股转让协议需要审批后，合同才会生效？

【教学法条】《合同法》第44条、《企业国有资产法》、《企业国有资产监督管理暂行条例》（第23、24条为重点）、《企业国有产权转让管理暂行办法》、《国有股东转让所持上市公司股份管理暂行办法》（第14条为重点）。

（1）令学生熟知国有资产转让领域的法律法规规章。

（2）令学生对《合同法》的一般性规定和法规规章的特殊性之关联能产生理性认识，对《合同法》第44条第2款规定的"法律、行政法规规定应当办理批准、登记等手续生效的，依照其规定"产生具体的认知。

【需回答的本案争点】系争合同是否已经生效？

2. 哪些行政主体具有对国有股转让协议的审批权？各级政府、各级国资委、财政部等的分权。

【教学法条】《企业国有资产法》、《企业国有资产监督管理暂行条例》（第23、24条为重点）、《企业国有产权转让管理暂行办法》、《国有股东转让所持上市公司股份管理暂行办法》（第14条为重点）、《财政部关于烟草行业国有资产管理若干问题的意见》、《金融企业国有资产转让管理办法》。

【教学内容】

（1）令学生理解不同行业的国资监督管理主管机构的区别（一般行业、金融行业、烟草行业）。

（2）令学生理解国有资产管理中中央和地方之间的纵向分权、中央部委之间的横向法权、国有监督管理机构的代理人和分委托人的双重角色。

【需回答的本案争点】系争合同应报送哪个机构审批？

3. 我国当前实行国有股转让审批的逐级向上报告体制，上级国有企业主体是否有中途否决审批请求的权力？上级国企和国资监督管理机构的功能区分。

【教学法条】《公司法》、《企业国有资产监督管理暂行条例》第4、6、23、24条，《国有股东转让所持上市公司股份管理暂行办法》第14条。

【教学内容】

(1)令学生学会比较普通公司股东和国企出资人权利的不同。

(2)令学生理解国资出资人职责,所谓“权利、义务和责任相统一,管资产和管人、管事相结合”的内涵。

(3)令学生学会区分出资人权利和国资监督管理权的区别和联系。

【需回答的本案争点】中烟是否有权否决本案合同?

4. 国有企业上级主体中途否决审批请求的法律后果为何?

【教学法条】《合同法》第65、121条,《民法通则》第116条。

【教学内容】

(1)令学生掌握第三人履行合同的法律后果。

(2)令学生对上级政府部门/股东/实际控制人与合同当事人、合同的关系产生清楚的认识。

【需回答的本案争点】

(1)被告提出,中烟否决审批请求,可视为合同解除。此说是否成立?

(2)中烟否决审批请求,是否导致红塔承担违约责任?

5. 在法律法规未对审批及审批报送时效做出明确时限规定的情况下,相关主体长期拖延是否会产生法律责任(公法责任、私法责任)?

【教学法条】《国有股东转让所持上市公司股份管理暂行办法》第14、16、27条,《行政许可法》第42条。

【教学内容】

(1)令学生学会区分对合同的不履行和不适当履行,在定性思维之外培养定量思维。

(2)令学生能区分“明显不适当的行为”和“违法行为”,有效判定相关行为的性质和责任。

(3)令学生增强对附随义务、从给付义务的认识。

【需回答的本案争点】中烟在28个月后才对审批请求作出处理,是否令红塔产生缔约过失责任?

6. 由于第三人不履行导致的合同纠纷中，第三人在诉讼中可能的地位。

【教学法条】2009 年《最高人民法院关于适用〈中华人民共和国合同法〉若干问题的解释(二)》第 16 条

【教学内容】

(1)令学生理解第三人的分类、第三人加入诉讼的作用和局限性。

(2)令学生明白第三人加入诉讼的程序性因素和第三人是否承担责任的实体性因素的区分。

【需回答的本案争点】

(1)原告申请把中烟加入诉讼，在诉讼策略上如何评价?

(2)法院否决把中烟作为第三人的理由是否成立?

7. 由于第三人/上级单位不履行导致的合同纠纷中，合同当事人可以就此展开的抗辩和反抗辩。

【教学内容】

原告：应强调第三人与被告的特殊关系、自身对被告及第三人的信赖、被告与第三人如何分工属于其内部事项。

被告：应强调自身与第三人是不同的主体、自身不能控制第三人行为；第三人的行为是符合法律法规的。

【需回答的本案争点】

(1)原告提出揭开法人面纱，是否有法律依据?

(2)本案合同签订前，中烟对股权出让的同意性批复应做何等认识?

(3)本案合同签订前，中烟对股权出让做出同意性批复后，红塔才开始征集受让方，而中烟后来的否定性批复中并未提及对陈发树个人的质疑。此等事实哪些有利于原告，哪些有利于被告?

8. 合同不能履行时，受害方对救济方式的选择(继续履行、违约赔偿、缔约过失责任等)。

【教学内容】令学生学会兼顾法律关系定性与实现当事人利益最大化。

【需回答的本案争点】

(1)原告为何一边主张合同有效，一边却仍然同意经受具有不确定性的审批?

(2)原告在诉讼中提出可以只获得标的股份的升值金额，而不再坚持获得股份,这种权利请求在合同法中如何定性?

(3)如果原告或被告一开始就主张合同不生效,则原告就此主张缔约过失责任是否可能比主张违约责任更有利?

9. 民行交叉案件中,民事和行政诉讼提起的先后顺序考量。

【教学内容】令学生掌握现实中行政行为介入民事交易后可能引发的多重法律关系及解决方式,包括政企合一的机构的定性;行政复议、行政诉讼与民事诉讼之间可能的牵连。

【需回答的本案争点】

(1)原告为何暂停民事诉讼进程而提起对中烟批复行为的行政复议和行政诉讼?如果无此举措,将可能产生何种影响?

(2)如果国家烟草局或北京第一中级法院认为批复属于合法行政行为,将会对民事判决产生何等影响?

(3)原告方是否有可能先行起诉中烟?

■ 课堂时间安排

本课程内容曾经在中央财经大学法学院2014级法律硕士(法本)《经济法疑难案例》、2014级法律硕士(非法本)《经济法疑难案例》、2015级法律硕士(法本)《经济法疑难案例》课程中试行,可安排6个课时。上述九个部分,酌情每个部分安排1—2个学时。如果学生能够充分参与讨论,则可以安排更多的课时。

课前准备:本案案情虽不复杂,但涉及法律关系的疑难点,推荐安排学生事前阅读判决书、相关法条和文献。

课中组织:建议由教师提出问题,令学生回答,最好在学生中出现不同意见,然后由教师对争点和意见进行归纳。

学生回答出现偏差时,教师应当予以引导。学生回答在正确的路径上时,教师可以施加压力,增加辩驳,以令学生增进正反理解。

思考题和实践题

1. 本案综合思考题

(1)本案合同陈发树方的代理人唐骏在事后广受谴责,被认为签合同时过于草率,对此应如何认识?

(2)如果本案双方约定在批准获得后,再支付股份转让款,则对本案合同定性是否会有影响?对本案责任承担是否会有影响?

(3)本案虽然只有原告上诉,但一审判决是否有对其有利之处?如有,代理人应当如何抓住此有利之处?

(4)本案一审判决原告承担全部诉讼费用,二审判决原告承担40%,此中可能的考量因素何在?

(5)本案判决合同不生效后,由被告按照贷款利率标准返还原告的股份价款,此中可能的考量因素何在?如果按照存款利率返还,是否合理?这与法院判决中对原被告行为的定性是否有关?

2. 制度性思考题(多角色转换分析)

(1)国有股出让和非国有股出让的不同。律师在起草相关协议时,应当额外注意的事项。

(2)国有企业的法务及代理律师应当如何来减少股权出让方的法律风险。

(3)非国有企业的法务及代理律师应当如何来减少股权受让方的法律风险。

(4)证券交易场所的法务应当如何来减少国有上市公司股份转让协议长期搁置造成的法律风险。

3. 扩展思考题(类似情境比较分析)

双方约定或法定合同需要报批时,会遭遇应负报批义务的一方拖延不报批的问题,对此《最高人民法院关于适用〈中华人民共和国〉若干问题的解释(二)》第8条、《最高人民法院关于审理外商投资企业纠纷案件若干问题的规定(一)》第5、6条,作了规定。

请阅读相关规定,回答如下问题:

(1)此些规定的主旨何在,对传统合同理论作了何等突破?

(2)此些规定中对拖延不报批方的责任设定属于何种责任性质?

(3)此些规定对国有股转让协议报批活动有何启示?是否有可比性?

4. 实践题

(1)请单独或2人小组为本案原告撰写起诉书。

(2)请单独或2人小组为本案原告撰写上诉书,并指出上诉书和起诉书是否有重心上的不同。

(3)单独或2人小组为本案被告撰写答辩书。

(4)如果你不赞同本案判决,请尝试撰写再审申请书。

(5)如果你不赞同本案判决,请根据你的立场尝试撰写判决书。

5. 课程延伸技能培养

(1)利用证券交易所的网站平台,查询上市公司相关公告的能力。

(2)本案中最高人民法院的判决引发了一些争议,例如著名学者刘凯湘教授曾作为复审申请代理人参与此案,并组织多名权威专家(包括王保树、崔建远、杨立新、赵旭东、李永军、钱明星、王轶、张广兴等)参与研讨会,并对本案提出了不同看法。对此案予以实事求是地分析,可以培养学生对最高人民法院的祛魅感,减少机械记忆最高人民法院判决要旨的被动学习方式,也能对我国司法现实中大量的再审申请之必要性有感性认识。

参考文献

1. 缪因知:《国有股转让协议审批要求对合同效力之影响》,载《中外法学》2015年第5期。

2. 蔡立东:《行政审批与权利转让合同的效力》,载《中国法学》2013年第1期。

3. 汤文平:《批准生效合同报批义务之违反、请求权方法与评价法学》,载《法学研究》2014年第1期。

4. 吴光荣:《行政审批对合同效力的影响:理论与实践》,载《法学家》2013年第1期。

5. 汤文平:《批准(登记)生效合同、申请义务与缔约过失:合同法解释(二)第8条评注》,载《中外法学》2011年第2期。

撰稿人 | 缪因知,中央财经大学法学院副教授

11 CASE 安州市环保联合会、江北省绿色环境协会与安州市龙翔化工有限公司环境污染责任纠纷案

| 摘 要 |

原告“安州市环保联合会”与“江北省绿色环境协会”诉“安州市龙翔化工有限公司”一案中，原告提出：本案被告龙翔公司与一家以经营销售盐酸为主要业务的安州市四海化工有限公司于2014年3月15日签订了为期3年的盐酸买卖协议。从2014年6月开始，盐酸市场低迷，销售不畅。四海公司负责人赵建军找到被告龙翔公司的张昊，要求中止合同。张昊表示考虑到当前市场的变化，可以以提供运费补贴的方式给予赵建军补贴，以减少龙翔公司的库存压力。由于四海公司自身的仓库容量有限，而市场交易量大减，赵建军安排驾驶员多次驾驶危险品运输车在安西运河红卫码头西侧、安西运河安定桥东侧、安西运河安东码头西侧等处向安西运河水体倾倒盐酸，导致河水的生态环境遭到严重的破坏。原告认为本案被告龙翔公司是此次环境污染的始作俑者，明知盐酸销售市场低迷，仍然大量出售甚至贴钱倾销盐酸，违反国家环境保护法律和危险废物管理规定，将其生产过程中产生的危险废物——盐酸交给无危险废物处置资格的四海化工有限公司。龙翔公司的推波助澜，助长了违法向运河偷排有害物质的行为，严重违反了《环境保护法》《水污染防治法》等环境保护法律法规的规定，导致安西运河及下游安江水体严重污染，造成重大环境损害，危害了周边农渔业生产和人民群众的生命健康。故龙翔公司应当依法承担造成环境污染的法律责任。被告龙翔公司认为四海公司破坏环境和污染有关河域的行为与其无关，且对原告的公益诉讼资格提出质疑。

| 关键词 |

公益诉讼资格　经济补贴　倾倒盐酸　污染损害

教学目标

通过该案例训练，培养学生法律逻辑与法学思维，培养学生准确捕捉争议点的能力，使学生对环境公益诉讼及其主体资格的认定、共同侵权的构成要件、举证责任、损害赔偿责任等法律问题有更加充分的理解与应用，使学生具备分析与处理复杂案件的思维与能力。

教学案例主文

一、文本

环境公益诉讼起诉状

原告：安州市环保联合会

住所地：江北省安州市淮北路25号

法定代表人：李清水，秘书长

联系方式：030－885939347

委托代理人：×××，××律师事务所律师（其他信息略）

原告：江北省绿色环境协会

住所地：江北省江京市静安区花园路456号

法定代表人：吴然，秘书长

联系方式：030－888590323

委托代理人：×××，×××律师事务所律师（其他信息略）

被告：安州市龙翔化工有限公司

住所地：江北省安州市高科技园区科技路30号

法定代表人：张昊，总经理

联系方式：030－283288888

（一）诉讼请求

1. 判令被告立即停止侵害，即停止对环境造成侵害的向安西运河违法排放和倾倒盐酸的行为；

2. 判令被告消除对环境造成的危险,建立完善的防止盐酸泄漏和处理工业有害废物的设施和制度;

3. 判令被告承担因泄漏和排放盐酸而造成的环境损失和有关渔业损失;

4. 判令被告支付原告因本诉讼发生的一切费用,包括律师费、差旅费、专家费、评估鉴定费、调查取证费等支出;

5. 判令被告承担本案全部诉讼费用。

(二)事实和理由

原告均为在我国境内依法登记成立的,以保护环境为目的的公益性社会组织。安州市环保联合会是2010年1月14日经安州市民政局批准设立的,接受安州市环境保护局指导的非营利性社会组织,其业务范围是提供环境决策建议、维护环境公共权益、开展环境宣传教育,政策技术咨询服务等。江北省绿色环境协会是2009年2月25日经江北省民政厅批准设立的,接受江北省环境保护局指导的非营利性社会组织,其业务范围是开展环保调研、进行环保组织能力建设、开展环保公益活动等。

被告安州市龙翔化工有限公司(以下简称龙翔公司)是一家以生产化工产品为主要经营范围的化工企业,其产品主要是环保型高档分散染料,在生产过程中产生的工业副产品为盐酸。

本案原告于2014年10月以来一直接到安江市民众反映安西运河水质恶化,造成渔业养殖户损失和环境污染的恶果。经过原告的调查、媒体报道和环保主管部门及其他部门的调查,可以认定本案被告将其工业副产品盐酸倾泻到安西运河,造成安西运河严重污染,不仅对渔业生产造成巨大损失,也对人民群众的生活环境造成巨大破坏。

由于本案被告龙翔公司在生产过程中必然产生大量副产品盐酸,龙翔公司与一家以经营销售盐酸为主要业务的化工企业,即安州市四海化工有限公司(以下简称四海公司),于2014年3月15日签订了为期3年的盐酸买卖协议。该协议规定:四海公司从2014年3月至2017年3月,不定期从龙翔公司购买生产过程中产生的盐酸,龙翔公司给予四海公司市价的七折优惠,由买受方承担运费。

2014年3月17日至2014年6月20日,四海公司负责人赵建军安排驾驶员张军等人从龙翔公司分8次运走盐酸7544.81吨,四海公司按照市价的七折共支付金额79078.38元。从2014年3月至2014年10月,四海公司以开票方式销售从龙翔公司处购得的盐酸共5930吨。

但是,从2014年6月开始,盐酸市场低迷,销售不畅,导致四海公司盐酸销售业务出现困难。2014年7月1日,赵建军找到被告龙翔公司的张昊,提出目前销售困难,要求中止合同。张昊则表示,高档分散染料市场火热,目前龙翔公司正在全力生产,因此工业副产品盐酸库胀压力很大,希望四海公司能够按照合同继续购买盐酸。同时,张昊表示考虑到当前市场的变化,可以通过提供运费补贴的方式,即以每吨盐酸30元的标准,给予赵建军补贴,以减少龙翔公司的库存压力。赵建军对此表示同意。此后,从2014年7月3日至2014年10月20日,赵建军安排驾驶员张军从龙翔公司分9次运走盐酸7035吨,龙翔公司共向赵建军支付211050元补贴。

由于四海公司自身的仓库容量有限,而市场交易量大减,赵建军于2014年7月17日安排驾驶员张军等人多次驾驶危险品运输车(江A3349、江A6589、江A8475)在安西运河红卫码头西侧、安西运河安定桥东侧、安西运河安东码头西侧等处向安西运河水体倾倒盐酸。鉴于安西运河是安江的支流,流经江北省安州市和安江市,经安江市汇入安江。该运河流量较大,水速较为平缓,因而污染持续时间长。自2014年7月底开始,安西运河安定桥东侧下游2公里处安州福喜养殖场以及下游几乎全部养殖场均出现大量养殖鱼类死亡的现象。运河及安江部分江段附近的地下水严重污染,不能饮用。安州市环保局随即展开巡查。2014年10月24日,安州市环保局执法大队在巡查中发现张军在向运河中排放盐酸。安州市公安局随即将赵建军等人控制,并展开侦查。2015年2月17日,安州市人民检察院向安州市中级人民法院提起公诉,指控赵建军等人犯有污染环境罪。

在本次原告的调查中还发现,龙翔公司内部盐酸的储存设备并不完善,管理也长期存在问题,其盐酸泄漏到周边农田和运河现象严重,造成周边农田荒废、下游养殖场的鱼时常死亡和河水污染的后果。这个问题一直是安州市周边和下游居民不断反映且没有得到解决的问题。

鉴于本案被告龙翔公司是此次环境污染的始作俑者,明知盐酸销售市场低迷,仍然大量出售甚至贴钱倾销盐酸,于2014年7月至2014年10月,违反国家环境保护法律和危险废物管理规定,将其生产过程中产生的危险废物——盐酸总计7035吨,交给无危险废物处置资格的四海化工有限公司。虽然该公司领取了《危险化学品经营许可证》,但没有固定组织机构和人员,没有处理危险废物的经营许可证。龙翔公司的推波助澜,助长了违法向运河偷排有害物质的行为,严重违反了《环境保护法》《水污染防治法》等环境保护法律法规的规定,导致安西运河及下游安江水体严重污染，造成重大环境损害，危害了周边农渔业生产和人民群众的生命健康。故龙翔公司应当依法承担造成环境污染的法律责任。

为保护安州及安西运河和安江流域的生态环境和公共利益，特向安州市中级人民法院提起环境公益诉讼，请求贵院依法判令被告安州市龙翔化工公司承担相应的法律责任，还安州及相关区域人民清江绿水。

此致

安州市中级人民法院

具状人：安州市环保联合会

江北省绿色环境协会

时间： 2015年4月7日

二、附件（共11件）：

附件1. 安州市环保联合会社团法人登记证书（简略版本）

名称：安州市环保联合会

业务范围：提供政策技术咨询服务、参与环境决策活动、开展环境宣传教育、维护环境公共权益

住所地：江北省安州市淮北路25号

法定代表人：李清水，秘书长

联系方式：030－885939347

活动地域：安州市及安西地区

注册资金：30万元

业务主管单位：安州市环保局

发证机关：安州市民政局

发证日期：2010年1月14日

代码：A4958

有效期限：2010年4月10日至2020年4月9日

附件2. 江北省绿色环境协会社团法人登记证书（简略版本）

名称：江北省绿色环境协会

业务范围：开展环保调研和环保宣传教育、进行环保组织能力培训、展开环保公益活动、提供环境决策建议

住所地：江北省江京市静安区花园路456号

法定代表人:吴然,秘书长

联系方式:030-888590323

活动地域:江北省各市县

注册资金:50 万元

业务主管单位:江北省环保局

发证机关:江北省民政厅

发证日期:2009 年 2 月 25 日

代码:A0348

有效期限:2009 年 2 月 25 日至 2019 年 2 月 24 日

附件 3. 安州市龙翔化工有限公司营业执照(简略版本)

名称:龙翔化工有限公司

类型:有限责任公司

住所地:江北省安州市高科技园区科技路 30 号

法定代表人:张昊,总经理

联系方式:030-283288888

注册资本:650 万元

成立日期:2006 年 5 月 23 日

营业期限:2006 年 5 月 23 日至 2021 年 5 月 22 日

经营范围:危险化学品生产(按安全生产许可证所列范围经营)、化工产品生产(环保型高档分散染料)。

登记机关:江北省安州市工商行政管理局

附件 4. 安州市四海化工有限公司营业执照(简略版本)

名称:四海化工有限公司

类型:有限责任公司

住所:安州市中山路 450 号

法定代表人:赵建军

注册资本:200 万元

成立日期:2008 年 12 月 15 日

营业期限:2008 年 12 月 15 日至 2018 年 12 月 14 日

经营范围:危险化学品销售(按危险化学品经营许可证所列范围经营)

登记机关:江北省安州市工商行政管理局

附件5. 安州市四海化工有限公司危险化学品经营许可证

单位名称:四海化工有限公司

经济类型:有限责任公司

主要负责人:赵建军

单位地址:安州市中山路450号

许可范围:甲醇、双氧水、硝酸、盐酸等(不仓储)

有效期:2012年7月9日至2015年7月8日

附件6. 盐酸产品质量检验报告(简略版本)

安州市产品质量监督检验所检验报告

产品名称:副产盐酸

样品名称:副产盐酸

规格型号:1

受检单位:安州市龙翔化工有限公司

检验类别:生产许可证检验

抽样地点:成品罐

抽样人员:张一波 王家强

检验依据:《危险化学品生产许可证实施细则》(氯碱产品部分)HG/T 3783—2005《副产盐酸》

检验日期:2013年5月9日

检验结论:按照HG/T 3783—2005标准对副产盐酸产品进行检验,检验结果均符合该标准规定的1规格要求,判定该样品为合格

附件7. 易制毒化学品买卖公安机关备案(简略版本)

购买单位或个人:四海化工有限公司,法定代表人赵建军

销售单位名称及法定代表人:龙翔化工有限公司,法定代表人张昊

购买物品:盐酸

最大数量:贰仟捌佰吨

用途:销售

有效期限:2014年3月15日至2015年3月14日

有效次数:多次

公安机关经办人:孙雷

附件 8. 工矿产品购销合同(简略版本)

供方:龙翔化工有限公司

需方:四海化工有限公司

产品名称、商标、型号、厂家、数量、金额、供货时间及数量:

盐酸,按照每月盐酸产出量不定量供货,价格按照市价七折计算,运费由需方负担

合同签订时间:2014 年 3 月 15 日

合同有效期:自 2014 年 3 月 15 日起,有效期为 3 年

……(其他信息略)

附件 9. 赵建军讯问笔录

时间:2014 年 12 月 5 日 14 时 20 分至 2014 年 12 月 5 日 15 时 40 分

地点:安州市公安局看守所

询问人:张严法　工作单位:刑警队

记录人:× ×　工作单位:刑警队

被询问人:赵建军(其他信息略)

……(基本情况略)

问:你何时因何事被安州市公安局执行逮捕的?

答:我是 2014 年 11 月 20 日因涉嫌污染环境罪被安州市公安局执行逮捕的。

问:你是如何污染环境的?

答:我和张军从龙翔那边拉盐酸,然后把盐酸直接排入安西运河里。

问:你和龙翔那边是怎么协商的?

答:我公司下面有三辆载重量核定为 30 吨的危险品运输罐车(江 A3349、江 A6589、江 A8475),驾驶员是张军、王超、赵进。我和龙翔公司张总关系不错。年初时候,他有一次吃饭和我说他们公司生产过程中有大量副产品盐酸,问我有没有兴趣倒,可以按市价(批发价)七折给我优惠。当时安州盐酸市场还不错,而且我也有自己的渠道,我觉得有利可图,就和他在 2014 年 3 月 15 日签了合同,约定不定期去收盐酸,再按批发价倒卖出去。到 6 月的时候,盐酸销量一下不好了,我这边收进来也不好卖了。我 7 月 1 日那天就找到张总,提出能不能中止合同。张总说现在分散型染料销量好,工厂里面正在开足马力生产,我这边不收的话龙翔那边库存压力太大了。当时他就说,“盐酸生意肯定还会好起来,你要是现在不收了,以后外面找你要货你拿不出来,你的生意就不好做了”。他还说“合同就是合同,你不收就是违反合同”。他用合同威胁我。看我仍然有难色,他就说:“这样吧,干脆我们这边给你每吨盐酸补 30 元,就用现金结账,你到时拿运输发票或者油票来平账,这样先维持着,你那边也不吃亏,我们这边库存压力也小点。”我也没有办法,只好说:“张总,您太够意思了。就是这盐酸拉过来,我这边仓库也装不下啊,没办法处置啊。”张总说,“老赵,你都说我这很够意思了,再说合同也不

能说改就改啊。盐酸给你了就是你的事了,你就看着办吧,能卖就卖,不能卖就处理掉。你怎么着都赚钱”。我们就这样口头商量好了,后来我就叫张军继续过来拉了。

问:那为什么要把盐酸往河里倒?什么时候开始倒的?具体怎么操作的?

答:后来7月开始,盐酸生意就彻底不行了,价格低也卖不出去多少,我这边的仓库很快就没地方装了。看到有些企业常常偷偷往河里倒,也没有人管,销售方也都知道这种做法。我就和张军等人商量,干脆把盐酸处理掉。其实在5月份库存太满的时候我也让张军开他车出去倒过3车,有的倒到河里,有的倒到洼地里。也没有发生什么事,我们胆子就大了,估计晚上偷偷倒也没有什么危险。所以我随后就开始让张军等人开车晚上不定期出去,到安西运河红卫码头西边、安西运河安定桥东边、安西运河安东码头西边往河里倒盐酸。具体方法就是把罐车开到河边,用管子把盐酸排到河里。有时候就干脆从厂家拉来,直接就倒了。2014年10月24日,张军在安定桥东边排的时候被环保大队的人发现了,然后我很快也被控制了。

问:一共向河里倒了多少吨盐酸?

答:这个记不清了,我们也没做账。除了之前卖的,就是把原来7月以前的一部分库存和7月以后的大部分倒进去了,后来又卖了一点。其他的有地方放的就留在仓库里,仓库里现在还有820吨。

问:龙翔化工那边为什么要补贴你30元每吨的费用?

答:因为他们自己按照正规程序和标准处置盐酸,费用肯定又高很多,而且这些盐酸又卖不掉,他们厂里又胀库,所以他们宁愿倒贴钱给我也划算。

问:龙翔化工是否知道你们有无处置盐酸的资质和能力?

答:他们倒也没有直接问过我,但是他们应该知道我们没有处置盐酸的资质和能力。处置盐酸要买很多技术设备,费用比龙翔给我们的价格高多了,我们这种小公司怎会有这些设备和投入。我们这类小厂都是靠龙翔这类大厂存在,都心知肚明。

问:龙翔化工是否知道你们到底是如何处置盐酸的?

答:当然没有跟他们直接说过,但是他们应当知道,很多像我们这样的小厂都会这样做,偶尔库胀就往河里排一车,盐酸一经稀释也不会被发现,这是大家都知道的本地行业的潜规则,不用说就都知道。

……

附件10.安州市福喜养殖场渔业资源损害评估报告

评估单位:安州市渔业协会

评估日期:2014年8月20日

相关信息(略)

死亡鱼类	损失数量(公斤)	市价(元/公斤)	总价值(元)
鲢鱼	843.5	22	18557
鲫鱼	1120	25	28000
鳙鱼	850	23	19550
鳊鱼	475.5	20	9510
总计	3289		75617

备注:价格按照当地物价平均水平计算,由安州市物价局认证。

附件11.安州市安西运河10.24盐酸倾倒事件环境污染损害技术评估报告(环境科学学会出具)

委托单位:安州市环境保护局

委托日期:2014年11月1日

委托事项:对安州市安西运河10.24盐酸倾倒事件环境污染损害进行评估

委托方提供的材料:1.安州市环境监测站出具的监测报告;2.安州市环境监测站出具的水质监测采样记录;3.安州市产品质量监督所出具的委托检验抽样单;4.安州市产品质量监督所出具的检验报告……

一、现场勘查和调查(略)

二、河流水体监测数据

日期	河流名称	采样地点	时间	流速 m/s(东向西)	pH(无量纲)	其他监测项目(略)
2014年11月2日	安西运河	红卫码头西侧200米	15:45	0.3	3.72	
		安西运河安定桥东侧50米	16:20	0.3	1.57	
		安西运河安东码头西侧200米	16:45	0.2	3.01	

续表

日期	河流名称	采样地点	时间	流速 m/s（东向西）	pH（无量纲）	其他监测项目（略）
2014 年 12 月 15 日	安西运河	红卫码头西侧 200 米	15:00	0.2	7.97	
		安西运河安定桥东侧 50 米	15:30:	滞流	6.52	
		安西运河安东码头西侧 200 米	17:00	0.4	7.97	

三、排放物质检测结果

安州龙翔化工有限公司

企业名称	取样时间	取样位置	pH
安州龙翔化工有限公司	2014 年 11 月 3 日	副产品盐酸槽罐（尾气吸收液）	pH < 1

四、检测结果分析

1. 河流水体监测数据显示：安西运河河水 pH 出现异常，基本上都小于本底值，最低降至 1.57。这种结果显然是由于大量盐酸进入运河，使水体各区域受到不同程度的污染，样品表现出明显的酸性特征，表明盐酸倾泻对安西运河造成了污染，水环境受到破坏。

2.《根据危险废物鉴别标准腐蚀性鉴别》（GB5085,1 - 2007）鉴别标准 pH≤2.0，确定龙翔化工有限公司等有关企业的副产品盐酸属于危险废物。

五、环境损害评估的依据

根据倾倒物特性和水文资料，受污染水体由于安江潮汐水及降雨的冲刷产生的中和、稀释作用，逐步削减了倾倒物的酸性污染，使环境水体恢复到最低的 pH（pH = 6），因此，可采用两种定损方法来确定环境损害值：一是以所损害的水资源来确定环境损害值，二是以盐酸的污染特性，按照国家环保部《关于开展环境污染损害鉴定评估工作的若干意见》（环发〔2011〕60 号）中《环境污染损害数额计算推荐方法》（第 I 版）中“土地和水资源参照单位修复治理成本”表中的化学恢复技术（化学氧化），计算此次环境污染损害值。

六、环境损害计算

（一）实验法计算

为准确确定安西运河水体中和、稀释酸液的数据，安州市环境监测站根据安州市环境科学学会制定的试验方法进行试验。

1. 试验方法(略)

2. 实验结果

从试验结果可以得知:

将1吨1% HCl溶液的pH调整到6需要186.7m^3长江水。

3. 当地水资源价格

根据安州市价格认证中心提供的价格证明,水资源(地表水)2013年12月至2014年12月价格为0.2元/m^3。

4. 损害值计算

损害费用=盐酸量(吨)×盐酸计损浓度(%)×中和1%酸度所需长江水量计算值(m^3/吨)×水资源价格(0.2元/m^3)

5. 损害费用

企业名称	倾倒物种类	倾倒数量(吨)	酸度(%)	企业控制浓度变化值	计损浓度(%)	每吨损害费用(元/吨)	损害费用(万元)	备注
龙翔化工有限公司	废盐酸	(略)	32.8	30%正负2%	28%	1045.52	(略)	

(二)治理成本法计算

倾倒的盐酸酸度高,pH小于1,属于危险废物,又含有其他污染成分,处理难度大,费用高。参照《环境污染损害数额计算推荐方法》(第Ⅰ版)中化学修复技术中化学氧化法的单位治理成本700—4000元/吨,根据同类型盐酸污染治理的工程经验,按保守计算,取700元/吨作为定损基准费用,则环境损害赔偿费用为:

企业名称	倾倒物种类	倾倒数量(吨)	酸度(%)	企业控制浓度变化值	计损浓度(%)	每吨损害费用(元/吨)	损害费用(万元)	备注
龙翔化工有限公司	废盐酸	(略)	32.8	30%正负2%	28%	1507.69	(略)	

七、环境损害结论

根据案情和倾倒地表水及盐酸样品监测结果,盐酸倾倒对安西运河和安江水体均造成污染。本报告从消耗长江水资源削减酸性污染和污染物工程治理两个角度进行了评估。由于案件持续时间长、倾倒的废酸数量大、次数多、勘查检测之后，考虑到盐酸的特性和实际发生的污染削减情况及污染程度与所倾倒盐特性的关联性。专家组倾向于采用第一种试验值的计算方法，即污染损害费用为（略）。

环境公益诉讼答辩状

答辩人：安州市龙翔化工有限公司

住所地：江北省安州市高科技园区科技路30号

法定代表人：张昊，总经理

联系方式：030－283288888

委托代理人：×××，××××律师事务所律师（其他信息略）

被答辩人：安州市环保联合会

住所地：江北省安州市淮北路25号

法定代表人：李清水，秘书长

联系方式：030－885939347

委托代理人：×××，××律师事务所律师（其他信息略）

被答辩人：江北省绿色环境协会

住所地：江北省江京市静安区花园路456号

法定代表人：吴然，秘书长

联系方式：030－888590323

委托代理人：×××，×××律师事务所律师（其他信息略）

答辩人安州市龙翔化工有限公司就被答辩人安州市环保联合会和江北省绿色环境协会提起的环境公益诉讼案初步答辩如下。

答辩请求：

答辩人认为被答辩人所提出的环境公益诉讼确实很有必要，答辩人对于这种保护生态环境的精神和做法深表钦佩。但是，法律是严肃的规范；审判是不受任何个人情感和主观臆测左右的特定国家行为；法律责任必须要在事实基础上依据法律准绳来确定。基于这一考虑，答辩人不得不指出：被答辩人对答辩人的种种指控都没有事实根据和法律依据，其精神可嘉，但是其做法却缺乏法律依据，因而导致张冠李戴，故不应得到人民法院的支持。据此，答辩人请求法院依法驳回被答辩人的所有诉讼请求，并判决被答辩人承担本案所有的费用。

事实和理由：

答辩人确实在2014年与被答辩人所提及的环境污染损害者四海公司有过供销业务联系。但是，这种业务关系已经随着四海公司有关人员因向安西运河倾倒有害物质而被调查起诉而终止。

需要说明的是，四海公司破坏环境和污染有关河域的行为与答辩人无关。答辩人与四海公司签订的《销售合同》第8条明确规定：双方应当“依法从事各自的经营活动”。第9条规定：“合同双方各自对己方的经营行为负责，不得借口本合同将各自独立承担的法律责任转嫁给对方。”（见证据一）上述合同条款已经明确界定了双方的责权界限。根据该合同，答辩人负责按照合同规定的标准和数量向四海公司提供所生产的盐酸，四海公司购买后则负责所购盐酸的后续销售和处理（见证据二、三）。答辩人对于四海公司的后续活动和行为不承担任何法律责任。而且从四海公司危害环境案件的审理情况和有关报道中可见，答辩人从来就不知道，更没有允许四海公司进行危害环境的违法行为。被答辩人仅仅根据四海公司倾倒的盐酸的来源就指控答辩人应当承担理应由四海公司承担的违法责任，显然是捕风捉影，没有任何事实根据和法律依据。

被答辩人对于答辩人由于管理不善或设备问题造成的环境污染的指控则存在攻其一点、不及其余的片面夸大的错误。在答辩人生产经营过程中，尤其是在前期建设和调试过程中，确实出现过少许泄漏现象。但这些情况都及时得到监控和改正，没有造成任何持续性或大面积的污染后果。这一点可以在2013年和2014年发布的安州市及安江市环境报告（见证据四、五、六、七）中得到证实。个别泄漏问题也均已通过与环境主管部门的协商和与当地有关居民的沟通得到解决。

此外，答辩人对于被答辩人的公益诉讼资格提出质疑。被答辩人安州市环保联合会成立年限较短（见被答辩人附件1），并不符合法律规定的具有提起公益诉讼的社会组织的资格。被答辩人江北省绿色环境协会曾在2011年社会组织年检中没有达到维持该公益性社会组织活动的法定经费的要求，被评为不合格，并限期整改，也就是说，该被答辩人在从事公益性活动中有违反法律的行为。（见证据八）因此该被答辩人也不具有从事环境公益诉讼的资格。

鉴于收到起诉状的时间较晚，提交答辩状的时间较短，答辩人先对被答辩人的指控作出上述初步答辩，更详细的答辩意见将在认真研究后向法院提交。

基于上述事实和理由，答辩人恳请安州市中级人民法院依法驳回被答辩人全部诉讼请求,并判令被答辩人承担本案所有诉讼费用。

此呈

安州市中级人民法院

答辩人:安州市龙翔化工有限公司

2015 年 4 月 24 日

附件:证据一至八,共八件。

证据一、《工矿产品购销合同》

……(略)

第 8 条 合同双方保证各自的生产经营活动得到相应法律批准,并依法从事各自的经营活动。

第 9 条 合同双方各自对己方的经营行为负责,不得借口本合同将各自独立承担的法律责任转嫁给对方。

……(略)

证据二、龙翔公司开具给四海公司盐酸发票统计表

序号	日期(年.月.日)	数量(吨)	单价(元/吨)	金额(元)	备注
1	2014.3.20	1100.82	15	16512.3	
2	2014.4.3	560.41	12	6724.92	
3	2014.4.11	913.7	10	9137	
4	2014.4.20	1143.98	10	11439.8	
5	2014.4.30	959.2	10	9592	
6	2014.5.20	846.9	9	7622.1	
7	2014.6.1	945.93	10	9459.3	
8	2014.6.20	1073.87	8	8590.96	
9	2014.7.3	700.25	5	3501.25	
10	2014.7.15	841.3	7	5889.1	
11	2014.7.28	916.5	7	6415.5	
12	2014.8.13	568.15	6	3408.9	

续表

序号	日期(年.月.日)	数量(吨)	单价(元/吨)	金额(元)	备注
13	2014.8.24	955.5	5	4777.5	
14	2014.9.10	794.3	5	3971.5	
15	2014.9.25	808.5	5	4042.5	
16	2014.10.11	700.5	4	2802	
17	2014.10.20	750	6	4500	
总计		14579.81		118386.63	

证据三、四海公司销售记录

序号	日期(年.月.日)	数量(吨)	单价(元/吨)	金额(元)	备注
1	2014.3.25	950	20	19000	
2	2014.4.6	670	20	13400	
3	2014.4.15	700	22	15400	
4	2014.4.25	800	20	16000	
5	2014.5.15	600	15	9000	
6	2014.5.26	450	13	5850	
7	2014.6.7	300	10	3000	
8	2014.6.19	460	8	3680	
9	2014.7.25	200	5	1000	
10	2014.8.13	100	5	500	
11	2014.9.10	400	5	2000	
12	2014.10.13	300	5	1500	
总计		5930		90330	

证据四、2013 年安州市环境状况公报(2013 年 12 月 31 日发布)

……(略)

二、地表水

1. 全市河流水质

……(略)

安西运河全年整体水质达到Ⅲ类标准，与2012年相比，水质无明显变化，主要污染因子为总磷、氨氮等。

……

证据五、2013年安江市环境状况公报（2013年12月31日发布）

……（略）

3. 内河水质

……（略）

2013年安江市主要内河中，安西运河总体水质符合地表水Ⅳ类标准，主要污染指标为氨氮、总磷等。

证据六、2014年安州市环境状况公报（2014年12月31日发布）

……（略）

安西运河全年整体水质达到Ⅲ类标准，与2013年相比，水质无明显变化，主要污染因子为总磷、氨氮、高锰酸根离子等。

证据七、2014年安江市环境状况公报（2014年12月31日发布）

……（略）

2014年安西运河安江段总体水质符合地表水Ⅳ类标准，主要污染指标为氨氮、总磷等。

证据八、江北省民政厅《关于2011年社会组织年检情况的公告》

……（略）

因经费不足以维持正常业务活动的不合格组织：

……

江北省绿色环境协会

……

教学指导手册

教学目标

通过该案例训练，培养学生法律逻辑与法学思维，培养学生准确捕捉争议点的能力，使学生对环境公益诉讼及其主体资格的认定、共同侵权的构成要件、举证责任、损害赔偿责任等法律问题有更加充分的理解与应用，使学生具备分析与处理复杂案件的思维与能力。

教学内容

1. 环境公益诉讼的起诉条件、主体适格问题。
2. 共同侵权与单独侵权。
3. 环境侵权的举证责任。
4. 损害赔偿责任。

预期效果

使学生对环境公益诉讼及其主体资格的认定、共同侵权的构成要件、举证责任、损害赔偿责任等法律问题有更加充分的理解与应用，同时培养学生分析与处理复杂案件的思维与能力。

教学计划：计划在6个课时内完成教学。

课堂时间安排

1. 第1—2个课时，把握案情。
2. 第3—5个课时，争议点的捕捉、分析、解决。

3. 第6个课时,知识点的总结。

■ 思考题

1. 安州市环保联合会、江北省绿色环境协会是否具有提起环境公益诉讼主体资格?
2. 龙翔公司与四海公司是否构成共同侵权?
3. 本案谁负有举证责任?
4. 本案污染损害赔偿的计算及数额。

■ 参考文献

1. 陈亮:《环境公益诉讼研究》,法律出版社2015年版。
2. 林莉红:《法社会学视野下的中国公益诉讼》,载《学习与探索》2008年第1期。
3. 林莉红:《公益诉讼的含义与范围》,载《法学研究》2006年第6期。
4. 刘学在:《民事公益诉讼制度研究——以团体诉讼制度的构建为中心》,中国政法大学出版社2015年版。
5. 杜万华等:《最高人民法院关于环境民事公益诉讼司法解释理解与适用》,人民法院出版社2015年版。
6. 张铁薇:《共同侵权制度研究》,人民法院出版社2013年版。
7. 程啸:《论〈侵权责任法〉第8条中"共同实施"的含义》,载《清华法学》2010年第2期。
8. 张震《环境权的请求权功能:从理论到实践》,载《当代法学》2014年第4期。
9. 孙超:《环境民事公益诉讼原告资格的认定》,载《人民法院报》2014年12月24日。
10. 崔建远:《合同法》,北京大学出版社2013年版。
11. 陈现杰主编:《中华人民共和国侵权责任法条文精义与案例解析》,中国法制出版社2010年版。
12. 王利明:《侵权行为法的研究(上)》,中国人民大学出版社2010年版。
13. 程啸:《侵权责任法教程》(第二版),中国人民大学出版社2014年版。
14. 全国人民代表大会常务委员会法制工作委员会编、王胜明主编:《中华人民共和国侵权责任法释义》,法律出版社2010年版。
15. 王利明等主编:《侵权责任法条文释义》,人民法院出版社2010年版。

撰稿人 | 邓海峰,清华大学法学院副教授

12 CASE 李某诉明珠集团有限公司房屋买卖合同纠纷案

| 摘　要 |

房屋买卖合同纠纷在实践中比较多。案例围绕李某与明珠集团有限公司之间房屋买卖合同纠纷的缘起、进展、诉讼过程、法律适用和诉讼结果，讨论了该案所涉及的程序法和实体法问题，重点讨论房屋认购书的性质、预约和本约的关系、合同撤销的条件、欺诈的认定标准和处理、双倍赔偿的适用等问题。本案例对于解决实践中房屋买卖合同欺诈纠纷案件有借鉴意义。

| 关键词 |

房屋买卖合同纠纷　预约与本约的区分　合同欺诈的认定与处理　双倍赔偿

| 教学目标 |

通过分析和研讨，帮助学生熟悉民事诉讼的程序和司法文书的写作，掌握房屋买卖合同纠纷的相关法律规定，区分预约与本约的关系，理解合同欺诈的理论和认定规则，能用合同欺诈的原理解决实际问题，理顺司法解释与其所依据的法律之间的关系，培养学生综合分析能力和批判性思维能力，提高学生的实践能力。

教学案例主文

一、引言

虽然近年来房地产市场发展速度放缓，但房屋交易还是比较红火，房地产市场上的买卖纠纷不断，尤其在政府频繁出台房地产业调控政策的背景下，开发商经营状况不佳，房屋质量及配套设施缩水的问题不算少见，房屋交易环节存在严重的信息不对称问题,导致房地产纠纷井喷般涌现。李某诉明珠集团有限公司房屋买卖纠纷案是2009年3月提起诉讼的真实案件,2011年3月结案。作者曾深度参与了此案件诉讼的整个过程,因此,希望借此机会通过相关诉讼材料将案件完整地呈现出来,作为法律硕士学习与教学的参考素材。

二、案件的背景与起因

2007年12月,原告李某在参观被告开发的明珠城市广场样板房并详细了解该楼盘的装修标准之后,决定购买明珠城市广场1栋706号房。明珠城市广场1栋706号房屋面积为126.07平方米,单价每平方米5622.00元,总价值为708723.00元,定于2008年12月交付使用。由于原告不具备一次性付款的能力,也不愿意向银行申请贷款,于是就付款方式与被告进行了协商。原告提出,先交付总房款的40%,剩余房款分12次在一年之内、房屋交付之前交清。经过研究后,被告同意了原告提出的付款方案。原告于2008年1月1日与被告签订了编号为0001597的《房屋认购书》。在签订《房屋认购书》时,被告公司售楼员向原告承诺,原告购买的明珠城市广场1栋706房除内墙墙面采用乳胶漆涂料,而样板房因为赶工期内墙墙面采用墙纸之外,其他都与样板房相同。当天签署的材料包括《楼宇认购书》4份、《补充协议》4份、《申请分期付款计划书》2份、4张只有签名和日期的空白材料(房屋买卖合同的最后一页)及明珠城市广场臻品户型图宣传资料1份。

按照楼宇认购书的约定,原告在2008年1月8日之前,先后向被告支付了订金20000.00元、占房屋总价值40%的首期款263486.00元和维修基金、登记费等14255.00元。自2008年2月至2008年10月,原告又先后分9期、每期35346.00元向被告支付了房屋价款318114.00元。至2008年10月止,原告向被告支付的房屋价款合计615855.00元。

2008年11月初,被告公司员工致电给原告,告知原告可以提前收楼。鉴于按照《房屋认购书》的约定,原告只剩3期房款和委托被告办理房屋产权证需要交纳的契税尚未支付,原告即与被告公司员工口头约定,应于2008年11月交纳的第10期房款暂不支付,剩下的3期房款和契税款在收楼时一并支付,被告公司员工表示同意。

2008年11月18日,被告公司员工再次通知原告收房。原告进入1栋706号房后,发现房子装修质量很差,天花板、墙面、墙砖、地脚线、客厅空调室外机位置等都存在质量问题。原告于是找到被告公司负责城市广场验收交房的工作人员，强烈要求对1栋706号房的装修质量进行整改后再验收交房，被告公司员工认可了原告的要求，并同意立即整改。由于该员工态度非常诚恳，且春节即至，为了不耽误搬迁入住时间，原告在被告整改期间开始选购家具等物品。

2008年12月7日，被告公司员工再次通知原告到现场验收交房。到达现场后，原告发现已经提出的装修问题大部分得到改善，但仍有几处有待进一步完善。同时，原告发现1栋706房与样板房相比，有两间卧室的凸窗各少一面玻璃窗，影响房间的通风和采光。于是多次与被告公司的常务副总裁、公共关系部总监及法务部经理进行了口头和书面交涉。

原告首先口头提出换房要求，被告公司员工不同意。被告公司提出将验收合格的房屋拆掉一部分并装上两扇玻璃窗，原告同意改装，但原告提出改装窗户破坏了房屋结构，可能影响房屋安全，还可能导致安全事故，要求与被告签订70年的安全保障协议，但被告不同意。

原告认为，被告实际交付房屋的窗户与样板房存在差异且事先未作说明，属于未按照约定履行合同的行为，被告应承担违约责任。原告因此向被告提出更换房屋或减少价款的要求，均遭到被告拒绝。被告提出将验收合格的房屋拆掉一部分并打开两扇玻璃窗，但不承担因此而产生的安全隐患和可能导致的责任，也遭到原告的拒绝。

为了维护自身的合法权益，原告于2008年12月26日向被告提交了在未达成解决问题的协议之前拒绝交纳剩余3期房款的声明。被告收到原告的延期付款声明之后亦向原告发出催款通知，原告则向被告发出了在未达成解决问题的协议之前拒绝交纳剩余3期房款的再次声明。

2009年元旦之后，原告与被告又进行了协商，但没有达成一致意见。在这种情况下，原告想通过法律途径维护自身的权益，并咨询了懂法律的亲属即原告的代理人刘琳。刘琳提出，被告有可能利用原告在签订《房屋认购书》的同时签订的四张购房合同的最后一页来伪造购房合同，否认没有签订房屋买卖合同和原告没有看到706房平面图的基本事实，并建议原告再次与被告协商，尽量避免诉讼。同时建议原告在协商过程中，要求被告澄清没有签订购房合同的事实，并将协商过程中的对话予以录音作为证据。按照刘琳的建议，原告又与被告进行了几次协商，但都没有结果，而且被告也认同通过法律途径来解决纠纷。

原告认为，原告与被告并未签订正式的商品房购买合同，且在签订《房屋认购书》之前,被告并未向原告提供1栋706房的图纸,被告员工也未向原告说明1栋706房的窗户存在上述问题,原告曾几次要求进入1栋706房实地查看,但被告均以施工期间不安全为由予以拒绝,被告还曾将步行楼梯口堵塞,阻止看房者上楼实地查看自己拟选购的房屋。原告认为,如果1栋706房与样板房除墙面之外还存在其他区别,被告应在签订房屋认购书时如实向原告说明,以便原告做出选择。但被告一直隐瞒1栋706房的窗户与样板房不同的事实,直至原告自己发现,被告的行为已构成欺诈。因此,原告准备通过诉讼维权。

三、代理人如何帮助当事人起诉

刘琳接受原告的代理请求之后,决定以公民身份代理该案,由于不在同一城市,只能通过电话向原告进一步了解案件的具体情况,要求原告提供现有证据。

收到原告提供的所有证据之后,刘琳依据证明内容对证据进行了分类,整理出证据目录清单如下:

<table>
<tr><th colspan="2">编号</th><th>名　称</th><th>份数</th><th>证明内容</th></tr>
<tr><td rowspan="5">第一组</td><td>1</td><td>楼宇认购书(NO:0001597)</td><td>1</td><td rowspan="5">房屋买卖的基本情况及付款方式。</td></tr>
<tr><td>2</td><td>附件四:补充协议</td><td>1</td></tr>
<tr><td>3</td><td>明珠城市广场臻品户型图宣传单</td><td>1</td></tr>
<tr><td>4</td><td>申请分期付款计划书</td><td>1</td></tr>
<tr><td>5</td><td>商品房买卖合同第13页</td><td>1</td></tr>
<tr><td>第二组</td><td>6</td><td>收款凭证
(NO:GY0702149)
(NO:GY0702155)
(NO:GY0702000)
(NO:GY0702993)
(NO:GY0701292)
(NO:GY0704918)
(NO:GY0704306)
(NO:GY0704381)
(NO:GY0705039)
(NO:GYJT0009778)
(NO:GYJT0009919)
(NO:GY0702154)</td><td>12</td><td>原告已支付房屋费用情况:
1. 原告支付购房订金:20000元;
2. 原告支付首期房款:263489元;
3. 原告支付9期房款:318114元;
4. 原告支付维修基金、登记费等:14255元。</td></tr>
</table>

第三组	7	照片	6	706 号房与样板房相比,两个房间的凸窗各少一面玻璃窗,且存在装修质量问题。
第四组	8	与明珠集团有限公司相关人员交涉的录音资料(刻录的光盘一个,说明书一份)	4	原告未与被告签订商品房买卖合同,且被告在与原告签订房屋认购书时未向原告披露其所购房屋窗户存在问题的信息,原告直至收房时才知道窗户与样板房不一致。
第五组	9	给明珠集团负责人的一封信	1	原告在收房过程中发现所购房屋与样板房不同之后,曾与被告多次协商。
		声明 1	1	
		声明 2	1	
		催款函	1	
		关于明珠集团催款函的回复	1	
第六组	10	支付入户花园装修费用收据(NO:0003865)(NO:0305599)	2	原告直接损失情况: 1. 原告支付家具订金:3000 元; 2. 原告支付入户花园装修费用:3050 元; 3. 原告支付房屋租金:2009 年 1—4 月 6400 元。
	11	订购家具交付订金收据[兴盛(订)字:8000371][兴盛(订)字:8000372](NO:030583)	3	
	12	支付房屋租金收据	4	

整理好证据材料和上述证据清单之后,刘琳向原告李某提出了两种解决问题的思路:一是以所购房屋装修质量未达到约定的标准要求,要求被告及时按照约定整改后再验收;二是以所购房屋与样板房相比,在构造上少了两面玻璃窗,而被告公司人员在销售过程中以及其后相当长时间内并未告知原告,有欺诈的故意,可以申请法院撤销原房屋认购协议,返还已交付的购房价款及利息,并赔偿损失。采用哪一种思路,取决于原告对诉争房屋是什么样的态度。第一种思路是原告仍然想购买该房屋的比较好的维权选择,第二种思路是原告想退房的思路。原告经过权衡之后认为,从被告公司的行为可以看出被告的商业信誉并

不好,即使所购房屋装修质量得到改善,但还担心有其他的质量问题,所以决定采用第二种思路,请求法院撤销认购协议。因此,刘琳再次审查证据材料,并要求原告再次确认拟提出的诉讼请求之后着手起草起诉状。

2009年3月28日原告李某向一审法院提起民事诉讼,具体内容如下:

民事起诉状

原告:李某,女,身份证号码:××××××××××××××××××,现住某市城区富民路10号,电话:××××××××

被告:明珠集团有限公司

住所:某市南湖水乡会所五楼

法定代表人:姓名:郭某,职务:董事长

电话:×××××××

诉讼请求:

1. 依法撤销原、被告双方签订的《房屋认购书》,判令被告全额返还原告已付购房款、维修基金等费用616668.00元及自原告付款给被告之日起到被告还款之日止的利息41834.5元(以同期银行贷款利率计,暂计至2009年2月28日止)。

2. 判令被告赔偿给原告造成的损失46050.00元。

3. 本案一切诉讼费用由被告承担。

事实和理由:

2008年1月1日,原告在参观被告开发的明珠城市广场样板房及户型图,详细了解了该楼盘的装修标准之后,拟购买明珠城市广场1栋706号房,被告向原告承诺,原告购买的明珠城市广场1栋706房除内墙墙面采用乳胶漆涂料,而样板房的内墙墙面采用墙纸之外,其他都与样板房相同。因此,原告与被告签订了编号为0001597的《房屋认购书》,认购书约定,原告向被告购买明珠城市广场1栋706号房屋,面积为126.07平方米,单价每平方米5622.00元,总价值为708723.00元。

2008年1月5日,经与被告协商同意,2008年1月8日原告先向被告支付40%的房款及维修基金、登记费共计297744.00元,余款分12期每期35436.00元,按月支付给被告。

按照上述约定,原告在2008年1月8日之前,先后向被告支付了订金20000.00元、占房屋总价值40%的首期款263486.00元和维修基金、登记费等14255.00元。自2008年2月至2008年10月,原告又先后分9期、每期35436.00元向被告支付了房屋价款318924.00元。至2008年10月止,原告向被告支付的购房款、维修基金等费用共计616668.00元。

2008年11月初,被告公司员工致电给原告,告知原告可以提前收楼。鉴于按照房屋认购书的约定,原告只剩3期房款和委托被告办理房屋产权证需要缴纳的契税尚未支付,原告遂与被告口头约定,原告应于2008年11月缴纳的第10期房款暂不支付,剩下的3期房款和契税款由原告在收楼时一并支付。

2008年11月18日,被告公司员工通知原告收房。原告进入1栋706号房后,即发现房子装修质量很差,天花板、墙面、墙砖、地脚线、客厅空调室外机位置等都存在质量问题。原告于是强烈要求被告对1栋706号房的装修质量进行整改后再验收交房,被告认可了原告的要求,并同意立即整改。由于春节即至,为了不耽误搬迁入住时间,原告在被告整改期间开始选购家具等物品,已支付家具定金3000元。在征得被告所属的物业管理公司同意后,于2008年11月30日与该物业管理公司推荐的装修商约定了入户花园的改造费用共3050元,当日预付改造费1500元(在该装修商完工后,于2008年12月30日支付余款)。

2008年12月7日,被告公司员工再次通知原告到现场验收交房。到达现场后,原告发现前期提出的装修问题大部分得到改善,但仍有几处有待进一步完善。同时,原告发现1栋706房与样板房相比,有两间卧室的凸窗各少一面玻璃窗,影响房间的通风和采光,与样板房不同。原告遂与被告发生纠纷。原告认为,被告明知实际交付房屋的窗户与样板房存在差异但未在原告签订认购书时作出说明,导致原告签订了认购书,被告的行为已构成欺诈。为维护原告的合法权益,特此起诉,请求人民法院依法判决撤销原告与被告签订的房屋认购书,返还原告已支付的房屋价款和利息,并赔偿原告因此受到的损失。

此致

城区人民法院

起诉人:李某

2009年3月28日

四、案情进展

原告李某于2009年3月28日提起诉讼之后,4月7日收到了法院将于2009年5月18日开庭的传票、合议庭组成情况、原告举证通知书(原告应于2009年4月27日前向法院提交本案的相关证据)以及被告明珠集团有限公司的反诉状。被告在其反诉状中提出,原被告双方签订的《楼宇认购书》《申请分期付款计划书》和《某省商品房买卖合同》合法有效,应继续履行。同时,根据原告与被告于2008年1月5日签订的《申请分期付款计划书》,原告应于2008年2月8日起至2009年1月8日共计12期、每月8日前向被告交付人民币35436.00元。截至提起反诉之日,被告尚未收到原告按照付款计划约定应支付的已到期第10期、第11期和第12期房款。原被告双方签订的《申请分期付款计划书》明确约定了逾期付款应当承担相应的违约责任,如被告不选择解除合同,则原告应当按照合同总价款的0.2%每日支付滞纳金。截至被告提起反诉之日,原告已经逾期148日未支付相应房款,因此,原告应支付滞纳金共209782.01元。故被告要求法院判令原告继续履行合同,支付剩余的3期房款106308.00元,并支付滞纳金209782.01元。

原告李某收到反诉状之后及时告知并将文书扫描发送给其代理人刘琳,刘琳再次与原告确认其是否与被告签订了《某省商品房买卖合同》。原告李某非常肯定地表示并未与被告签订该合同,而且原告提出,可以请后来在与被告协商解决装修质量问题的过程中认识的购房人卢某出庭作证或通过录音资料证明卢某也只是与被告签订了《楼宇认购书》,并未签订《某省商品房买卖合同》,只是在一张只有签名和日期的单页材料上签字了,原告李某认为这张单页应该是房屋买卖合同的最后一页。

刘琳反复与原告探讨被告明珠集团有限公司在反诉状中刻意强调原被告双方签订《某省商品房买卖合同》的原因,没有找到答案。4月18日,刘琳登陆该市房产管理局网站查询本案所诉争房屋所在的楼盘在房产管理局的备案情况,不仅从该局网站预售项目信息公示栏目非常顺利地查询到被告所开发的城市广场的预售证信息,而且很意外地发现在该网站上,原告李某所认购的明珠城市广场1栋706号房屋显示为“不可售”状态,继续点击“不可售”之后则显示“已抵押”字样。刘琳当即与原告李某电话联系,确认李某购买该房时并未申请抵押贷款,并告知李某所购房屋在该市房产局的网站上处于“不可售”且“已抵押”的状态,要求李某到房产管理局查询该房屋抵押权设定情况,争取能获得书面的证明材料。

第二天原告李某便前往该市房产管理局,要求查阅其所认购的房屋设定抵押权的情况,但房产管理局的工作人员除了告知原告李某该房屋的抵押权人为中国银行在该市的分行之外,拒绝向其提供其他信息及书面材料。于是,李某前往中国银行在该市的分行,要求该分行作为抵押权人,提供该套房屋所设定的抵押权情况,但银行也拒绝提供。考虑到刘琳是以公民身份提供代理的,即使刘琳前往房产管理局和银行要求提供抵押的证据,这两个单位也有可能拒绝提供,于是,刘琳连夜起草了一份《申请法院调查取证申请书》,建议原告李某申请法院查询抵押的具体情况,内容如下:

申请法院调查取证申请书

申请人:李某,女,47岁,现住某市城区富民路10号

请求事项:

请求法院依职权查询本案原告购买的明珠城市广场1栋706号房已抵押的具体情况。

事实和理由:

申请人与明珠集团有限公司关于明珠城市广场1栋706号房买卖纠纷一案已诉于法院,现正在审理过程中。申请人在某州市房产管理局网站的交易信息公示栏目中查询得知,申请人购买的明珠城市广场1栋706号处于已抵押状态,但申请人并未办理银行抵押贷款手续。申请人遂向某州市房产管理局申请查询相关抵押信息,房产管理局虽然告知了抵押权人的信息,但拒绝披露其他信息。由于明珠城市广场1栋706号房的抵押情况与本案有重大关系,根据《中华人民共和国合同法》、《最高人民法院关于审理商品房买卖合同纠纷案件适用法律若干问题的解释》和《中华人民共和国民事诉讼法》之规定,为维护申请人的合法权益,特向人民法院申请查询明珠城市广场1栋706号房抵押人、抵押权人以及抵押时间等具体情况。

此致

城区人民法院

申请人:

2009年4月21日

主审法官收到原告提交的《申请法院调查取证申请书》之后，面露难色，表示虽然法院可以依职权调取证据，但法院一般不会应当事人的请求而调取证据。当然，主审法官并未一口回绝，而是推脱要与合议庭成员商量后再回复。原告李某机智地请求主审法官留下其电话，以便其代理人刘琳与主审法官联系，说服法官愿意协助调查房屋抵押的证据材料。考虑到法官工作繁忙，且原告的举证期限将于2009年4月27日届至，于是刘琳又起草了一份《延长举证期限申请书》，让原告李某尽快提交给法院。全文如下：

延长举证期限申请书

城区人民法院：

你院受理的(2009)城区法民一初字第1086号案件，即我与明珠集团有限公司房屋买卖纠纷一案，根据举证通知书的规定，我应于2009年4月27日前向你院提交证据。现因我于2009年4月20日又获知本案所涉房屋在签订认购书之前已抵押给中国银行某市分行，鉴于这一新的事实出现，我还需要收集一些相关证据，故我在举证期限内提交证据确有困难，特向你院申请将举证期限延长至2009年5月15日。请予准许。

申请人：

2009年4月22日

申请延长举证期限之后，刘琳两次致电主审法官，希望其帮助调取抵押的证据，说明该证据对本案的重要性，反复游说法官，也许该案可以成为该市房屋买卖纠纷中双倍赔偿第一案，并承诺把所有的诉讼材料做得非常规范化，保证该案卷宗材料的质量。也许是代理人的诚意打动了法官，法官决定给原告取证提供方便，经合议庭商量后，给该案的书记员开具了要求银行协助提供证据的介绍信，并要求书记员尽快前往银行取证。2009年4月24日，中国银行该市分行出具了书面的回复函，明确说明"明珠城市广场项目在我行叙做房地产开发贷款，此项目在建工程1栋706房已抵押在我行，设定抵押的日期为2007年12月12日。"

获取这一重要证据之后，代理人建议原告李某变更诉讼请求，因为被告提起反诉要求原告支付高额的违约金，原告也有败诉的风险。原因在于在原告提交的起诉状中，原告提出被告故意隐瞒少了两面玻璃窗的事实能否构成欺诈具有不确定性，但被告将设定抵押的房屋在未告知原告的情况下再销售给原告，按照相关规定，是可以认定为欺诈的，且可以主张双倍赔偿。即使法院不支持双倍赔偿，但判决解除合同是没有问题的。刘琳把相关的法律依据均告知原告李某，要求李某阅读相关法律依据后尽快决定是否变更诉讼请求。为了帮助原告下定决心，刘琳把网络上可以查阅到的全国各地法院判决的商品房买卖纠纷双倍赔偿案件做了一个链接的列表，供原告李某查阅。原告查阅部分案件之后即决定变更诉讼请求。变更诉讼请求书如下：

变更诉讼请求申请书

申请人：李某，女，汉族，某年某月出生，住城区富民路10号。

被申请人：明珠集团有限公司

住　址：某市南湖水乡会所五楼

法定代表人：郭某　　职务：董事长　　电话：×××××××××××

申请事由：

申请将原诉讼请求变更为：

1. 依法认定原、被告双方签订的房屋认购书无效，判令被告全额返还原告已付购房款、维修基金等费用616668.00元及自原告付款给被告之日起到被告还款之日止的同期银行贷款利息（暂计至2009年2月28日止的利息为41834.5元）及损失46050.00元。

2. 判令被告承担原告已付购房款一倍的赔偿责任。

3. 本案所有诉讼费用由被告承担。

事实与理由：

申请人向贵院提起诉讼后，在收集证据过程中获知其购买的明珠城市广场1栋706房在某州市房产管理局网站的交易信息公示栏目中处于已抵押状态，但申请人并未办理银行抵押贷款手续。申请人于2009年4月21日向贵院提出申请查询明珠城市广场1栋706号房抵押人、抵押权人以及抵押时间等具体情况。经过贵院调查，现已查明，明珠城市广场1栋706号房已抵押给中国银行股份有限公司某市分行，设定抵押的日期为2007年12月12日。申请人认为，被申请人不仅在与申请人签订房屋认购书时故意隐瞒房屋已设定抵押的情况，而且在申请人已缴纳绝大部分房款、收楼期限已过甚至申请人已经向贵院提起诉讼的情况下，仍未解除该房的抵押，严重侵犯了申请人的合法权益。根据《中华人民共和国担保法》、《最高人民法院关于审理商品房买卖合同纠纷案件适用法律若干问题的解释》、《中华人民共和国民事诉讼法》和《最高人民法院关于民事诉讼证据的若干规定》之规定，为维护申请人的合法权益，特向贵院申请变更原诉讼请求，敬请同意。

此致

城区人民法院

申请人：

2009年4月27日

鉴于原告李某希望证人卢某出庭作证，故在提交变更诉讼请求书的同时，还向法院提交了申请证人出庭作证的申请书如下：

证人出庭作证申请书

申请人：李某，女，47岁，现住某市城区富民路10号。

被申请人：卢某，女，39岁，现住某市中山南路36号。

请求事项：

请求法院准予卢某在明珠集团有限公司与申请人房屋买卖合同纠纷案中作为证人出庭作证。

事实和理由：

卢某购买的明珠城市广场1单元2506号房与申请人购买的1单元706号房窗户存在相同的问题，曾与申请人一起多次与明珠集团有限公司进行交涉，了解案件的基本情况且愿意出庭作证。故根据《最高人民法院关于民事诉讼证据的若干规定》的有关规定，向贵院提出申请请求卢某作为证人出庭作证。

此致

城区人民法院

申请人：

2009年4月27日

五、案件审理结果

某省某市城区人民法院
民事判决书

(2009)城法民一初字第1086号

原告李某,女,某年某月某日出生,住某市城区富民路10号。

委托代理人刘琳,女,某年某月某日出生,汉族,住某市某区城东路职教街。

被告明珠集团有限公司。住所地:某市南湖水乡会所五楼。

法定代理人郭某,职务:董事长。

委托代理人罗某、林某,均系某省某律师事务所律师。

原告李某诉被告明珠集团有限公司房屋买卖合同纠纷一案,本院受理后,依法组成合议庭进行审判。于2009年6月18日公开开庭进行了审理,原告李某及其代理人刘琳,被告明珠集团有限公司的委托代理人罗某、林某均到庭参加诉讼。本案现已审理终结。

原告李某称,2008年1月1日,原告在参观被告开发的明珠城市广场样板房及户型图,详细了解了该楼盘的装修标准之后,拟购买明珠城市广场1栋706号房,被告向原告承诺,原告购买的明珠城市广场1栋706号房除内墙墙面采用乳胶漆涂料,而样板房的内墙墙面采用墙纸之外,其他的都与样板房相同。因此,原告与被告签订了编号为0001597的《房屋认购书》,认购书约定,原告向被告购买明珠城市广场1栋706号房屋,面积为126.07平方米,单价每平方米5622.00元,总价值为708723元。2008年1月5日,经与被告协商同意,2008年1月8日原告先向被告支付40%的房款及维修基金、登记费共计297744.00元,余款分12期每期35436.00元,按月支付给被告。按照上述约定,原告在2008年1月8日之前,先后向被告支付了定金20000元、占房屋总价值40%的首期款263489元和维修基金、登记费14255元。自2008年1月至2008年10月,原告又先后分9期、每期35436元向被告支付了房屋价款318926元。至2008年10月止,原告向被告支付的购房款、维修基金等费用共计616668元。2008年11月初,被告公司员工致电给原告,告知原告可以提前收楼。鉴于房屋认购书的约定,原告只剩

3期房款和委托被告办理房屋产权证需要缴纳的契税尚未支付,原告遂与被告口头约定,原告应于2008年11月缴纳的第十期房款暂不支付,剩下的3期房款和契税款由原告在收楼时一并支付。2008年11月18日,被告公司员工通知原告收房。原告进入1栋706号房后,即发现房子装修质量很差,天花板、墙面、墙砖、地脚线、客厅空掉调室外机位置等都存在质量问题。原告于是强烈要求被告对1栋706号房的装修质量进行整改后再验收交房,被告认可了原告的请求,并同意立即整改。由于春节即将到来,为了不耽误搬迁入住时间,原告在被告整改期间开始选购家具等物品,已支付家具定金3000元。在征得被告所属的物业管理公司同意后,原告于2008年11月30日与该物业管理公司推荐的装修商约定了入户花园的装修费用共3050元,当日预付装修费1500元(在该装修商完工后,于2009年1月1日支付余款)。2008年12月7日,被告公司员工再次通知原告到现场验收交房。到达现场后,原告发现前期提出的装修问题已大部分得到改善,但仍有几处有待进一步完善。同时,原告发现1栋706号房与样板房相比,有两间卧室的凸窗各少一面玻璃窗,影响房间的通风和采光,与样板房不同。原告遂于2009年3月25日诉诸本院,要求:一、依法撤销原、被告双方签订的房屋认购书,判令被告全额返还原告已付购房款、维修基金等费用616668元及自原告付款给被告之日起到被告还款之日止的同期银行贷款利息(暂计至2009年2月28日止的利息为41834.50元);二、判令被告赔偿给原告造成的损失46050元;三、本案所有诉讼费用由被告承担。

被告明珠集团有限公司提起反诉时辩称,原告李某与被告明珠集团有限公司签订的《楼宇认购书》及《某省商品房买卖合同》合法有效,原告李某应继续履行支付尚欠的购房款给自己。2008年1月1日,原被告双方签订一份《楼宇认购书》,随后,双方又订立了一份《某省商品房买卖合同》。双方约定,原告李某向被告购买明珠城市广场1栋706号房屋,面积为126.07平方米,单价每平方5622元,总价值为708723元。同时约定,2008年1月8日,原告先向被告支付40%的房款及维修基金、登记费等共计297744元。至2008年10月止,原告李某又先后分9期向被告支付房屋价款318926元。尚有3期房款和契税款等被答辩人未依约支付。原被告双方签订的《申请分期付款计划书》明确约定了逾期付款应当承担相应的违约责任,如被告不选择解除合同,则原告应当按照合同总价款的0.2%每日支付滞纳金。截至被告提起反诉之日,原告已经逾期148日未支付相应房款,因此,原告应支付滞纳金一共为人民币209782.01元。故被告要求法院判令原告继续履行合同，支付剩余的 3 期房款 106308.00 元，并支付滞纳金 209782.01 元。

2009 年 4 月 18 日，原告李某的代理人刘琳在我市房产管理局网站上查询到原告李某所购房屋处于“不可售”状态，经咨询房产局后获知该房已抵押给中国银行我市分行，原告李某 4 月 21 日向我院提交了协助调查该房屋抵押证据的申请，我院向中国银行我市分行送达了协助取证的介绍信并于 4 月 24 日收到中国银行我市分行的回复，确认原告李某所购房屋已于 2007 年 12 月 12 日抵押给该行。

2009 年 4 月 27 日，原告李某提交了变更诉讼请求的申请，认为被告不仅在与原告签订房屋认购书时故意隐瞒房屋已设定抵押的情况，而且在原告已缴纳绝大部分房款、收楼期限已过甚至申请人已经向我院提起诉讼的情况下，仍未解除该房的抵押，严重侵犯了申请人的合法权益。故申请将原诉讼请求变更为：1. 依法认定原、被告双方签订的房屋认购书无效，判令被告全额返还原告已付购房款、维修基金等费用 616668.00 元及自原告付款给被告之日起到被告还款之日止的同期银行贷款利息（暂计至 2009 年 2 月 28 日止的利息为 41834.5 元）及损失 46050.00 元。2. 判令被告承担原告已付购房款一倍的赔偿责任。3. 本案所有诉讼费用由被告承担。

被告在答辩状中辩称，原告购买的明珠城市广场 1 栋 706 房已抵押给中国银行股份有限公司我市分公司，这是被告工作人员在工作中的失误。原告提出这个问题后，被告及时到银行解除了该房的抵押。该房已不存在抵押问题。原告要求赔偿购房款一倍纯属无理。综上所述，被答辩人与答辩人签订的《房宇认购书》及《某省商品房买卖合同》合法有效，应继续履行。被告依约将验收合格的房屋及时交付给原告使用。该房屋已不存在抵押问题。因此，原告请求认定合同无效和要求赔偿损失，毫无事实和法律依据，请求我院依法驳回。

经审理查明，2008 年 1 月 1 日，原告李某、被告明珠集团有限公司签订一份《楼宇认购书》（编号:0001597），约定原告认购被告开发的位于某市明珠城市广场 1 单元 706 房（建筑面积:126.07 平方米），总房价为 708723 元。该认购书第 4 条约定原告签署认购书时交付定金 20000 元，原告于 2008 年 1 月 8 日前付清第一笔首期房款 283489 元，并于同日签订《商品房买卖合同》。2008 年 1 月 5 日，原告与被告签订一份《申请分期付款计划书》，约定 2008 年 1 月 8 日原告先向被告支付 40% 的房款即 283489 元，余款分 12 期每期 35436 元，按月支付被告。其后，原告如约向被告支付购房款 283489 元（含定金 20000 元）以及登记费、维修基金14255元,2008年1月8日之后分9期累计向被告另行支付购房款318926元,即购房款602415元、登记费、维修基金14255元,合计为616670元。

2008年11月18日,被告通知原告收楼,但原告发现房屋装修与预期约定有出入,遂要求被告进行整改。2008年12月7日,原告再次验房,发现主人房和北面房间与样板房相比各少了一面窗户。故原告于2008年12月26日向被告送达一份《声明》,称在装修质量以及房屋结构问题未能解决前拒绝交纳最后3期房款和相关费用。2009年3月25日,原告以被告拟交付房屋不符合合同约定、存在欺诈为由诉诸本院,请求判如上述所请。

另查,涉案楼盘于2007年12月6日取得《某省某市商品房预售许可证》(编号:某市房预许〔2007〕169号)。2008年12月20日涉案楼盘第4层架空层和第5—30层住宅消防验收合格。2008年12月25日涉案楼盘经建设、监理、施工、勘察、设计五部门验收合格。涉案房屋于2007年12月12日抵押在案外人中国银行股份有限公司某市分行。庭审过程中,涉案房屋于2009年5月14日在某市房产管理局产权科办理抵押注销登记(原他项权登记:〔2007〕32157号)。

又查,原告因此次房屋买卖合同纠纷所致损失为:2009年1—9月(截至本判决作出之日)房租14400元(原告为拆迁户)、咨询费5000元(酌情)、入户花园装修费3050元、家具定金3000元、误工费2174元、电话费507.64元、汽油费500元,打字、复印、光盘刻录费274元,快递费20元。上述费用合计为28925.64元。

2009年7月31日,组织原告、被告进行调解,但双方未能达成一致意见。

以上事实,有某省某市商品房预售许可证(编号:房预许〔2007〕169号)、《建筑工程消防验收的意见书》[公消字(建验)字〔2009〕第0018号]、工程竣工验收报告、在建工程抵押登记注销通知、楼宇认购书、申请分期付款计划书、房款专用收据、收款收据、照片、声明、关于城区人民法院调查明珠城市广场项目抵押情况回复的函以及当事人陈述等在案佐证,可以认定。

本院认为,原、被告于2008年1月1日签订的《楼宇认购书》系具有完全民事行为能力的双方的真实意思表示,且不违反法律以及行政法规的强制性规定,《楼宇认购书》合法有效,对合同双方具有法律约束力。本案争议的焦点为该《楼宇认购书》的性质认定以及应该适用何种法律进行调整。

首先,相对于商品房买卖合同而言,预约合同系本约签订以前先行订立。其目的在于本约签订之前约定部分条款,将双方的意思表示以合同的形式加以固定,并约定继续谈判其他条款,直至本约的最终签订。预约合同的意义,是为在公平、诚信原则下继续进行磋商,最终订立正式的本约而创造条件。《楼宇认购书》仅对买卖标的、付款方式以及相应违约事由进行简单约定,不应视其为正式的商品房买卖合同,其应为预约合同,其目的亦为将买卖双方的意思表示加以固定以达到后续签订《某省商品房买卖合同》的效果。根据《最高人民法院关于审理商品房买卖合同纠纷案件适用法律若干问题的解释》第9条的规定,出卖人订立商品房买卖合同时,故意隐瞒所售房屋已经抵押的事实,导致合同无效或者被撤销、解除的,买受人可以请求返还已付购房款及利息、赔偿损失,并可以请求出卖人承担不超过已付购房款一倍的赔偿责任。上述条款系用于规范发生于签订本约时合同当事人存有欺诈之场合,另被告已于2009年5月14日办理抵押注销手续,该行为应当视为积极为后续本约的签订提供磋商条件。根据预约合同的目的意义,原告主张确认《楼宇认购书》无效,并要求双倍返还购房款的诉讼请求,缺乏法律依据,本院不予支持。

其次,原、被告对涉案房屋的装修质量、规格的约定存有较大分歧,在双方协商之后亦未能对处理结果达到一致意见,按照《楼宇认购书》的预约合同性质,应视为双方对合同条款达不成一致的意思表示,致使本约不能订立,在此情况下,该预约合同应当解除。根据《中华人民共和国合同法》第97条的规定"合同解除后,尚未履行的,终止履行;已经履行的,根据履行情况和合同性质,当事人可以要求恢复原状、采取其他补救措施,并有权要求赔偿损失",被告应对原告已支付的购房款、维修基金、登记费进行返还。另被告在签订《楼宇认购书》之时未对原告就涉案房屋与样板房之差异进行说明,亦未在交付商品房时就约定进行整改,存在过错,其行为造成了原告的经济损失,应当对此进行补偿,故原告主张的2009年1—9月(截至本判决作出之日)房租、咨询费、入户花园装修费、家具定金、误工费、电话费、汽油费,打字、复印、光盘刻录费,快递费以及利息损失系由该违约行为所造成的直接损失,既有事实依据也有法律依据,本院予以支持。

综上所述,依照《中华人民共和国民事诉讼法》第7条、第64条第1款、第128条,《中华人民共和国合同法》第5、6、97条,《最高人民法院关于审理商品房买卖合同纠纷案件适用法律若干问题的解释》第5条之规定,依法判决如下:

一、解除原告李某、被告明珠集团有限公司于2008年1月1日签订的《楼宇认购书》(编号:0001597)。

二、被告明珠集团有限公司应于本判决生效之日起10日内向原告李某返还购房款、登记费以及维修基金共616670元以及相应利息(以原告李某每次付款金额为本金,按照中国人民银行规定的同期同类贷款利率,自原告李某每次付款之日起计至被告明珠集团有限公司实际返还之日止)。

三、被告明珠集团有限公司应于本判决生效之日起10日内赔偿原告李某购房损失28925.64元。

四、驳回原告李某的其他诉讼请求。

如果未按本判决指定的期间履行给付金钱义务,应当依照《中华人民共和国民事诉讼法》第229条之规定,加倍支付迟延履行期间的债务利息。

本案受理费17520元,由被告明珠集团有限公司负担9636元,原告李某负担7884元。

如不服本判决,可在判决书送达之日起十五日内,向本院递交上诉状,并按对方当事人的人数提出副本,上诉至某市中级人民法院。

审　判　长　宋某

代理审判员　张某

代理审判员　唐某

二零零九年九月十八日

本件与原本核对无异

书记员　方某

原告李某收到判决书后表示要提起上诉,代理人则劝导她不要再上诉,因为原告在最初的起诉书中提出的诉讼请求已经基本得到了法院的支持,变更诉讼请求、提出双倍赔偿的本意不在于获得双倍赔偿,而在于逼迫被告放弃反诉,法院支持解除合同。况且抵押问题不是原告发现的,建议原告就当作代理人当初未发现该房“先抵后售”的事实。但是,原告认为,在纠纷发生后,被告员工态度比较恶劣,在庭审上被告方代理人盛气凌人,一定要跟被告再战一次,并且一审判决书认定的事实对原告主张双倍赔偿也是有利的,只是作为基层法院,没有勇气作出该市第一个商品房买卖纠纷双倍赔偿的判决,上诉到中级法院也许有希望,原告于2009年10月8日提起上诉如下:

民事上诉状

上诉人(一审原告):李某,女,身份证号码:××××××××××××××××××,现住某市城区富民路10号,电话:××××××××××××

被上诉人(一审被告):明珠集团有限公司

住所:某市南湖水乡会所五楼

法定代表人:姓名:郭某,职务:董事长

电话:×××××××

上诉人因与明珠集团有限公司房屋买卖纠纷一案,不服城区人民法院(2009)惠民初字第1086号民事判决,现提出上诉。上诉请求和理由如下:

上诉请求:

1. 依法撤销城区人民法院(2009)民初字第1086号民事判决;

2. 依法撤销上诉人与被上诉人签订的房屋认购书,判令被上诉人全额返还上诉人已付购房款、维修基金等费用616668.00元及自上诉人付款之日起到被上诉人还款之日止的同期银行贷款利息及损失(46050.00元);判令被上诉人承担上诉人已付购房款一倍的赔偿责任。

3. 判令被上诉人承担本案一审、二审全部诉讼费用。

上诉理由:

1. 原审判决将上诉人与被上诉人签订的《楼宇认购书》定性为预约合同,认定被上诉人的欺诈行为不能适用最高人民法院《关于审理商品房买卖合同纠纷案件适用法律若干问题的解释》第9条的规定,属于认定事实错误,并导致适用法律不当。

2. 原审判决认为上诉人与被上诉人"对涉案房屋的装修质量、规格的约定存有较大分歧,在双方协商之后亦未能对处理结果达到一致意见,按照《楼宇认购书》的预约合同性质,应视为双方对合同条款达不成一致的意思表示,致使本约不能订立,在此情况下,该预约合同应当解除,被上诉人应对上诉人已支付的购房款、维修基金、登记费进行返还",缺乏事实和法律依据,且前后自相矛盾,逻辑混乱。

3. 原审判决对被上诉人违反认购书的约定、拒绝与上诉人签订商品房买卖合同的事实避而不谈,违反了公平原则。

4. 原审判决将被上诉人于2009年5月14日办理抵押注销手续视为积极为后续本约的签订提供磋商条件的行为，属于歪曲事实的不公正观点，掩盖了被上诉人欺诈行为的主观恶意，有失公正。

综上所述，原审判决认定事实错误，适用法律不当，有失公正。为维护上诉人的合法权益，特依《民事诉讼法》第147条的规定提起上诉，请予改判或者发回重审，是为公允。

此致

某市中级人民法院

上诉人：

2009年10月8日

2010年1月10日某市中级人民法院开庭审理了该案，双方代理人及李某均出庭参与诉讼，围绕李某在上诉书中提出的四个理由展开了辩论，但合议庭没有当庭宣判。在开庭后的五个多月，主审法官先后主持了四次调解，主要是动员李某放弃双倍赔偿，因为明珠集团有限公司是该市最大的房地产开发商，其董事长郭某是该市政协委员，也是该市知名的慈善家，上诉人李某与明珠集团的纠纷所涉事实不是个别现象，如果法院支持双倍赔偿，会引发很多后续的双倍赔偿诉讼，法院提出会督促明珠集团有限公司尽快解除其他已售房屋的抵押，规范经营行为。2009年7月初，明珠集团有限公司还游说某市级领导通过李某所在的单位向李某施加压力，要求李某从大局出发，尽快与明珠集团有限公司达成和解协议。但这种做法让李某更反感，坚决不同意和解。此后，又僵持了将近半年。2011年1月初，明珠集团有限公司一改过去的强硬，分别指派所属的多个部门负责人前往李某租住地探望李某，希望动之以情。李某显然是吃软不吃硬的性格，经过两个多月的沟通，李某同意达成和解协议并撤诉。和解协议如下：

和解协议

甲方：明珠集团有限公司

乙方：李某，女，某年某月某日出生，身份证号码：××××××××××××××××。

兹就甲方与乙方房屋买卖合同纠纷一案[(2010)某中法民一终字48号]，经甲乙双方友好协商一致，达成如下协议，以期共同遵守。

1. 甲方在本协议签订后七日内向乙方一次性返还购房款、登记费以及维修基金共615670元以及相应利息(以乙方每次付款金额为本金，按照中国人民银行规定的同期同类贷款利率，自乙方付款之日起计至甲方实际返还至日止)。

2. 甲方在本协议签订后七日内向乙方支付补偿款228925.64元。

3. 乙方签收领取本协议第一、二项款项后即视为甲方已经履行完毕支付义务。

4. 甲、乙双方根据本协议向某市中级人民法院申请制作调解书。

5. 乙方承诺自本协议履行完毕后，甲乙双方之间不再存在任何其他未了纠纷，乙方承诺不得再以任何理由向甲方主张任何其他民事权利。

6. 乙方收到上述约定款项后应向甲方开具收款收据。

7. [(2009)城法民一初字第1086号]案件诉讼费及[(2010)某中法民一终字48号]案件诉讼费共计26280元由甲方承担，于本协议签署后七日内支付。

8. 本协议自双方签字(盖章)之日起生效。

9. 本协议一式四份，双方各执一份，由甲方向有关部门备案二份。

(以下无正文)

甲方：　　　　　　　　　　　　乙方：

二零一一年三月　日　　　　　　二零一一年三月　日

双方签订上述和解协议之后，明珠集团有限公司积极履行协议，于是李某于2011年3月20日向法院提出撤诉申请如下：

撤销上诉申请书

上诉人(一审原告):李某,女,身份证号码:××××××××××××××××××,现住某市城区富民路10号,电话:×××××××××××

被上诉人(一审被告):明珠集团有限公司

住所:某市南湖水乡会所五楼

法定代表人:姓名:郭某,职务:董事长　　电话:×××××××

上诉人因与明珠集团有限公司房屋买卖纠纷一案,不服城区人民法院(2009)惠民初字第1086号民事判决,向贵院提出上诉。现因双方已达成和解协议,故申请撤回上诉。望予准许。

此致

某市中级人民法院

上诉人:

2011年3月20日

2011年3月27日,法院向双方送达了民事裁定书如下:

某省某市中级人民法院

民事裁定书

(2011)某中法民一终字第48号

上诉人(原审原告)李某,女,某年某月某日出生,汉族,住某市城区富民路10号,身份证号码:××××××××××××××××××。

委托代理人刘琳,女,某年某月某日出生,汉族,住某市某区城东路职教街,身份证号码:××××××××××××××××××。

被上诉人(原审被告)明珠集团有限公司。住所地:某市南湖水乡会所五楼。

法定代表人郭某,职务:董事长。

委托代理人罗某、林某,均系某律师事务所律师。

上诉人李某因房屋买卖合同纠纷一案,不服某市城区人民法院(2009)城法民一初字第1086号民事判决,向本院提起上诉。本院在审理本案过程中,上诉人李某又以双方达成和解为理由,于2011年3月20日申请撤回上诉。

本院经审查认为：上诉人李某的撤诉申请是其自主处分诉权的行为，没有违反法律的规定，也不损害国家、集体和第三人的利益，应予准许。本院依照《中华人民共和国民事诉讼法》第一百五十六条、《诉讼费用交纳办法》第十五条的规定，裁定如下：

准许上诉人李某撤回上诉，双方按原审判决执行。

本案诉讼费10414元，应减半收取为5207元，由上诉人李某负担。上诉人李某上诉预交诉讼费10414元，除其负担5207元外，多交的二审诉讼费5207元，由本院予以退还。

本裁定为终审裁定。

审判长：陈某
审判员：邓某
审判员：刘某
二零一一年三月二十七日

本件与原本核对无异。

书记员：段艳红

至此，李某与明珠集团有限公司房屋买卖纠纷案历时2年，终于结案。

教学指导手册

教学目标

本案例主要就代理律师在民事诉讼中从事的法律活动和房屋买卖纠纷中的法律适用问题尤其是司法解释中的双倍赔偿条款适用问题等展开教学。具体要解决的问题包括：(1)代理人如何帮助当事人确定诉讼方案；(2)代理人如何引导和影响当事人？(3)代理人如何收集和整理证据？(4)认购书能否认定为商品房买卖合同？(5)商品房交易中的欺诈如何认定？(6)原《消费者权益保护法》第49条的规定在房屋买卖合同纠纷领域的适用问题。

本案例的教学目的：通过分析和研讨，帮助学生熟悉民事诉讼的程序和司法文书的写作，掌握房屋买卖合同纠纷的相关法律规定，区分预约与本约的关系，理解合同欺诈的理论和认定规则，能用合同欺诈的原理解决实际问题，理顺司法解释与其所依据的法律之间的关系，培养学生综合分析能力和批判性思维能力，提高学生的实践能力。

教学内容

（一）程序法部分

1. 如何确定合理的诉讼方案？

本案的案情并不复杂，但代理人在选择诉讼方案时首先要了解当事人的诉求和基本事实，以事实为基础，结合相关法律规定评估当事人诉求的合理性，然后，围绕当事人合理的诉求去思考达成该诉求的逻辑链条，并收集和整理证据，才能确定诉讼方案。在发现先抵后售的事实之前，有两种诉讼思路可选，一是依据装修质量达不到样板房的要求、少了两扇玻璃窗两个理由提起违约之诉，虽然装修质量可以改善，但少了玻璃窗无法弥补，进而申请法院解除合同；二是以被告在签订合同时隐瞒少了两扇玻璃窗的信息，导致原告基于重大误解而签订合同，提起撤销合同之诉。可以引导学生根据案件的事实和证据材料，评估两种方案胜诉的可能性，比较两种方案的优劣。

此外，被告提出反诉之后，代理人如何应对也是可以辅导学生去思考的，至少可以引导学生如何从起诉状和反诉状中归纳出案件的争点。当然，本案有点特殊，原告代理人无意之中发现了被告存在“先抵后售”的违法行为，可谓柳暗花明又一村，使原告处于明显的优势地位。

2. 如何确定合理的诉讼请求？

作为代理人，既要信任当事人所述事实，尊重当事人提出的诉求，但是又不能完全相信当事人的陈述，更不能直接以当事人的诉求作为诉讼请求，因为当事人并不了解相关法律规定，更多的是从自己的社会经验和情理出发提出要求。所以代理人要通过多种渠道全面了解案件的事实，创造条件收集证据，用证据支持事实，在此基础上与当事人沟通，向当事人讲清楚相关的法律规定，对当事人提出的每一项诉求进行合理的评估，提醒当事人还有尚未提出的合理诉求。经过与当事人反复沟通后，综合考虑各种可能性后确定诉讼请求。例如，本案中，原告代理人建议变更诉讼请求时，就与原告反复沟通，因为提起双倍赔偿请求后，诉讼成本会增加，但有利于原告退房诉求的实现。代理人为了说服原告，在网上收集了三十余个相关的判例，这些判决结果使原告确信，即使没有获得双倍赔偿，但解除合同的请求一定会得到法院的支持。

3. 如何收集证据和调查取证？

代理人收集证据和调查取证，既是权利，也是义务。当事人提供的证据，代理人要尽可能在逐一核实、鉴别的基础上形成证据链，如果出现单一证据难以支持证明对象的情况，就要想办法从其他途径找到佐证。比如，在本案中，原告在购房中签署的文件，只有原告提供的书证，但不能证明原告只与被告签署了这些文件，尤其无法证明原告未与被告签订商品房买卖合同，因此，代理人一方面建议原告找到一起购房的人提供言词证据甚至出庭作证，另一方面要围绕此问题与被告进一步协商，协商过程中引导被告承认未签订商品房买卖合同的事实，并暗中录音。此外，在互联网时代，很多信息在网上可以获取，代理人还要注意利用好网络资源收集证据。

本案中还有一个特殊情况，原告代理人是公民代理，在取证方面有一些困难，这种情况就需要向法院求助，争取法院的支持。

4. 如何整理证据材料？

案件中涉及的证据往往很多，尤其是在比较复杂的案例中，证据可能错综复杂，因此，整理证据是非常重要的一环。整理证据的基本原则是每一个证据或每一组证据要有明确的证明对象，拟证明的事实与证据之间应有较强的关联性。在制作证据清单列表的时候，要按照法律适用所需要的事实的逻辑性排列证明对象，让法官能够对照证据清单很顺畅地形成对案件的初步判断。

5. 如何撰写起诉状、上诉状、答辩状和代理词？

起诉状在于明确原告的诉讼请求和事实基础，所以诉讼请求要明确，事实描述和理由均要简练，事实与诉讼请求之间具有内在的逻辑联系，在法律规定的勾连之下形成因果联系；上诉状主要针对原审判决存在的问题提出自己的看法和请求，同时陈述理由，与起诉状一样，上诉请求应简单明了，理由要有针对性；答辩状主要针对对方的请求做出回应，表明态度，全部或选择性地反驳并说明理由，答辩状也不宜太详细，给庭审环节的陈述和辩论留下一定的空间。代理词是代理人在法庭辩论阶段表明代理意见的诉讼文书。原告方的代理词要与起诉状的逻辑结构相对应，围绕证据、事实、事实与诉讼请求之间因果关系的法律依据展开说理,立场要鲜明,要有主张权利的气势;而作为被告方的代理词主要反驳原告方的诉讼请求,当然也要围绕证据、事实、事实与诉讼请求之间因果关系的法律依据进行反驳,思路清晰,逻辑性强,但语气一定要把握好,防止激怒对方的同时也给法官留下不好的印象。

无论是代表原告方还是被告方,代理词都要力求做到立场鲜明,说理充分,逻辑性强。

(二)实体法部分

1. 原告是否与被告签订了《某省商品房买卖合同》? 原告是否已经从该合同的附件中获知原告所购房屋少两面玻璃窗的事实?

被告在反诉状中主张与原告签订了《某省商品房买卖合同》,原告从该合同附件中可以看到所购房屋的户型图,不存在欺诈问题,且该合同已经成立和生效,原告李某应该继续履行合同并承担违约责任。这个基础事实如何认定,可以引导学生围绕举证责任的分配和证据的证明力等问题展开讨论。

原告否认签订了该合同。就这一事实问题,原告代理人提出了以下理由:

(1)原告在法庭调查过程中已经说明,其与被告签订认购书时签署的材料包括认购书一式三份、补充协议一式四份,申请分期付款计划书一式二份、只有签名和日期的商品房买卖合同第13页一式四份,这一事实与原告提交的第八组证据中卢某提供的购房及索赔经过书面说明材料中描述的过程一致。

(2)原告未与被告签订商品房买卖合同的事实,在起诉之前原告与被告方相关人员协商的过程中已得到被告方认可,在双方签订认购书之后,原告多次要求与被告签订正式的商品房买卖合同,但均遭到被告的拒绝。原告提供的录音证据有多处可以证实这一点。虽然被告方在质证过程中对原告取得录音证据途径的合法性提出异议,但被告方当庭认可录音证据内容的真实性。

(3)被告方当庭出示的《某省商品房买卖合同》原件用订书机装订,有明显的拆装痕迹,不符合档案材料不得装订的通常做法。被告方在答辩状中主张其与原告签订了《某省商品房买卖合同》,被告方当庭交给原告的证据材料中,合同复印件没有封面和商品房买卖合同说明,合同第1页的标题是商品房买卖合同(明珠集团城市广场购房合同),合同编号栏目空白。该合同第22条指出,该合同连同附件共17页,而被告方当庭提供的合同只有14页,与原告提供的第8组证据中卢文伟签署的购房合同文本相比少了3页,缺少的部分包括所购房屋平面图、城市广场分摊面积构成说明和附件四:补充协议。上述事实充分说明被告方当庭提交的声称与原告签订的《某省商品房买卖合同》是伪造的。正因为原告认定该合同系被告伪造,故在庭审中明确表示对该份证据不予质证。

(4)《最高人民法院关于民事诉讼证据的若干规定》第70条第3项规定,一方当事人提出的有其他证据佐证并以合法手段取得的、无疑点的视听资料或者与视听资料核对无误的复制件,对方当事人提出异议但没有足以反驳的相反证据的,人民法院应当确认其证明力。其第68条还明确了非法证据的判断标准和排除规则,即以侵害他人合法权益或者违反法律禁止性规定的方法取得的证据,不能作为认定案件事实的依据。本案原告未经对方同意将双方通话内容予以录音,既没有侵害他人的合法权益,也不违反法律的禁止性规定,其取得途径是合法的。被告方质疑原告取得录音证据途径的合法性是毫无依据的。

从以上几个方面应该可以认定,原告与被告签订《某省商品房买卖合同》的事实不成立。

2. 本案原、被告签订的《楼宇认购书》能否认定为商品房买卖合同?

一审判决将原告与被告签订的《楼宇认购书》定性为预约合同,认定被告的行为不能适用《最高人民法院关于审理商品房买卖合同纠纷案件适用法律若干问题的解释》(以下简称《解释》)第9条的规定。因此,《楼宇认购书》的法律性质是本案的焦点问题之一,也是本案能否适用《解释》第9条的重要基础事实。

对于这一问题,可以引导学生从合同法理论和本案的事实两个方面展开讨论。

第一,按照合同法的理论,预约合同与本约合同最大的差异在于约定的给付内容不同。预约合同具有给付内容上的特殊性,其以当事人将来实施缔结本约行为为内容,签订预约合同之后,当事人负有依据预约合同就订立本约合同进行诚信谈判的义务,而不是给付特定物的义务。一审判决将认购书定性为预约合同,那么原告与被告签订认购书之后产生的主要义务就是双方应在约定的时间签订商品房买卖合同,而不会产生交付购房款和房屋的义务。但事实上,不仅原告交付了大部分房款,而且被告也多次通知上诉人收房,那么双方交付行为的合同基础是什么呢?所以将认购书认定为预约合同既不符合本案事实,也不符合合同理论。

第二,虽然在理论上,认购书与正式的商品房买卖合同之间是预约合同与本约合同的关系,但是,《解释》第5条规定:“商品房的认购、订购、预订等协议具备《商品房销售管理办法》第十六条规定的商品房买卖合同的主要内容，并且出卖人已经按照约定收受购房款的，该协议应当认定为商品房买卖合同。”即预约合同在具备一定条件时可以转化为本约合同。《商品房销售管理办法》第16条规定，商品房买卖合同应当明确的主要内容有13项，本案原、被告双方签订的《楼宇认购书》、《补充协议》和《申请分期付款计划书》中有当事人的基本信息，约定了商品房的基本状况与销售方式、商品房价款的确定方式及总价款、付款方式、付款时间、面积差异的处理方式、解决争议的方法、违约责任等内容，只是没有约定交付使用条件及日期、装饰、设备标准承诺、配套设施和公共设施的交付承诺、逾期交房的责任等涉及被告义务和责任的内容，具备商品房买卖合同所有的绝对必备条款和部分相对必备条款，且原告如约交付了近90%的房款，被告也在按约定收款，显然已经具备了《解释》第5条规定的认购书转化为商品房买卖合同的两个条件，所以《楼宇认购书》应认定为商品房买卖合同而不是预约合同。

第三，如果被告认为双方所签订的认购书不能认定为商品房买卖合同，只是对购房相关事宜的初步确认，那么双方在没有签订正式的商品房买卖合同的情况下，就不存在房屋买卖关系，被告也不应该通知原告收房。但事实上，被告自2008年11月始多次通知原告有关收房事宜。

第四，在原告声明于纠纷解决前拒绝缴纳剩余房款后，被告于2008年12月31日向原告发出了催款函。如果认购书不能认定为商品房买卖合同，那么原告签订认购书之后所产生的义务只是按照约定与被告签订正式的商品房买卖合同，而没有支付房款的义务。被告的催款行为实质上认同认购书为商品房买卖合同。

第五，认购书是格式合同，在对格式合同理解不一致时，按照《合同法》第41条的规定，应作出不利于提供格式合同一方的解释。一审判决将认购书认定为预约合同，显然是有利于提供格式合同一方的解释，违反了《合同法》第41条的规定，致使被告拒绝签订商品房买卖合同的违约行为不仅没有导致不利后果，反而成为被告规避其欺诈行为产生的法律责任的借口。

综上所述，原告与被告签订的《楼宇认购书》应该认定为商品房买卖合同。

3. 被告与原告签订《楼宇认购书》时是否存在欺诈？

原告在整个诉讼中一直主张被告在签订合同时存在欺诈，这也是原告主张双倍赔偿的事实基础，可以引导学生结合民法基本原理、《民法通则》和《合同法》的相关规定讨论被告的行为能否认定为欺诈。

依据诚信原则与《合同法》第 42 条的规定，当事人在订立合同的过程中应该履行告知义务，告知的内容包括能影响当事人决定是否签订合同的所有重要信息。其中，交易标的是否存在质量或权利方面的瑕疵，属于卖方应向买方如实披露的重要交易信息。《最高人民法院关于贯彻执行〈中华人民共和国民法通则〉若干问题的意见（试行）》第 68 条规定："一方当事人故意告知对方虚假情况，或者故意隐瞒真实情况，诱使对方当事人作出错误意思表示的，可以认定为欺诈行为。"根据本案一审法院认定的事实，被告故意隐瞒了其售予原告的房屋与样板房相比缺少两面玻璃窗和已经设定抵押权两个重要事实，但被告辩称，少两面玻璃窗并未严重影响房屋的使用功能，所诉争的房屋售前已经设定抵押，但按照惯例，被告会在原告办理房产证之前解除抵押，不会影响原告的权益。

基于上述事实，可以引导学生围绕以下问题展开讨论：

（1）本案被告在签订合同时隐瞒信息的主观状态。

（2）本案被告信息披露义务的范围包括哪些？被告是否构成不作为欺诈？

（3）原告是否因为被告隐瞒信息而产生了错误的认识？

（4）原告的错误认识是否会影响原告做出真实的意思表示？

4. 原告主张双倍赔偿应否获得支持？

《解释》第 9 条明确规定，出卖人订立商品房买卖合同时，故意隐瞒所售房屋已经抵押的事实，导致合同无效或者被撤销、解除的，买受人可以请求返还已付购房款及利息、赔偿损失，并可以请求出卖人承担不超过已付购房款一倍的赔偿责任。从该条最后一句话的表述来看，只是买受人有权利请求双倍赔偿，法院应否支持该条款则语焉不详。因此，老师可以引导学生结合我国司法实践中相关案例的判决、该《解释》与修改前的《消费者权益保护法》和《合同法》中双倍赔偿规定之间的关系等来讨论法院应否支持原告双倍赔偿的请求。

其一，消费者享有知悉其购买、使用商品的真实情况的权利。一方当事人故意隐瞒真实情况，诱使对方当事人做出错误意思表示，可以认定为欺诈行为。我国修改前的《消费者权益保护法》（以下简称《消法》）第 49 条和《合同法》第 113 条第 2 款均规定，经营者提供商品或者服务有欺诈行为的，应当按照消费者的要求增加赔偿其受到的损失，增加赔偿的金额为消费者购买商品的价款或者接受服务的费用的一倍。虽然商品房买卖中的欺诈行为能否适用该条规定存在争议，但在《解释》出台之前，我国司法实践中早已出现以该条为依据，判决有欺诈行为的开发商承担双倍赔偿责任的判例，并且得到了中国消协、广大消费者以及法律界人士的普遍赞誉，取得了非常好的社会效应。2000 年 11 月《福建省房屋消费者权益保护条例》的出台，首次以《消法》第 49 条为依据，对房屋销售中欺诈消费者的行为作了明确的认定及惩罚性规定，浙江、上海等地方性法规也都纷纷响应。本案发生地所在的省出台的“某省实施《中华人民共和国消费者权益保护法》办法”虽然没有明确规定商品房交易中的欺诈行为可以适用《消法》第 49 条的规定，但该办法第 22 条也规定了从事商品房开发或代理的经营者在销售商品房时应履行的义务，说明该办法认为商品房属于《消法》调整的商品范围。因此，本案所涉商品房交易中的欺诈行为也可以适用《消法》第 49 条的规定。

其二，《人民法院组织法》第 32 条规定：“最高人民法院对于在审判过程中如何具体应用法律、法令的问题，进行解释。”《全国人民代表大会常务委员会关于加强法律解释工作的决议》中第 2 条规定：“凡属于法院审判工作中具体应用法律、法令的问题，由最高人民法院进行解释……”《最高人民法院关于司法解释工作的规定》第 6 条第 1、2 款规定：“司法解释的形式分为‘解释’、‘规定’、‘批复’和‘决定’四种。对在审判工作中如何具体应用某一法律或者对某一类案件、某一类问题如何应用法律制定的司法解释，采用‘解释’的形式。”按照上述规定，《解释》是关于商品房买卖合同纠纷案件如何应用法律的具体规定，这里的“如何应用法律”是指如何应用我国已经出台的法律。《解释》既不是新的立法，也不是对现有法律规定的修改，只能解决如何应用法律的问题。在我国现有的民事立法中，只有《消法》第 49 条和《合同法》第 113 条第 2 款是关于经营者承担双倍赔偿责任的规定，其中《合同法》第 113 条第 2 款属于转致《消法》第 49 条的规定。因此，《解释》中第 9 条就是对如何应用《消法》第 49 条所作的具体规定，即《解释》第 9 条是以《消法》第 49 条为依据的，是对《消法》第 49 条规定的欺诈在商品房买卖过程中具体样态的列举。

但是，《消法》第 49 条规定的是经营者的法定责任，即经营者提供商品或者服务有欺诈行为的，应当按照消费者的要求增加赔偿其受到的损失，增加赔偿的金额为消费者购买商品的价款或者接受服务的费用的一倍。从《解释》第 9 条使用的“买受人可以请求……并可以请求……”的句式结构来看，该条是关于买受人索赔权的授权性规定，即提出多大比例的赔偿，且仅仅是买受人的权利，只是不能超过已付购房款一倍的上限。对于买受人而言，其可以根据自己的财力和诉讼风险来决定是按照已付购房款一倍还是一倍以内的任何比例索赔，并且有权放弃自己的权利，但这并不意味着《消法》第49条规定的出卖人的法定义务和责任也发生了变化。如果买受人提出已付购房款一倍的赔偿请求，且符合法律规定的其他条件，出卖人仍应该按照《消法》第49条的规定承担责任。

其三，从我国的审判实践看，法院在适用《解释》的第8条和第9条时，基本都是按照上述思路来处理《消法》第49条和《解释》之间的关系。《解释》出台之后，我国各种媒体报道的购房者主张双倍赔偿的案件中，原告主张双倍赔偿并获得过支持的比例非常大，说明商品房的出卖人应就其欺诈行为向买方承担双倍赔偿责任的观念在司法实践中已得到普遍认同。

事实上，本案上诉后迟迟不能结案，也可以从反面验证二审法官是支持李某的双倍赔偿请求的。

5. 抵押在诉讼中已经解除是否影响被告承担双倍赔偿责任？

被告方在第一轮法庭辩论中表示，如果至本案开庭审理时，其仍未解除抵押，其心甘情愿承担双倍赔偿责任。也就是说，其认为抵押一经解除就不需要承担双倍赔偿责任，这是否有法律依据呢？老师可以引导学生从理论和实践层面展开探讨。

在理论上，惩罚性赔偿制度的目的体现在四个方面：一是削弱侵权行为人的经济基础，防止他们重新作恶，对社会上潜在的不法行为人产生威慑；二是惩罚侵权行为人的恶行；三是激励受害人提起诉讼；四是使受害人得到充分的补偿，以克服某些法律规则对受害人补偿不足的缺陷，如诉讼费、精神方面受到的损害等。这也是我国民事领域引入惩罚性损害赔偿制度的目的。

原告方认为，从我国《消法》第49条和《解释》第9条的规定看，双倍赔偿制度惩罚的是出卖人在交易过程中违背诚信原则的欺诈行为。具体到本案，惩罚的是被告故意隐瞒其所售房屋少了两扇玻璃窗且已设定抵押权，致使原告在错误认识的基础上做出不真实的意思表示。更为严重的是，本案被告不仅在交易过程中存在欺诈行为，而且在纠纷发生后、原告已经提起诉讼的较长时期内，仍未主动解除抵押，直至其隐瞒其所售房屋已设定抵押权的事实被原告发现、变更诉讼请求之后，才迫于诉讼的压力被动解除抵押。被告的行为充分暴露出其无视国家有关商品房预售管理的有关法律法规、藐视社会公共利益、漠视原告利益而追求自身利益的自利本质，任何补救措施都无法掩盖其主观恶意。最为关键的是，无论《消法》第49条还是《解释》第9条均未规定出卖人的欺诈行为可以通过出卖人的其他行为予以补救并免除或减轻其赔偿责任，表明立法机关也认为，出卖人采取一定补救措施减少买受人的损失和风险是其应有的义务，就像盗窃被发现后应返还盗窃物一样，返还了盗窃物仍然要承担相应的法律责任。因此，抵押解除之后，被告仍应承担双倍赔偿责任。

有一种观点认为，在实践层面，如果结合本案发生的时间段所面临的经济形势来分析，也许会得出不同的结论。虽然开发商存在将抵押房屋出售的情况，但该抵押在一审开庭之前已经解除，也不形成原告实现购房目的的障碍。最高人民法院的司法解释出台于2004年，当时的目的是最大限度地限制开发商，最大限度地保护购房人的利益。但2008年以后，这一背景已经发生了极大的变化，在金融危机的影响尚未消除的大背景下，适用最高人民法院这一司法解释时，应尽量限缩其适用范围。这种观点不无道理。

但如果转换视角，从消费者利益出发，则可以做出另一番解读。在商品房交易过程中，消费者和房地产开发商相比，无论是在经济实力、技术能力方面，还是在商品房的权利、质量、售房合同内容的确定以及合同解释、售后服务等信息资源的享有、使用方面，都处于明显的弱势地位，存在着明显的信息不对称问题，尤其在关于商品房的权源及要件构成的合法齐备与否方面以及格式合同中是否暗藏着对消费者不利的条款及法律风险方面，消费者更是无法与房地产开发商相比。对于普通消费者来说，买房是件大事，动辄几十万元、上百万元的巨款，是大多数人奋斗半生甚至几代人的血汗钱。令人遗憾的是，长期以来，很多房地产开发商对此不以为然，不把诚信原则作为法律的底线来守护，因此，房地产开发商在商品房买卖中欺诈消费者的现象屡有发生、屡禁不绝，成为消费者购房时最担心的问题之一，早已成为商品房交易市场上的一大公害。正因为如此，最高人民法院及时出台了《解释》，对规范商品房买卖合同纠纷案件的审理提供了明确的法律依据。

因此，法院在做出判决时，需要考虑多方面因素，平衡多方利益。

■ 课堂时间安排

本案例既可以作为专门的案例教学课的素材，也可以作为合同法课程的教学案例。如果在专门的案例教学课中使用，可以安排6个课时，每节课45分钟，从程序和实体两个方面展开教学。如果作为合同法课程的案例，则只需1—2个课时，主要分析本案中涉及的实体法问题。

以下课程设计供6个课时教学参考。

1.课前布置任务：要求学生认真阅读案例，查阅相关法律规定，思考案例中提出的焦点问题，完成实践题作业。

2.课堂讲授和讨论环节：老师可介绍本案例的教学目的和教学要求，总结出案例的争议焦点问题，布置学生需要讨论的问题。

根据学生提交的实践题作业分小组，保证小组讨论的质量。每小组围绕教师提出的争点和思考题展开思考和讨论，形成讨论记录和讨论结论。

每组选派代表分享讨论的主要观点和结论，小组之间如有不同观点，可以开展进一步的辩论。

最后教师归纳总结。

3.课后作业：要求学生撰写参加案例讨论课的感想。

思考题和实践题

1.思考题

(1)代理人接受代理之后应做哪些准备工作？

(2)代理人如何收集和整理证据？如何判断证据的证明效力？

(3)代理人如何引导当事人确定合理、可行的诉讼请求？

(4)在开庭之前代理人要做好哪些准备？

(5)庭审中代理人如何影响法官？

(6)本案中在发现房屋抵押之前，原告提起违约之诉还是撤销之诉更可能获得法院的支持？

(7)预约和本约之间是什么关系？本案中的《楼宇认购书》是预约还是本约？

(8)根据本案案情，思考明珠集团有限公司的行为是否构成欺诈？

(9)本案中明珠集团有限公司的行为应否适用《最高人民法院关于审理商品房买卖合同纠纷案件适用法律若干问题的解释》第9条？

(10)在诉讼过程中解除诉争房屋的抵押，能否成为明珠集团有限公司承担双倍赔偿责任的影响因素？

2.实践题

(1)结合本案的事实，为原告撰写起诉状。

(2)针对起诉状，选择为被告撰写反诉状或者答辩状。

(3)选择为原告或者被告撰写代理词。

(4)结合案情,为一审法院起草一份判决书。

(5)结合案情,为二审法院起草一份判决书。

(6)结合案情,就一审被告是否存在欺诈为一审法院出具一份专家意见书。

(7)结合案情,就一审被告应否承担双倍赔偿责任为一审法院出具一份专家意见书。

参考文献

1. 余延满:《合同法原论》,武汉大学出版社 1999 年版。

2. 梁鹏:《预约与本约有何不同——商品房纠纷案引发的思考》,载《北京房地产》2004 年第 9 期。

3. 史浩明、程俊:《论预约的法律效力及强制履行》,载《苏州大学学报》(哲学社会科学版)第 4 期。

4. 荆民三:《商品房买卖合同纠纷中欺诈行为的认定和处理》,载《人民法院报》2013 年 4 月 23 日。

撰稿人｜段晓红,中南民族大学法学院教授

13 CASE 周俊华抢劫机动车交通肇事保险赔偿纠纷案

| 摘 要 |

本案例以一起真实的刑事附带民事诉讼案件为蓝本，以盗抢机动车交通肇事致人损害情形下的交强险承保公司赔偿责任为焦点问题，实际涉及刑法、刑事诉讼法、民法、民事诉讼法、保险法等多领域的诸多重要问题，可从多角度培养辩护律师、代理律师参与刑事诉讼及附带民事诉讼活动的证据收集、事实认定、法学基本原理运用和法律适用能力。本案焦点问题涉及的知识点和实体问题是民事诉讼中的盗抢机动车交通肇事的民事赔偿责任主体认定和机动车交强险承保公司是否承担保险赔偿责任。其他问题涉及抢劫机动车事实的认定、尚未完全丧失辨认或者控制自己行为能力的精神病人的刑事责任能力与民事责任能力、机动车交通事故责任的归责原则、抢劫机动车交通肇事致人死亡的精神损害赔偿问题等。

| 关键词 |

机动车　交强险　保险赔偿　盗抢　交通肇事

| 教学目标 |

通过本案例的学习，可锻炼和提高学生的下列诉讼实务技能：(1)结合案件事实与法学原理，在立法规定不明确的情形下灵活、准确适用法律的能力；(2)诉讼过程中的证据收集与事实认定的能力；(3)辩护律师、代理律师撰写辩护词、代理词的法律文书写作能力；(4)对保险赔偿纠纷的刑事附带民事诉讼案件处理与一般民事诉讼案件处理差别的区分判断能力，以及对由此带来的诉讼过程和诉讼结果的不同影响的理解与掌握。

教学案例主文

一、陕西华宝食品有限公司与机动车保险购买概况

陕西华宝食品有限公司(以下简称华宝食品公司)成立于2006年9月,注册资本8860万元,总资产十余亿元,主营饮料、食品生产销售,先后通过了ISO9001质量体系认证、HACCP食品安全认证、中国有机产品认证等重要认证,拥有多项专利和陕西省著名商标,是我国西北地区知名的省级农业产业化重点龙头企业。

华宝食品公司经营管理科学规范,注重在生产经营中运用保险制度化解企业风险。2012年5月21日,华宝食品公司为公司拥有的全部686台机动车(包括小型客车、中性客车、大型客车、轻型卡车、重型卡车等)自华泰财产保险股份有限公司H县支公司(以下简称华泰保险H县公司)购买了机动车交通事故责任强制保险(以下简称交强险),足额缴纳了全部保险费。保险单载明:保险期间自2012年5月22日0时起,至2013年5月21日24时止。保险单所附的交强险条款有如下规定:

"第四条 交强险合同中的被保险人是指投保人及其允许的合法驾驶人。投保人是指与保险人订立交强险合同,并按照合同负有支付保险费义务的机动车的所有人、管理人。"

"第八条 在中华人民共和国境内(不含港、澳、台地区),被保险人在使用被保险机动车过程中发生交通事故,致使受害人遭受人身伤亡或者财产损失,依法应当由被保险人承担的损害赔偿责任,保险人按照交强险合同的约定对每次事故在下列赔偿限额内负责赔偿:(一)死亡伤残赔偿限额为110000元;(二)医疗费用赔偿限额为10000元;(三)财产损失赔偿限额为2000元;(四)被保险人无责任时,无责任死亡伤残赔偿限额为11000元;无责任医疗费用赔偿限额为1000元;无责任财产损失赔偿限额为100元。"

"第九条 被保险机动车在本条(一)至(四)之一的情形下发生交通事故,造成受害人受伤需要抢救的,保险人在接到公安机关交通管理部门的书面通知和医疗机构出具的抢救费用清单后,按照国务院卫生主管部门组织制定的交通事

故人员创伤临床诊疗指南和国家基本医疗保险标准进行核实。对于符合规定的抢救费用,保险人在医疗费用赔偿限额内垫付。被保险人在交通事故中无责任的,保险人在无责任医疗费用赔偿限额内垫付。对于其他损失和费用,保险人不负责垫付和赔偿。(一)驾驶人未取得驾驶资格的;(二)驾驶人醉酒的;(三)被保险机动车被盗抢期间肇事的;(四)被保险人故意制造交通事故的。对于垫付的抢救费用,保险人有权向致害人追偿。"

华宝食品公司除购买了机动车交强险之外,还为本公司的人员和财产购买了若干种商业保险,包括机动车商业保险、企业财产保险、团体健康保险和意外伤害保险等。

二、本田轿车被抢劫事件与交通事故情况

车牌号码为陕A85029的汽车是华宝食品公司的一辆银灰色本田轿车,归公司财务科使用。

2012年12月29日,华宝食品公司财务科经理张某驾驶陕A85029轿车外出到H县处理公司销售事务。中午11时25分左右,张某因不熟悉路况和头脑中思考业务情况,开车特别缓慢。车的四门尽管是关闭状态,但没有上锁。当张某驾车慢慢行进到H县城关中学大门附近时,陌生青年男子周俊华(后经H县公安局刑警大队讯问、查询得知其姓名,是本县农民)竟然靠近车辆,猛拉开车后门,进入车内,坐在后座,同时口中嘟嘟囔囔,表情怪异。张某非常惊讶,马上停车熄火,拔下车钥匙后,下车站在驾驶室门口。周俊华又从车后座起身向前移动,坐到驾驶室内。张某大声警告:"你快下车!不然,我要打110报警了!"周俊华听后,迅速下车,向张某头部击打。张某撒腿就跑。周俊华追上,将张某打倒在地,并索要车钥匙。张某拒绝交出车钥匙,周俊华则对其脚踢拳打,钥匙掉在地上。周俊华拿到车钥匙上车启动,驾驶离去。张某高喊了几声"抢车了!"在慌忙向华宝食品公司电话汇报完毕,并打了110电话报警后,张某打了一辆出租车追赶周俊华。路边的春光超市老板梁某目睹了整个过程。城关中学的监控摄像头也记录了事发经过。

当天中午11点30分左右,周俊华驾驶陕A85029轿车行驶至H县洋州镇南街村红岩路116号地段南街十二组赵某某家门前,将赵某某的母亲何某某撞倒,并在倒车时将车撞在赵某某家院子东侧卫生间墙上,致使卫生间部分垮塌。周俊华下车准备逃跑时被赵某某以及邻居宋某某抓住,其嘴里却一直嘟囔说

"洋枪、洋炮打洋人"。事故现场留有轿车前部部件碎片、一条长达5米的S形刹车印痕迹、一摊20厘米×15厘米的血迹和一条秋裤。南街村村民陈某、宋某某、余某均在事故发生现场,并一起与打出租车追赶而来的张某参与了抢救何某某的活动。何某某被送往医院,但因伤势过重,经抢救无效死亡。抢救费用1200元,由何某某的儿子赵某某交付给医院。何某某死亡原因后经H县公安司法鉴定中心法医学鉴定,作出陕公洋尸字(2013)03号法医学鉴定意见书,结论为:系汽车碰撞外力致肺脏损伤而死亡。

对于上述交通事故,经仔细勘验,H县交警大队依法作出(2013)第008号道路交通事故认定书载明:周俊华负事故的全部责任,何某某在事故中无责任。

三、周俊华的情况

周俊华是H县长河乡黄村农民,生于1987年5月,未读完初中即退学。周俊华对汽车感兴趣,但一直没有参加驾驶学习,未办理机动车驾驶证。

2012年12月29日,周俊华因上述在H县抢劫张某驾驶的银色本田陕A85029轿车,涉嫌抢劫罪,被H县公安局刑事拘留,后被正式逮捕。周俊华被逮捕后,其所在的黄村村民委员会委会、村民程某某、谢某与王某均证明,周俊华家庭较为困难。

2012年1月,经李某介绍,周俊华与邻村女青年张某订婚。后来得知,张某因病不能生育。2012年12月中旬周俊华以无法接受张某不能生育为由提出分手。12月27日双方在一起协商退婚事宜,周俊华要求退还订婚钱1.5万元,但没有达成一致意见。此后,周俊华出现自言自语的症状,情绪波动较大,说话也不正常。在家人的劝说下,他开始服用安眠药。

2012年12月29日早上,周俊华骑摩托车到药店买了一盒安眠药,后到经营超市的朋友李某处借钱。李某发现周俊华说话含混,精神反常,和以前判若两人,没有当场答应借钱,并电话联系周俊华的姐姐周某某,讯问情况,被告知周俊华最近不正常,正在吃药,并马上过来领走周俊华。周某某和母亲先后赶到李某超市,劝周俊华回家,周俊华不回并在路上拦车,在街上乱跑。

周俊华在路上拦截多辆车,声称要去派出所办事,均未成功。一辆慢速行驶的武警消防车路过时,周俊华伸手拦住上了车。上车不久,因消防车开得慢,周俊华又下车沿路行走。行走到城关中学附近时,周俊华又想拦一辆白色轿车去张某家要回订婚钱,但没有拦住车。此时,华宝食品公司张某驾驶陕A85029本田轿车经过，车速十分缓慢，引起周俊华注意。周俊华认为该车高档，开车的人有钱，就有了抢车的想法，并从右侧直接拉开后车门上车。张某停车，周俊华实施殴打后取得车钥匙，驾车离开。行驶至南街村红岩路116号地段南街十二组赵某某家附近时，被另一辆车挡住了路，准备右侧超车时，周俊华发现右侧路边有一老太太（何某某），想刹车时却踩到了油门上，将何某某撞倒；转向倒车时又撞毁路边院墙和卫生间。

四、案发后的情况

1.关于华宝食品公司的车牌号为陕A85029的本田轿车的价值，经H县价格认证中心鉴定为185600元。

2.关于周俊华的精神状况，陕西司法精神医学鉴定中心出具陕司精鉴字（P013）司法精神医学鉴定意见书，认为：周俊华患有应激相关障碍（心因性精神障碍）；其2012年12月29日涉嫌作案时，有部分刑事责任能力。

但是，周俊华所在黄村村民委员会委会、村民程某某、谢某、王某均证明：在周俊华家族中没人有精神病，也没有听说周俊华本人有精神病方面的问题，只听说周俊华因谈对象之事受了刺激。

3.H县人民检察院依法向H县人民法院提起公诉，要求以犯抢劫罪、交通肇事罪对周俊华追究刑事责任。但周俊华及其亲属持有异议，认为其在作案时是处于精神病发作状态，无法控制自己的行为，属于完全无刑事责任能力人，不构成犯罪，不应承担刑事责任。

4.经H县人民法院核定，何某某死亡产生的合理损失为死亡赔偿金103670元，丧葬费19521.5元，处理丧葬事宜费用1500元，共计124691.5元。

5.周俊华的亲属在案发后向被害人何某某的亲属赵某某支付了赔偿款23000元，并称无力承担更多的赔偿。

6.何某某的儿子赵某某在H县人民法院审理周俊华抢劫、交通肇事案期间，向H县人民法院提起刑事附带民事诉讼，要求周俊华、华宝食品公司和华泰保险H县公司赔偿死亡赔偿金124691.5元、抢救费用1200元、精神抚慰金20000元、卫生间损失1000元，共计146891.5元。

7.华宝食品公司承认陕A85029轿车是该公司车辆，但以案件中的交通事故是发生在车辆被抢劫后、并非公司职工驾驶为理由，拒绝承担赔偿责任。

8.华泰保险H县公司承认陕A85029轿车是该公司承保交强险的车辆，可以负责垫付交通事故被害人的抢救费用，并享有垫付后对致害人的追偿权；但本案的抢救费用较少,只有1200元,已经由何某某的儿子赵某某交付给医院。并且周俊华的亲属在案发后向被害人何某某的亲属赵某某支付了赔偿款23000元,远远高于抢救费用。上述情况表明,华泰保险H县公司已经没有垫付抢救费用的责任。至于抢救费用以外的任何其他损失和费用,依据交强险条款第9条的规定,华泰保险H县公司不负责垫付和赔偿,从而拒绝承担赔偿责任。

教学指导手册

教学目标

通过本案例的学习,可锻炼和提高学生的下列诉讼实务技能:(1)法律适用能力,特别是结合案件事实与法学原理,在立法规定不明确的情形下灵活、准确适用法律的能力;(2)诉讼过程中的证据收集与事实认定的能力;(3)辩护律师、代理律师撰写辩护词、代理词的法律文书写作能力;(4)对保险赔偿纠纷的刑事附带民事诉讼案件处理与一般民事诉讼案件处理差别的区分判断能力,以及对由此带来的诉讼过程和诉讼结果的不同影响的理解与掌握。在实体法基本原理方面,通过本案例的学习,使学生熟练掌握我国现行立法中的盗抢机动车交通肇事的民事赔偿责任主体认定、交强险承保公司的赔偿责任与赔偿范围界定的基本原理。

教学内容

本案例以一起真实的、经过两审法院审理的抢劫机动车并引发交通肇事的刑事附带民事诉讼案件为蓝本编写,涉及刑法、刑事诉讼法、民法、民事诉讼法、保险法等多领域的诸多重要问题,是一个可从多个角度分析的案例。

由于案例分析讨论的设计方向和课堂教学时间方面的限制,本案例主要以民事诉讼中的两个实体性的焦点问题为中心展开:盗抢机动车交通肇事的民事赔偿责任主体认定和机动车交强险承保公司是否承担保险赔偿责任。

但是,讨论上述两个焦点问题又离不开刑事案件处理中的证据采纳、事实认定以及审理结果,并且本案中的民事赔偿诉讼也不是单独的民事诉讼,而是刑事附带民事诉讼,因而教学内容上应包含一定范围的刑事实体法、程序法内容,从而为便于学生全面理解掌握案例涉及的基本原理和法律规定。

1. 刑事附带民事诉讼和单独民事诉讼的不同

关于本案的何某某亲属主张的民事赔偿事宜,以刑事附带民事诉讼的方式处理和单独民事诉讼方式处理是有所不同的。不同主要体现在两个方面。

其一,诉讼费的差别。人民法院审理刑事附带民事诉讼案件,不收取诉讼费,即当事人避免了因预先支付诉讼费用而带来的风险;而民事诉讼要预交诉讼费,同时要承担"谁败诉谁承担诉讼费"的后果。

其二,赔偿范围的差别,特别是精神损害赔偿的差别。根据《最高人法院关于适用〈中华人民共和国刑事诉讼法〉的解释》第 155 条的规定,对附带民事诉讼作出判决,应当根据犯罪行为造成的物质损失,结合案件具体情况,确定被告人应当赔偿的数额。犯罪行为造成被害人人身损害的,应当赔偿医疗费、护理费、交通费等为治疗和康复支付的合理费用,以及因误工减少的收入。造成被害人残疾的,还应当赔偿残疾生活辅助具费等费用;造成被害人死亡的,还应当赔偿丧葬费等费用。驾驶机动车致人伤亡或者造成公私财产重大损失,构成犯罪的,依照《道路交通安全法》第 76 条的规定确定赔偿责任。该司法解释第 138 条第 2 款还明确规定:因受到犯罪侵犯,提起附带民事诉讼或者单独提起民事诉讼要求赔偿精神损失的,人民法院不予受理。而在单独的民事诉讼中,根据《最高人民法院关于审理人身损害赔偿案件适用法律若干问题的解释》第 17 条的规定,受害人遭受人身损害,因就医治疗支出的各项费用以及因误工减少的收入,包括医疗费、误工费、护理费、交通费、住宿费、住院伙食补助费、必要的营养费,赔偿义务人应当予以赔偿。受害人因伤致残的,其因增加生活上需要所支出的必要费用以及因丧失劳动能力导致的收入损失,包括残疾赔偿金、残疾辅助器具费、被扶养人生活费,以及因康复护理、继续治疗实际发生的必要的康复费、护理费、后续治疗费,赔偿义务人也应当予以赔偿。受害人死亡的,赔偿义务人除应当根据抢救治疗情况赔偿前述规定的相关费用外,还应当赔偿丧葬费、被扶养人生活费、死亡补偿费以及受害人亲属办理丧葬事宜支出的交通费、住宿费和误工损失等其他合理费用。该解释第 18 条第 1 款规定,受害人或者死者近亲属遭受精神损害，赔偿权利人向人民法院请求赔偿精神损害抚慰金的，适用《最高人民法院关于确定民事侵权精神损害赔偿责任若干问题的解释》予以确定。

对于上述精神损害赔偿方面的刑事附带民事诉讼的处理方式和单独民事诉讼处理方式不同，从受害人角度看，无疑是不公平的。但是，对于这种不同，尽管我们可以在理论上进行各种讨论，发表各种意见，但在具体的案件处理过程中，在法律法规、司法解释等未完全修改完善、协调一致的情况下，仍应当适用现行有效的具体规定。

按照上述规定和法律适用思路，本案中的何某某亲属主张的民事赔偿范围中的精神抚慰金 20000 元，因在刑事附带民事诉讼中审理，应当不予支持。

2. 抢劫罪和交通肇事罪的构成要件

根据《刑法》第 263 条的规定，抢劫罪是以非法占有为目的，对财物的所有人、保管人当场使用暴力、胁迫或其他方法，强行将公私财物抢走的行为。其构成要件是：(1)本罪的主体是年满十四周岁，具有刑事责任能力的自然人。(2)在主观方面，本罪只能由直接故意构成，故意的内容必须以非法占有公私财物为目的。(3)侵犯的客体是复杂客体，即不仅侵犯了公私财物所有权，同时也侵犯了被害人的人身权利，往往造成人身伤亡。(4)在客观方面，行为人必须具有对公私财物的所有者、保管者或者守护者当场使用暴力、胁迫或者其他对人身实施强制的方法，立即抢走财物或者迫使被害人立即交出财物的行为。

根据《刑法》第 133 条的规定，交通肇事罪是指违反道路交通管理法规，发生重大交通事故，致人重伤、死亡或者使公私财产遭受重大损失，依法被追究刑事责任的犯罪行为。其构成要件是：(1)本罪的主体为凡年满 16 周岁，具有刑事责任能力的自然人。(2)犯罪客体。交通肇事罪侵犯的客体是交通运输的安全。(3)犯罪的主观方面。交通肇事罪的主观方面表现为过失，包括疏忽大意的过失和过于自信的过失，这种过失是指行为人对自己的违章行为可能造成的后果而言。(4)犯罪的客观方面 。交通肇事罪的客观方面表现为在交通运输活动中违反交通运输管理法规，因而发生重大事故，致人重伤、死亡或者使公私财产遭受重大损失的行为。

本案中，周俊华的行为涉嫌抢劫罪和交通肇事罪，教师可以根据《刑法》的规定与上述构成要件的分析，指导学生具体进行抢劫罪和交通肇事罪的事实认定与法律适用。本案的真实案件中，一审和二审法院均判决认定刑事被告人犯抢劫罪和交通肇事罪。

3. 精神病人的刑事责任能力与民事责任能力

我国《刑法》第 18 条规定,精神病人在不能辨认或者不能控制自己行为的时候造成危害结果,经法定程序鉴定确认的,不负刑事责任,但是应当责令他的家属或者监护人严加看管和医疗;在必要的时候,由政府强制医疗。间歇性的精神病人在精神正常的时候犯罪,应当负刑事责任。尚未完全丧失辨认或者控制自己行为能力的精神病人犯罪的,应当负刑事责任,但是可以从轻或者减轻处罚。因此,我国刑法规定了精神病人有三种刑事责任能力类型:完全无刑事责任能力的精神病人、完全有刑事责任能力的精神病人、限制刑事责任能力(部分刑事责任能力)的精神病人。部分刑事责任能力的精神病人与完全无刑事责任能力精神病人相比,这种人并未完全丧失辨认和控制自己行为的能力,因此,不能像完全无刑事责任能力的精神病人那样,完全不负刑事责任。但是这种人作为精神病人,其刑事责任能力毕竟又有所减弱,因此,我国刑法规定对这种人可以从轻或者减轻处罚。

精神病人的民事责任能力,在我国民法上一般从无民事行为能力、限制行为能力和侵权责任承担方面规定,并不免除精神病人的民事责任,但在具体承担方式上通常采取由其监护人承担民事责任的替代责任方式。《民法通则》第 13 条规定,不能辨认自己行为的精神病人是无民事行为能力人 ,由他的法定代理人代理民事活动。不能完全辨认自己行为的精神病人是限制民事行为能力人,可以进行与他的精神健康状况相适应的民事活动;其他民事活动由他的法定代理人代理,或者征得他的法定代理人的同意。第 133 条规定,无民事行为能力人、限制民事行为能力人造成他人损害的,由监护人承担民事责任。监护人尽了监护责任的,可以适当减轻他的民事责任。有财产的无民事行为能力人、限制民事行为能力人造成他人损害的,从本人财产中支付赔偿费用。不足部分,由监护人适当赔偿,但单位担任监护人的除外。《侵权责任法》第 32 条的规定与上述《民法通则》第 133 条的规定基本一致。

本案中的周俊华,根据陕西司法精神医学鉴定中心出具的鉴定意见书,认为其患有应激相关障碍(心因性精神障碍),在 2012 年 12 月 29 日涉嫌作案时,有部分刑事责任能力。因此,可以依照我国刑法规定对其犯罪行为人从轻或者减轻处罚。但是,其无证驾驶抢劫而来的机动车导致交通事故发生,致使何某某死亡,应依法由其监护人承担民事赔偿责任。

本案的真实案件中,二审法院维持一审判决,具体判决是:"一、被告人犯抢劫罪,判处有期徒刑10年,并处罚金人民币5000元。被告人犯交通肇事罪,判处有期徒刑1年零6个月。二罪并罚,决定执行有期徒刑11年,并处罚金人民币5000元。二、刑事附带民事诉讼中的何某某死亡产生的死亡赔偿金103670元、丧葬费19521.5元、处理丧葬误工费1500元,以上共计124691.5元,除被告人亲属已经支付的23000元外,余款101691.5元,由刑事附带民事诉讼被告保险公司在交强险范围内承担赔偿责任。三、驳回附带民事诉讼原告人其他诉讼请求。"

4. 机动车交通事故责任的归责原则

我国目前机动车交通事故责任的归责原则,主要由《道路交通安全法》第76条规定:机动车发生交通事故造成人身伤亡、财产损失的,由保险公司在机动车第三者责任强制保险责任限额范围内予以赔偿;不足的部分,按照下列规定承担赔偿责任:(1)机动车之间发生交通事故的,由有过错的一方承担赔偿责任;双方都有过错的,按照各自过错的比例分担责任。(2)机动车与非机动车驾驶人、行人之间发生交通事故,非机动车驾驶人、行人没有过错的,由机动车一方承担赔偿责任;有证据证明非机动车驾驶人、行人有过错的,根据过错程度适当减轻机动车一方的赔偿责任;机动车一方没有过错的,承担不超过百分之十的赔偿责任。交通事故的损失是由非机动车驾驶人、行人故意碰撞机动车造成的,机动车一方不承担赔偿责任。

该法律条文所规定的归责原则究竟如何,一直有不同意见。但从文字含义方面考察,《道路交通安全法》第76条规定的机动车交通事故责任的归责原则为多层次归责原则:第一,在机动车第三者责任强制保险责任限额范围内,采取严格责任原则。第二,在机动车第三者责任强制保险责任限额范围之外,机动车之间发生交通事故采取过错责任原则;机动车与非机动车驾驶人、行人之间发生交通事故采取无过错责任原则。

机动车交通事故责任的归责原则和《道路交通安全法》第76条是我国侵权法中的主要问题和热点问题,资料丰富。教师可以在本手册提供的参考文献之外,指导学生收集、分析更多的资料与问题,以提高学生的资料收集整理能力、理论分析能力和法律适用能力。

5. 盗抢机动车交通肇事的民事赔偿责任主体认定

关于盗抢机动车交通肇事的民事赔偿责任主体认定，我国《侵权责任法》第52条作出了非常明确的规定："盗窃、抢劫或者抢夺的机动车发生交通事故造成损害的，由盗窃人、抢劫人或者抢夺人承担赔偿责任。保险公司在机动车强制保险责任限额范围内垫付抢救费用的，有权向交通事故责任人追偿"。

在法学理论上，上述立法规定有一些可讨论之处，具体内容见思考题与附件。

6. 盗抢机动车交通肇事的机动车交强险承保公司的赔偿责任

这一问题的争议很大，具体讨论见思考题与附件。

如果仅按保险合同条款字面含义理解，从本案例正文中引用的保险单所附的交强险条款的第9条规定来看，承保交强险的保险公司对于被保险机动车被盗抢期间肇事的，保险公司仅对于符合规定的抢救费用在医疗费用赔偿限额内垫付；对于其他损失和费用，则不负责垫付和赔偿。

预期效果

通过本案例的学习，从刑事附带民事诉讼与一般民事诉讼的差异性方面、机动车交通事故民事赔偿责任主体认定和交强险承保公司的赔偿责任与赔偿范围界定方面，以及诉讼法律文书写作方面，强化学生的法学基础知识和诉讼实务技能，提高诉讼实务水平。

教学计划

本案例可以按照分组研讨的方式进行，分为三组：

第一组为本案机动车所有人华宝食品公司组，主要负责收集证据、适用法律、撰写法律文书。本组在民事赔偿方面的主要主张是拒绝承担本案的交通事故赔偿责任。除上述外，本组还可以讨论华宝食品公司的刑事请求：要求以抢劫罪和交通肇事罪惩处周俊华。

第二组为本案受害人何某某亲属组，主要负责收集证据、适用法律、撰写法律文书。本组的主要民事主张是请求法院判决周俊华、华宝食品公司和华泰保险H县公司承担本案的交通事故赔偿责任。本组还可以讨论关于请求法院以交通肇事罪惩处周俊华的问题。本组的工作较多,可在集体讨论的基础上,小组内部同学再次分工,分别在何某某交通事故事实、损失分类与具体测算、适用法律、撰写诉状、刑事诉讼请求等重要方面有所侧重。

第三组为华泰保险H县公司组,主要负责收集证据、适用法律、撰写法律文书。本组的主要主张是拒绝承担本案的交通事故赔偿责任。

1. 课前计划:(1)将参与案例课堂的学生分为三组,明确分工;(2)提供案例和相关参考资料,提供思考题和实践题,给学生较为充分的时间阅读案例及相关参考资料;(3)指导学生分析、提炼小组讨论主题;(4)撰写初步的实践题答案或文书;(5)与学生小组保持课下联系,负责对同学遇到的各种问题进行处理和适当指导。

2. 课中计划:(1)安排两至三名学生简略而准确地陈述案例,并加以点评;(2)确认分组情况,明确讨论主题,由于时间限制的关系,各组讨论的主题应明确,每一组讨论的主题涵盖范围一般不超过三个子主题;(3)安排适当课堂时间进行分组讨论。一般可将讨论时间控制在十五分钟左右;(4)安排各组学生就案例教学内容所涉及的主要法律问题发言,需要控制每组以及每名同学的发言时间,一般可将每组发言时间控制在二十分钟左右;(5)分析、回答思考题,并对同学当堂提出的问题进行回应;(6)检查或讨论实践题中的法律文书写作内容;(7)教师进行点评、解答和总结。

3. 课后计划:(1)对于法律文书写作发现的问题,督促修改完善;(2)要求各组讨论、撰写、提交最终的案例学习报告,一般可要求在课后一周提交小组学习报告。

课堂时间安排

本案例可以作为专门的案例教学课来进行,整个案例课的课堂安排4个课时,每课时45分钟。

第1个课时主要熟悉案例,提炼问题,用适当课堂时间进行分组讨论。

第2—3个课时主要安排各组学生就案例教学内容所涉及的主要法律问题发言,并回答思考题。

第4个课时主要检查或讨论实践题中的法律文书写作内容。整体回顾案例学习过程,进行点评、解答和总结。

上述课堂时间安排中,第2—3个课时的内容是重点,时间上可以适当增加,相应适当压缩第1个课时、第4个课时的时间。同时,应充分调动同学的课堂参与积极性,留出较为充裕的时间供学生提问和教师解答。

思考题和实践题

1. 思考题

(1)如何认定盗抢机动车交通肇事情形下的交通事故赔偿责任主体?对盗抢的发生有过错的机动车所有人、管理人、驾驶人,是否应就其过错负担相应的赔偿责任?

(2)盗抢机动车交通肇事的机动车交强险承保公司是否应承担对受害人的赔偿责任?法律、行政法规、交强险合同条款、司法解释对此表述有无不同?如有不同,应该如何处理?

2. 实践题

(1)作为本案机动车所有人华宝食品公司的代理律师,撰写关于拒绝承担本案的交通事故赔偿责任的代理词。

(2)作为本案的受害人何某某的儿子赵某某的代理律师,撰写关于周俊华、华宝食品公司和华泰保险H县公司承担本案的交通事故赔偿责任的刑事附带民事诉讼起诉书。

(3)作为本案华泰保险H县公司的代理律师,撰写关于拒绝承担本案的交通事故赔偿责任的代理词。

参考文献

1. 杜万华、贺小荣、李明义、姜强:《〈关于审理道路交通事故损害赔偿案件适用法律若干问题的解释〉的理解与适用》,载《法律适用》2013年第3期。
2. 奚晓明、王利明主编:《侵权责任法条文释义》,人民法院出版社2010年版。
3. 江朝国:《强制汽车责任保险法》,中国政法大学出版社2006年版。
4. 程啸:《机动车损害赔偿责任主体研究》,载《法学研究》2006年第4期。

撰稿人 | 孙强,中国政法大学民商经济法学院副教授

14 CASE 华为诉美国 IDC 公司滥用市场支配地位案

| 摘　要 |

2011 年 12 月 6 日，华为公司向广东省深圳市中级人民法院起诉，要求美国 IDC 公司（InterDigital Communications，Inc. et al.）停止侵权、赔偿损失和承担费用。华为公司认为 IDC 公司在相关市场处于垄断地位，无视其在加入标准组织时作出的 FRAND（Fair，Reasonable and Non - Discriminatory，即公平、合理、无歧视）承诺，对其专利许可设定不公平的过高价格，对条件相似的交易相对人设定歧视性的交易条件，在许可条件中附加不合理的条件，在许可过程中涉嫌搭售，通过在美国国际贸易委员会和美国联邦法院同时起诉华为公司及华为公司的美国子公司来拒绝与华为公司进行交易，滥用其市场支配地位，不仅损害了竞争秩序，也对华为公司造成了实质损害，已威胁到华为公司在相关市场的正常运营，给华为公司造成了严重损失。双方主要围绕诉讼主体适格性、相关市场界定、市场支配地位认定、是否存在滥用行为以及法律责任承担等争议点展开辩论。一审后，双方均提起上诉。基于双方提出的上诉请求和证据，广东省高级人民法院二审判决进一步对相关问题进行了分析。该案适用的主要法律法规有《反垄断法》《民事诉讼法》《最高人民法院关于审理因垄断行为引发的民事纠纷案件应用法律若干问题的规定》《国务院反垄断委员会关于相关市场界定的指南》等。该案对我国法院裁决标准必要专利权人滥用市场支配地位问题具有十分重要的指导价值，深入阐述了知识产权反垄断法规制的相关问题，参考性强。

| 关键词 |

反垄断法　标准必要专利　滥用市场支配地位　专利许可费　FRAND 原则　相关市场

| 教学目标 |

(1)清晰了解我国法院对滥用市场支配地位的认定标准;(2)深入分析标准必要专利的反垄断法问题;(3)全面研究FRAND原则。

教学案例主文

一、引言

(一)当事人基本情况

案件原告为华为公司,被告为交互数字技术公司(InterDigital Technology Corporation)、交互数字通信有限公司(InterDigital Communications, LLC)、交互数字公司(InterDigital, INC)。

华为公司于1987年在深圳注册成立,其经营范围包括开发、生产、销售程控交换机,传输设备,数据通信设备,宽带多媒体设备,电源、无线通讯设备,微电子产品,系统集成工程,计算机及配套设备,终端设备及相关的设备及维修,技术咨询服务等。截至2010年年底,华为公司加入全球123个行业标准组织,如3GPP、IETF、ITU、OMA、NGMN、ETSI、IEEE和3GPP2等,并向这些标准组织提交提案累计超过23000件。

交互数字技术公司(InterDigital Technology Corporation)、交互数字通信有限公司(InterDigital Communications, LLC)、交互数字公司(InterDigital, INC)均是在美国注册的企业法人。交互数字技术公司、交互数字通信有限公司是交互数字公司的全资子公司。包括交互数字技术公司、交互数字通信有限公司、交互数字公司在内的关联公司对外统称为"InterDigital Group"(交互数字集团)。

交互数字集团的收入主要来自根据专利许可协议所收取的专利使用费。交互数字公司在《2011年年报》中声称,"其通过全资子公司持有超过19500项与无线通信基本技术有关的专利和专利申请组成的专利组合,这些专利组合中有许多专利和专利申请是或可能成为移动或其他无线标准(包括2G、3G、4G和IEEE 802系列标准)的关键"。2009年9月14日,交互数字公司加入ETSI,承诺按照 FRAND 原则实施许可。

（二）案件起因

2008 年 9 月起，本案原被告双方就必要专利许可费进行多次谈判。2011 年 7 月 26 日，交互数字在美国联邦地方法院——特拉华州法院以及国际贸易委员会（ITC）指控华为公司侵犯其在美国享有的七项必要专利，请求责令华为公司立即停止实施被控违法行为，同时对华为公司进行 337 调查，宣告对进口的绝对禁止、暂停和停止销售令。

2011 年 12 月 6 日，华为公司以滥用市场支配地位为由向广东省深圳市中级人民法院起诉 IDC 公司，要求 IDC 停止侵权、赔偿损失和承担费用。华为公司认为交互数字在相关市场处于垄断地位，无视其在加入标准组织时对公平、合理、无歧视原则的承诺，对其专利许可设定不公平的过高价格，对条件相似的交易相对人设定歧视性的交易条件，在许可条件中附加不合理的条件，在许可过程中涉嫌搭售，通过在美国国际贸易委员会和美国联邦法院同时起诉华为公司及华为公司的美国子公司来拒绝与华为公司进行交易，滥用其市场支配地位，不仅损害了竞争秩序，也对华为公司造成了实质损害，已威胁到华为公司在相关市场的正常运营，给华为公司造成了严重损失。

二、案件发展过程

（一）一审案情

1. 原告与被告诉称

第一，主体适格性。华为公司主张：交互数字技术公司（InterDigital Technology Corporation）与交互数字通信有限公司（lnterDigital Communications，LLC）皆为交互数字公司（lnterDigital，INC）的全资子公司。该三公司虽然属于不同民事主体，但其实际控制人和管理团队相同，对外统称为交互数字集团（InterDigital Group），其在经营中分工缜密，每一个民事主体通常实施一个完整法律行为的不同环节，构成共同诉讼的主体性质和形式。

交互数字公司辩称，其既不是标准化组织的成员和专利权人，也不是具体许可合同的谈判人，其仅仅是交互数字技术公司、交互数字通信有限公司的母公司；华为公司所称的其高管和交互数字通信有限公司的高管混同的问题，需华为公司举证证明;即使两公司在高管上有重合,亦不能否定其独立法人人格。故此,交互数字公司作为本案被告不适格。

第二,市场支配地位。华为公司主张,多年以来,交互数字参与各类无线通信国际标准的制定,将其直接或间接拥有的专利权通过种种方式纳入无线通信的国际标准,并以此形成了相关市场的支配地位。

交互数字共同答辩称,交互数字在相关市场中不具有市场支配地位,以及排除或限制竞争的能力。

第三,相关商品市场。华为公司主张,本案相关商品市场是以交互数字为专利权人的必要专利的许可市场,相关地域市场是全球必要专利许可市场中的中国市场和美国市场。

交互数字共同答辩称,交互数字不认可华为公司所主张的相关市场的划分。仅凭交互数字自身的必要专利涵盖的技术不可能制造任何终端产品。本案中相关的地域市场应该是全球市场,而不是华为公司所划分的中国市场和美国市场。

第四,滥用市场支配地位。华为公司主张,交互数字无视其在加入标准组织时对公平、合理、无歧视原则的承诺,对其专利许可设定不公平的过高价格,对条件相似的交易相对人设定歧视性的交易条件,在许可条件中附加不合理的条件,在许可过程中涉嫌搭售,通过在美国国际贸易委员会和美国联邦法院同时起诉华为公司及华为公司的美国子公司来拒绝与华为公司进行交易,滥用其市场支配地位,不仅损害了竞争秩序,也对华为公司造成了实质损害,已威胁到华为公司在相关市场的正常运营,给华为公司造成了严重损失。

交互数字共同答辩称,交互数字没有实施任何违反反垄断法、从事限制竞争的行为。交互数字没有给华为公司造成任何实际损害。

第五,诉讼请求。华为公司请求法院判令:“一、交互数字立即停止垄断民事侵权行为,包括停止过高定价行为、停止差别定价行为、停止搭售行为、停止附加不合理交易条件行为以及停止拒绝交易行为;二、交互数字连带赔偿华为公司经济损失人民币2000万元,华为公司保留根据进一步获知的证据以及交互数字技术公司、交互数字通信有限公司、交互数字公司侵权延续造成的损失对赔偿数额予以增加的权利;三、交互数字共同承担本案的诉讼费用以及华为公司为维权而支付的合理开支,包括调查费、公证费、律师费等”。

2. 一审案件争议点

本案双方主要争议点为：第一，涉案相关市场的范围如何界定；第二，交互数字在相关市场中是否具有市场支配地位；第三，华为公司指控交互数字滥用市场支配地位，实施垄断民事侵权行为是否成立；第四，如果华为公司指控侵权成立，则交互数字应如何承担相应的法律责任。

3. 一审判决

一审法院判决交互数字立即停止向华为公司采取的歧视性定价与捆绑销售行为，并向其赔偿经济损失2000万元。

（二）二审案情

1. 上诉人与被上诉人诉称

原告与被告双方均不服原审判决，提起上诉。

（1）华为公司上诉与交互数字答辩。

华为公司上诉称：原审判决关于交互数字将其捆绑搭售的行为符合市场惯例的认定，在事实认定和法律适用上均有错误。相关行为违反了反垄断法相关规定，给华为公司造成严重损失，故上诉请求撤销原审相关判决，改判交互数字立即停止将其捆绑搭售的行为，立即停止技术范围内的专利捆绑搭售的行为。

交互数字答辩称：①交互数字亦不服原审判决，已经提起上诉。②交互数字从未拒绝与华为公司交易，其在美国提起法律程序的正当维权行为亦不属于原审判决认定的"逼迫华为公司接受过高专利许可条件之手段"。③交互数字并未实施任何反垄断法禁止的搭售行为，其在谈判过程中向华为公司提出的就某范围的专利以及进行组合许可的方式并无任何不妥，存在合理性，已经形成行业内常见的商业习惯，不会损害或者限制竞争。故此，相关争议行为不属于反垄断法所禁止的搭售行为。请求法院驳回华为公司的上诉请求。

（2）交互数字上诉与华为公司答辩。

交互数字提起上诉称：

第一，原审法院对交互数字是否构成垄断民事侵权认定错误。首先，原审法院对于相关市场的界定错误。一是原审判决关于相关商品市场的认定错误。对华为公司产品所属的电信设备和移动终端市场而言，凭借某个单一的标准必要专利的许可是无法生产、制造出单台完整的通信设备或移动终端的，故单一标准必要专利权人对于终端产品市场没有也不可能直接获得垄断能力。本案的相关商品市场应被定义为特定通信标准的所有标准必要专利集合的许可市场。二是原审判决关于相关地域市场的认定错误。华为公司产品出口的国家已遍及全球各地,该"所有的出口国家"均应被纳入相关地域市场的范围,特别是在标准必要专利的许可实践中,"全球许可"是一种被广泛采用的许可模式,本案双方当事人都是全球性的跨国公司,双方也一直在进行全球专利许可的谈判。故相关地域市场应当是全球市场,而不是中国市场和美国市场。其次,即使按照原审判决认定"相关市场",交互数字在"相关市场"依然不具有支配地位。交互数字在寻求专利许可费的谈判过程中,也面临诸多市场制约因素,不具有市场支配地位。最后,即使交互数字被认为具有市场支配地位,其也没有实施过任何原审判决所称的滥用市场支配地位的垄断行为。一是原审判决关于过高定价的认定缺乏充分的证据支持和合理的经济分析。同时,原审法院忽视了华为公司、摩托罗拉等通信公司对其拥有的标准必要专利向被许可人收取 1.5%—3.25% 的许可费率的实践惯例。二是原审判决关于打包许可的做法构成搭售的认定没有考虑到市场的客观情况和合理理由,不能成立。"打包许可"并未给华为公司造成额外负担,交互数字并未因此获得任何额外收益,不能认定为搭售;交互数字所拥有的专利被共同用来满足同一商业需求,打包许可符合通信行业的商业习惯。同时,如何判断一个专利是不是标准必要专利,是一个复杂的法律及技术问题。打包许可可以避免相互间的侵权诉讼,提高了专利许可的效率。三是交互数字没有附加不合理的交易条件,也没有违背公平、合理、无歧视原则。交互数字只是在报价中提议,而并非一定要求。华为公司从未对交互数字提议要求的相关条款提出质疑,其关于交互数字通过相关条款来增加自身被收购的价值缺乏事实依据。四是原审判决认定美国诉讼的性质是逼迫华为公司接受过高的专利许可条件,与事实不符。相关行为是交互数字为保护自身合法权益而采取的合理行动,而且相关诉讼涉及的是美国专利,与本案没有关联。

第二,在确定民事责任赔偿承担方面,原审法院关于 2000 万元赔偿额的判决缺乏事实基础和法律依据。

第三,交互数字公司和交互数字通信有限公司并非本案的适格被告,原审判决要求其承担侵权责任及连带赔偿责任显属错误。

华为公司答辩称:

第一,原审判决认定相关市场正确。一是原审判决所界定的相关商品市场符合我国反垄断法和国务院反垄断委员会《关于相关市场界定的指南》的规定。

二是交互数字相关上诉理由不能成立。其错将终端消费者而非设备制造商视为必要专利的需求者,本案不应主要考虑手机终端用户的需求替代,单个专利许可是否可制作终端产品与必要专利是否能被替代没有关联。三是本案将地域市场认定为中国市场和美国市场正确。专利具有地域性,故地域市场应当以国别为界。

第二,原审判决正确认定交互数字具有支配地位。交互数字系市场的唯一供给方,可以控制交易条件。标准确定后,没有任何技术可以有效供给替代,故交互数字可以阻碍他人进入相关市场。具有市场支配力并不意味着不受任何市场因素制约,不能以制约因素的存在论证市场支配地位不成立。华为公司受制于交互数字的诉讼行为,面临商业和法律风险,这一事实正说明了交互数字的支配地位。

第三,原审判决正确认定交互数字的行为构成对市场支配地位的滥用。交互数字在谈判过程中,积极寻求禁令的适用,报价大幅上涨,以不正当的高价销售专利许可。捆绑构成对其支配地位的滥用,以附加不合理条件的方式滥用了市场支配地位。

第四,原审判决认定的赔偿费用合理、合法。

2. 二审案件争议点

根据上诉人的上诉请求与理由,本案主要争议点为:第一,相关市场如何界定;第二, 交互数字在相关市场是否具有支配地位;第三,交互数字相关被控行为是否构成滥用市场支配地位的行为;第四,原审判赔数额是否合理。

3. 二审判决

二审法院判定交互数字违反反垄断法,违反 FRAND 原则,应对华为公司支付2000 万元赔偿费。

4. 后续进展

2013 年 12 月,华为公司与交互数字达成和解协议,双方同意撤销涉及 ITC 的两项调查及在美国法院起诉的专利费税率的全部诉讼。2013 年 6 月,我国国家发展改革委员会对 IDC 公司启动了反垄断调查。2014 年 3 月,IDC 公司向国家发展改革委员会提交了中止调查申请,提出了消除涉嫌垄断行为的具体措施。2014 年 5 月,国家发展改革委员会作出中止调查的决定。

三、证据材料

（一）一审证据

1. 现行通信领域技术标准的基本情况

华为公司明确其生产相关通信产品必须符合无线通信技术标准。交互数字认可，其在中国现行的无线通信技术标准中均拥有“标准必要专利”。

2. 以《欧洲电信标准化协会》（ETSI）为例介绍标准化组织的知识产权政策

第一，交互数字技术公司加入ETSI的情况。交互数字技术公司向ETSI提交《知识产权信息声明和许可申报》以及《知识产权信息声明附录》。

第二，《欧洲电信标准化协会》（ETSI）知识产权政策的主要内容。（该政策第3.1、4.1、4.3、8.1、12、15.1、15.9条的解释。）

3. 交互数字声称的必要专利在中国电信领域的使用情况

交互数字技术公司在ETSI声称的必要专利，对应中国电信领域的移动终端和基础设施之技术标准，亦是中国的必要专利。

4. 当事人专利许可谈判的基本情况

华为公司与交互数字通信有限公司就涉案专利许可在中国广东省深圳市等地进行了多次谈判。

5. 交互数字与苹果公司等达成的专利交易情况

若以专利许可使用费率为标准，交互数字第×××次报价中拟授权华为公司的专利许可使用费率，约是交互数字许可给苹果公司专利许可费率的×××、交互数字许可给三星公司专利许可费率的×××、交互数字许可给RIM公司和HTC公司专利许可费率的×××。若以一次性收取专利许可费用为标准，交互数字第×××次、第×××次报价中拟授权给华为公司×××的专利许可使用费，是交互数字授权给苹果公司每季度200万美元的专利许可费用的×××；第×××次报价中拟授权给华为公司×××的专利许可费用，是交互数字授权给苹果公司5600万美元的专利许可费用的×××。

6. 无线通信领域必要专利的交易情况

第一，交互数字提交的证据显示无线通信领域必要专利的交易情况。交互数字提交比特网、和讯网、网易科技网等网站的报道，证明在无线通信领域中必要专利全球许可是较常见的交易模式。

第二，交互数字提交的证据显示谷歌购买合并摩托罗拉案中的必要专利交易情况。欧盟委员会认为，如果谷歌在并购完成后开始寻求高于2.25%的许可率，才有可能需要对此次并购提出质疑。

欧盟委员会认为，交叉许可通常而言不是反竞争的，此外，在移动通信领域，交叉许可是一个普遍的和可被接受的惯例。

此外，在必要专利的基础上寻求和实施禁令从其本身考量，也不是反竞争的，特别是依据具体情况，必要专利权人对不愿意以善意对FRAND条款进行谈判的潜在被许可人寻求禁令可以是合法的。

7. STRATEGY ANALYTICS研究机构分析手机市场的情况

华为公司向原审法院提交了STRATEGY ANALYTICS研究机构对全球手机市场的分析报告。交互数字否认STRATEGY ANALYTICS研究机构关于全球手机市场分析报告的真实性。华为公司作出了回应。

8. 交互数字在美国特拉华州法院、美国国际贸易委员会起诉华为公司必要专利侵权的情况

2011年7月26日，交互数字技术公司、交互数字通信有限公司和IPR许可公司（IPR Licensing Inc.）将华为公司起诉至美国特拉华州法院，称华为公司涉嫌侵犯了其在美国享有的七项专利，请求美国特拉华州法院责令华为公司停止被控侵权行为。

同日，交互数字通信有限公司、交互数字技术公司、IPR许可公司向美国国际贸易委员会（ITC）起诉华为公司、华为美国公司侵犯其必要专利权，请求美国国际贸易委员会对华为公司相关产品启动337调查并发布全面禁止进口令、暂停及停止销售令。

9. 交互数字公司近两年年报记载的其他内容

第一，交互数字公司《2010年年报》记载的其他内容。包括交互数字公司的收入来源、母子公司情况、参与制定标准专利等情况。

第二，交互数字公司《2011年年报》记载的其他内容。包括其知识产权状况，收入来源、一次性支付的情况、专利组合、在美国起诉华为和申请禁令等情况。

（二）二审证据

本案二审期间，交互数字先后向法院递交了17份证据材料，包括：（1）关于华为公司跻身智能手机厂商前三的新闻报道；（2）关于华为公司在中国智能手机市场排名第二的报道；（3）关于华为手机销量的报道；（4）关于苹果公司的

iPhone 在中国智能手机市场占有率排名靠后的报道;(5)华为公司官网对于华为产品应用于全球一百四十余个国家的介绍;(6)瑞士信贷 2013 年 1 月关于高通公司的行研报告及翻译;(7)交互数字 2012 年年报节选及翻译;(8)“从经济角度观察专利许可架构与条款”;(9)iPhone 五周年回眸:iPhone 推出前的 11 大预言;(10)交互数字 2012 年年报节选及翻译;(11)美国国际贸易委员会于 2013 年 6 月 28 日针对交互数字指控华为公司专利侵权有关案件作出的初步裁决的通知。(12) 美国国际贸易委员会针对三星公司诉苹果公司标准必要专利侵权纠纷案件作出的决定及相关中文翻译;(13)北京市第一中级人民法院关于第 03244389.7 号和第 03810259.5 号专利无效行政诉讼案件判决书;(14)德国杜塞尔多夫上诉法院法官就德国法院关于标准必要专利的审判实践在摩托罗拉诉微软案件中的证词;(15)《标准必要专利的滥用问题——德国橙皮书标准案分析》;(16)美国联邦贸易委员会在对骨骼公司的反垄断调查案件中出具的决定;(17)美国国际贸易委员会在交互数字诉华为公司专利侵权案件中作出的初步裁决。交互数字在前述证据材料上注明,前述证据材料中的证据 1、2、3、4、7、8、9、10、15 来源于互联网,证据 5 来源于华为公司网站,证据 6 来源于瑞士信贷,证据 11、12、16、17 来源于美国国际贸易委员会,证据 13 来源于北京市第一中级人民法院,证据 14 来源于美国华盛顿州西区联邦地方法院。交互数字提供前述证据,拟从法律上论证其未违反公平、合理、无歧视许可原则,没有滥用垄断地位的行为。

华为公司对前述证据材料均不认可,理由是这些证据与本案没有关联性,相关材料与本案没有可比性,不具有参考价值。

本案二审期间,交互数字所聘请的专家当庭发表了专家意见。交互数字的专家陈述意见支持交互数字的诉讼主张,认为原审判决对于相关市场的界定不合理,即使按照原审判决所界定的相关市场,交互数字也不具有市场支配地位,而且不存在滥用市场支配地位的行为。华为公司当庭质证认为,专家证人只是提出了一种论证思路和观点,但并无相关数据、调查予以支持。

四、结语

(一)案件争议点

1. 审理程序

首先,交互数字通信有限公司与交互数字技术公司均是交互数字公司的全资子公司,且互为关联公司,包括三者在内的关联公司对外统称为交互数字集团(InterDigital Group)。其次,交互数字通信有限公司、交互数字技术公司和交互数字公司在涉案必要专利授权许可经营事宜上分工合作,并共同获得收益。再次,交互数字通信有限公司作为交互数字集团代表加入了"ETSI"等多个电信标准组织,参与了各类无线通信国际标准的制定。最后, Lawrence F. Shay 在二审诉讼启动前是交互数字通信有限公司、交互数字公司的共同知识产权执行副主席、首席知识产权顾问,是交互数字技术公司的总裁,也是该三公司的共同授权代表。交互数字公司、交互数字通信有限公司与本案有直接的利害关系,应属于共同被告。

由于交互数字在中国和美国各自拥有 3G 无线通信技术标准(WCDMA、CDMA2000、TD－SCDMA)必要专利权利,其对中国必要专利的授权许可经营行为中相关权利的行使和行为的发生均在中国境内,依法应受我国反垄断法规制;而其对美国必要专利的授权许可经营行为,直接可对华为公司等国内企业在中国境内的生产活动、出口机会以及出口贸易产生重大的、实质性的、可合理预见的排除、限制影响,故依法亦受我国反垄断法的规制。

2. 相关市场界定

要确定交互数字是否违反反垄断法规定和滥用市场支配地位,前提是准确界定涉案必要专利所在的相关市场。

《国务院反垄断委员会关于相关市场界定的指南》(以下简称《指南》)第 2 条规定,任何竞争行为(包括具有或可能具有排除、限制竞争效果的行为)均发生在一定的市场范围内。界定相关市场就是明确经营者竞争的市场范围。科学合理地界定相关市场,对识别竞争者和潜在竞争者、判定经营者市场份额和市场集中度、认定经营者的市场地位、分析经营者的行为对市场竞争的影响、判断经营者行为是否违法以及在违法情况下需承担的法律责任等关键问题,具有重要的作用。

《反垄断法》第 12 条第 2 款规定,相关市场是指经营者在一定时期内就特定商品或者服务进行竞争的商品范围和地域范围。《指南》第 3、4 条规定,在反垄断执法实践中,通常需要界定相关商品市场和相关地域市场。相关市场范围的大小主要取决于商品(地域)的可替代程度。在市场竞争中对经营者行为构成直接和有效竞争约束的,是市场里存在需求者认为具有较强替代关系的商品或能够提供这些商品的地域,界定相关市场主要从需求者角度进行需求替代分析。当供给替代对经营者行为产生的竞争约束类似于需求替代时，也应考虑供给替代。《指南》第 7 条规定，界定相关市场的方法不是唯一的。界定相关市场时，可以基于商品的特征、用途、价格等因素进行需求替代分析，必要时进行供给替代分析。无论采用何种方法界定相关市场，都要始终把握商品满足消费者需求的基本属性，并以此作为对相关市场界定中出现明显偏差时进行校正的依据。因此，对本案相关市场的界定，主要基于涉案必要专利满足消费者需求的基本属性，考虑需求者对涉案必要专利技术的功能、用途、价格等因素进行需求替代分析，并适当考虑供给替代分析。

第一，从必要专利的基本属性与特征来看。当某一专利技术成为必要专利被选入标准后，参与该行业竞争的产品制造商/服务提供商就必须提供符合标准的商品/服务，这意味着其不得不实施相关必要专利技术，而无法做规避设计以绕过该必要专利。这种标准带来的封锁效应与专利权自身具有的法定垄断属性相结合，使必要专利成为产业参与者唯一且必须使用的技术，产业参与者不得不寻求必要专利权人的许可，否则将丧失参与竞争的前提和条件。因此，必要专利与一般专利不同，其并不存在充足的、实际的或潜在的近似替代品。这是本案所必须重点把握的商品属性与特质。

第二，从需求替代分析。本案各方当事人均认可，交互数字在中国和美国分别享有 3G 无线通信技术 WCDMA、CDMA2000、TD－SCDMA 标准下的大量必要专利。由于每个必要专利技术均是 3G 无线通信标准体系所必不可少的组成部分，拒绝任何一个必要专利的许可均将导致相关产品制造商无法使用相关技术，从而无法生产出符合标准的产品，并被排除在目标市场之外，因此，涉案必要专利技术成为华为公司唯一且必须使用的技术，并无其他技术可供替代。交互数字上诉认为，2G、4G 标准可以替换 3G 标准，故而应将其标准技术均纳入相关市场中。法院认为，一般而言，标准被选择后，产业参与者须设计、调试和生产与标准相一致的产品。在标准设立之初，产业参加者尚可轻易放弃一个技术而转向另一个技术。但随着转移到标准中的资源增加和转换到另一个标准成本的升高，这种转换是困难的。2G、4G 标准与 3G 标准是在无线通信领域不同技术发展阶段设立的不同标准，在各标准下的每一个必要专利都是唯一的、不可替代的。本案中，华为公司为了执行 3G 无线通信技术标准，已经做了大量先期投入，这些成本投入不可撤回，若立即放弃该标准而转向其他标准，不仅须承受上述先期投入的成本，还须承受巨大的转换成本和市场风险，这显然是难以执行甚至不可能的。故交互数字的相关主张不能成立。

第三,从供给替代分析,如前所述,专利与标准相结合后,必要专利成为唯一的且必须实施的技术,必要专利权人成为所涉技术市场唯一的供给方。故在涉案必要专利许可市场,并不存在可与交互数字相竞争的经营者。同时,由必要专利自身固有的法定垄断性所决定,亦不存在其他经营者通过短期的合理投入即可转向成为必要专利经营者的可能。

本案交互数字拥有全球(包括中国和美国)3G 标准必要专利,华为公司是全球范围内的无线移动终端和基础设施的生产商、销售商和服务商,华为公司在生产经营中必然要使用这些 3G 标准必要专利,每一个 3G 标准必要专利,都不能为其他技术或其他专利技术所替代,交互数字亦未举证证明,华为公司如果不使用这些 3G 标准必要专利,其能够从其他人处获取替代技术或其他专利技术。

同时,2G、3G 和 4G 标准是技术升级关系,2G、3G 和 4G 标准下的每一必要专利都是唯一的、不可替代的。因此,鉴于 3G 标准(包括 WCDMA、CDMA2000、TD—SCDMA)每一个必要专利的唯一性和不可替代性,华为公司对本案相关市场范围的界定符合我国反垄断法的规定。

交互数字在每个国家所获取的相关必要专利的技术方案内容即使一致,相关的权利也是相互独立的,其存在的基础以及行使的范围均不相同,因此彼此之间并不构成竞争关系或者替代关系。本案中,华为公司所主张的相关市场为交互数字在中国的 3G 无线通信技术标准(WCDMA、CDMA2000、TD－SCDMA)中的每一个必要专利许可市场(地域范围是中国),以及在美国的 3G 无线通信技术标准(WCDMA、CDMA2000、TD－SCDMA)中的每一个必要专利许可市场(地域范围是美国),两者各自在其权利所及地域范围内(分别为中国和美国)构成独立的地域市场。

交互数字上诉认为,仅凭某一必要专利的许可无法制造出完整产品,从而不能作为相关市场,该主张缺乏事实依据与法律依据。

此外,相关地域市场是指需求者获取具有较为紧密替代关系的商品的地理区域。由于知识产权具有地域性,在不同的法域,其存在及使用必须符合当地的法律。因此,在专利许可市场中,其许可范围必然与相关专利权所及的地域范围相关。

3. 市场支配地位认定

《反垄断法》第 17 条第 2 款规定,市场支配地位,是指经营者在相关市场内具有能够控制商品价格、数量或者其他交易条件，或者能够阻碍、影响其他经营者进入相关市场能力的市场地位。第 18 条规定，认定经营者具有市场支配地位，应当依据下列因素：该经营者在相关市场的市场份额，以及相关市场的竞争状况；该经营者控制销售市场或者原材料采购市场的能力；该经营者的财力和技术条件；其他经营者对该经营者在交易上的依赖程度；其他经营者进入相关市场的难易程度；与认定该经营者市场支配地位有关的其他因素。即认定经营者的市场支配地位，需要考虑市场份额、该市场的竞争状况以及市场进入的难易程度等多种因素。

由于在知识产权与标准相结合的情况下，产品制造商要生产符合标准的产品，实施必要专利必不可少且不可替代，必要专利的专利权人从而获得超越专利权内涵的市场支配力量。交互数字作为涉案必要专利许可市场唯一的供给方，其在 3G 标准中的每一个必要专利许可市场具有完全的份额，故其完全具有阻碍或者影响其他经营者进入相关市场的能力。而且，由于交互数字仅以专利授权许可作为其经营模式，自身并不进行任何实质性生产，不需依赖或者受制于 3G 标准中其他必要专利权利人的交叉许可，故其市场支配力未受到有效制约。

4. 滥用市场支配地位

在进行必要专利的授权许可谈判时，必要专利权人掌握其必要专利达成许可条件的信息，而谈判的对方不掌握这些交易信息，由于双方信息不对称，故必要专利许可合同交易的实现，依赖于必要专利权人在合同签订、履行时均遵循公平、合理、无歧视的原则，交互数字负担的公平、合理、无歧视的义务贯穿于必要专利授权许可谈判、签订、履行的整个过程。必要专利的交易价格是反映必要专利权人是否按公平、合理、无歧视的原则进行授权许可的关键因素。

本案中华为公司与交互数字均是 ETSI 标准组织的成员，交互数字在加入 ETSI 时，明确承诺要将其必要专利以公平、合理、无歧视的原则授权给标准组织的其他成员使用。华为公司已举证证明，交互数字技术公司在 ETSI 声称的必要专利，对应中国电信领域的移动终端和基础设施之技术标准，亦是中国的必要专利。根据我国的法律，交互数字亦应将其必要专利以“公平、合理、无歧视的原则”授权给华为公司使用。

交互数字要求获得 × × × 并在美国提起相关诉讼，进一步加强了过高定价的不合理性和不公平。一般而言，× × × 本身并不必然构成不合理的附加条件，应综合案件实际情况予以认定。本案中，交互数字不仅仅要求华为公司支付高昂的许可费,还强迫华为公司给予其×××,而华为公司与交互数字相比,其×××的数量与价值远远高于交互数字公司,这显然将进一步提高华为公司为获取必要专利许可而付出的对价,加剧了不公平的过高定价,违反反垄断法相关规定。与此同时,交互数字不履行其公平、合理、无歧视的授权许可义务,无视华为公司在许可谈判过程中的诚意和善意,不仅不合理调整相关报价,而且还在美国提起必要专利禁令之诉,表面上是在行使合法诉讼手段,实际上却意图通过诉讼手段威胁强迫华为公司接受过高的专利许可条件,逼迫华为公司就必要专利之外因素支付相应对价,故该行为不具有正当性,应予否定。

(1)许可费过高

《反垄断法》第17条第1款第1项规定,禁止具有市场支配地位的经营者以不公平的高价销售商品。该条款规制的是具有市场支配地位的经营者凭借其市场支配地位对交易方进行不公平交易的行为。本案中,交互数字是否以不公平的高价向华为公司进行相关必要专利许可,需要综合相关事实和证据予以认定。

第一,从交互数字对华为公司就涉案必要专利许可费问题前后数次报价来看,均明显高于交互数字对其他公司的专利许可费。固定许可费与按许可费率收取是两种不同标准的专利许可费收取方式,两者一般不宜直接比对。但在交互数字始终不愿提交相关专利许可使用合同、不愿披露其对其他公司按许可费率收取的情况下,原审法院根据交互数字年报披露的内容、其他被许可人的销售收入和其他情况,推算出专利许可费率,从而与交互数字拟对华为公司收取的专利许可费率予以比对,作为判断是否存在过高定价的参考,具有一定合理性和科学性。而且交互数字亦始终无法否认,即使就同样方式授权许可的专利使用费用来看,交互数字拟对华为公司一次性收取的固定专利许可使用费亦均明显不合理地高于其授权给苹果公司的一次性专利许可使用费用。

第二,交互数字对华为公司收取过高的专利许可费缺乏正当性。本案所涉商品是交互数字在3G无线通信领域的相关必要专利,作为一种已被专利所固定下来的技术,其投入的产生主要发生在技术研发、专利申请,以及纳入标准等时期,当其成为必要专利后,其成本已经基本稳定。在此情况下,交互数字仍对全球手机销售量排名、综合实力远远不及美国苹果公司、韩国三星公司等的华为公司收取过高许可费,显然缺乏合理性和正当性。从后果来看,交互数字对华为公司不公平地征收高价许可费的行为将导致华为公司要么放弃相关终端市场的竞争,要么不得不接受不公平的定价条件,从而使华为公司在相关终端市场竞争中成本增加、利润减少,直接制约其竞争能力。

(2)搭售

《反垄断法》第17条第1款第5项规定,禁止具有市场支配地位的经营者没有正当理由搭售商品,或者在交易时附加其他不合理的交易条件。与一般财产权利相比,当搭售和捆绑涉及知识产权产品时,由于知识产品通过搭售和捆绑的销售边际成本更低,"一揽子"许可可以改善效率,因此"一揽子"许可未必是反垄断的,但若该"一揽子"许可是强迫性的或违反公平贸易原则且缺乏正当理由的,则应受到反垄断法的规制。

标准技术条件下,必要专利具有唯一性和不可替代性,而×××则一般都存在可替代性,将某技术捆绑销售将导致必要专利权利人在必要专利许可市场上的市场力量延伸到×××市场,从而将阻碍或限制×××市场的竞争。本案中,交互数字给华为公司的许可谈判中,将×捆绑销售,并声称×构成强制性的一揽子许可,该行为将导致无论华为公司是否需要,只要其欲获取必要专利的许可,就必须同时购买×××,该行为显然限制了×××市场的竞争行为,构成滥用市场支配地位。

交互数字上诉主张×难以区分,但由于其在加入相关无线通信领域标准组织时,必须披露相关必要专利和专利申请,因此对于特定的标准组织成员而言,其拥有的必要专利和专利申请权是可以确定的。

由于标准技术条件下,必要专利本身就具有唯一性和不可替代性,因此无论是2G、3G还是4G标准下的必要专利均不具有可替代性,将其一起捆绑销售,不仅符合效率,而且不会产生如非必要专利般将在某技术市场上的支配力不当延伸、限制相关市场竞争的问题。华为公司的诉讼请求为要求法院按照公平、合理、无歧视原则判定交互数字技术公司等就其全部中国标准(包括2G、3G、4G标准在内)必要专利许可华为公司的许可费率或费率范围,此亦证明了将××技术进行捆绑许可并未违背华为公司的意愿,不具有强迫性。至于将××技术范围内的必要专利捆绑销售的问题,交互数字公司已经提供证据证明,全球许可是市场上常见的且广泛采用的交易模式,而本案的证据也显示,交互数字公司对苹果公司、三星公司等其他跨国公司的授权许可均是全球范围许可;而且从无线通信领域来看,由于必要专利在各个地域均形成不同的权利,对××技术范围内的必要专利进行打包许可符合效率原则,特别对跨国公司而言有利于降低成本进而有利于提高消费者福利,在华为公司没有提出反驳证据的情况下,不宜认定该行为是限制竞争、违反反垄断法的。

(3)美国禁令之诉

交互数字在与华为公司谈判期间，在美国针对华为公司提起必要专利禁令之诉，这在性质上不属于拒绝交易行为，而属于逼迫华为公司接受过高专利许可交易条件之手段的行为。由于华为公司的生产活动主要在中国深圳，交互数字在美国提起的必要专利禁令之诉会对华为公司出口产品的行为产生排除、限制性影响，所以交互数字该行为明显违背其作为3G标准之必要专利权人所应负担的公平、合理、无歧视义务，属于滥用市场支配地位的行为，受我国反垄断法约束。

5. 赔偿数额

《最高人民法院关于审理因垄断行为引发的民事纠纷案件应用法律若干问题的规定》第14条规定：被告实施垄断行为，给原告造成损失的，根据原告的诉讼请求和查明的事实，人民法院可以依法判令被告承担停止侵害、赔偿损失等法律责任，根据原告的请求，人民法院可以将原告因调查、制止垄断行为所支付的合理开支计入损失赔偿范围。

由于双方当事人均未提供证据证明“因被告方侵权致原告受损或被告方因侵权获利数额”的确切证据，考虑由于交互数字的垄断民事侵权行为会导致华为公司在中国因委托律师而产生律师费、在美国因委托律师而产生律师费、因公证取证而产生公证费，以及竞争利益受损等损失，加之考虑交互数字侵权行为的性质、主观过错程度，以及给华为公司造成损害的严重性，酌定交互数字赔偿华为公司垄断民事侵权之经济损失。

(二)案件反思

1. 判决可商榷之处

第一，法院判定被告具备市场支配地位未全面考虑影响市场支配地位的各种要素，且论证过程不充分。第二，法院认定许可费是否过高定价采用的比较法值得商榷。此外，专利权具有地域性，美国与中国在影响价格构成的要素之间存在较大差异，不宜直接以交互数字公司对苹果公司的专利许可费作为参照依据。第三，法院在判定交互数字公司是否存在搭售行为时，针对某些个别的专利技术进行了笼统的判定，缺乏详尽论证。

2. 我国反垄断制度之完善

本案是我国法院判决的第一件由于必要专利许可费引发的纠纷案，反映了反垄断法立法不健全、执法主体职责缺位、规则机制缺失的问题。

(1)不足之处

第一,反垄断法律规定过于抽象。我国相关法律对标准必要专利权人滥用市场支配地位等行为仅进行了较为原则与笼统的规定,缺乏可操作性。第二,法律责任过轻。相关法律法规对于经营者利用市场支配地位实施垄断行为应承担的民事责任缺乏明确规定。与垄断主体滥用市场支配地位行为所造成损害和获取利润相比,处罚力度和赔偿责任明显过轻。缺乏对企业拒绝执行行政处罚的制裁措施。第三,反垄断法未明确界定知识产权与反垄断法的关系。

(2)完善建议

第一,完善立法,加强法律的可操作性。2015 年 4 月,国家工商管理总局发布了《关于禁止滥用知识产权排除、限制竞争行为的规定》,这是首部知识产权滥用的反垄断规则。今后仍应进一步细化反垄断法适用于标准化中知识产权的操作细则,建立技术标准的反垄断审查,明晰特定领域相关市场的界定,明确标准化中违法行为的认定。第二,构建科学合理的执法体系。第三,拓宽救济渠道。第四,进一步探讨反垄断法中知识产权豁免的问题。

3. FRAND 原则之探讨

法院虽以 FRAND 原则为判决标准,但对该原则适用的论证不充分;FRAND 原则定义模糊,且在法律中缺乏规定;FRAND 原则的认定标准不明确;FRAND 原则在我国的具体适用需进一步澄清;违反 FRAND 原则与违反反垄断法的关系须深入探讨。

教学指导手册

教学目标

1. 清晰了解我国法院滥用市场支配地位的认定标准,对我国相关法律法规和司法实践加深理解。滥用市场支配地位认定标准问题包括相关市场界定、市场支配地位认定、滥用行为的认定等基础问题。

2. 深入分析标准必要专利的反垄断问题。标准必要专利涉及的反垄断法问题包括许可费过高、搭售、禁令等问题。分析涉嫌违反反垄断法行为须结合相关法律法规、司法判例中的要点以及本案的具体案情。同时,课后作业可引入国内外相关制度比较分析,在本案的基础上深化对反垄断法规制行为的认定标准的认识。

3. 全面研究 FRAND 原则。主要包括 FRAND 原则界定、判断标准及其涉及的反垄断问题,且阐明违反 FRAND 原则与违反反垄断法之间的关系。

教学内容

1. 简要介绍案件背景和起因,包括当事人基本情况和案件起因。当事人基本情况的介绍重点在于当事人持有的标准必要专利情况。案件起因则简要说明案件争端。

2. 具体说明一审和二审案情。包括:(1)一审中原告与被告的诉称、案件争议点以及判决。(2)二审中上诉人与被上诉人的诉称、案件争议点以及判决。注意区分二审与一审案件争议点的不同。(3)一审证据和二审证据。重点在于说明不同证据材料的证明对象。

3. 深入阐述案件争议性问题。根据二审判决,主要围绕滥用垄断支配地位认定的问题展开论述,包括相关市场界定、市场支配地位认定、滥用行为认定。滥用行为认定包括许可费过高、搭售、禁令等。此外,须明确赔偿数额。二审判决中包含了完整的事实、法律依据和法律分析。

4. 整体评析案件。根据现有国内文献,从理论层面对案件进一步梳理,深化认识,涉及法院判决的评价和须解决的理论问题。

预期效果

1. 通过案例基本了解该案起因及发展过程。预期效果是学生陈述基本案情。

2. 通过案例清晰阐明该案的主要争议点。预期效果是学生说明当事人双方的陈述和抗辩,并总结争议焦点。

3. 通过案例明确掌握该案涉及的重要法律法规。预期效果是学生熟悉相关的法律法规，并将其适用于案例分析。

4. 通过案例深入研究该案涉及的基本理论问题。预期效果是学生通过阅读相关的论文和著作，对案件涉及的基础理论问题作深层次探究。

■ 教学计划

1. 课前计划：安排学生阅读案例及相关参考资料，熟悉案例流程，对案例中提出的思考题进行思考。

2. 课中计划：案例可安排 6 个课时，每课时 45 分钟。(1)介绍案件背景、案件起因；(2)说明一审中原告与被告的诉称、案件争议点以及判决；(3)说明二审中上诉人和被上诉人的诉称、案件争议点以及判决；(4)说明一审和二审证据；(5)分析案件的主要争议点；(6)基于现有国内文献对案件作出评析。

3. 课后计划：书面提交思考题答案和案件评析。

■ 课堂时间安排

教学计划之课中计划的(1)(2)(3)(4)用 3 个课时，以教师讲授为主；教学计划之课中计划的(5)(6)用 3 个课时，教师讲授和学生讨论相结合，时间上合理分配。

■ 思考题

1. 我国法院 FRAND 原则下专利许可费的认定标准与微软案中美国法院认定标准存在哪些不同？
2. 该案的判决存在哪些不足之处？

■ 参考文献

1. 叶若思、祝建军、陈文全：《标准必要专利权人滥用市场支配地位构成垄断的认定——评华为诉美国 IDC 公司垄断纠纷案》，载《电子知识产权》2013 年第 3 期。
2. 袁驾、王圣宇：《FRAND 原则在标准必要专利纠纷案中的适用——结合华为诉 IDC 案进行分析》,载《竞争政策研究》2015 年第 11 期。

3. 李扬、刘影:《FRAND 标准必要专利许可使用费的计算——以中美相关案件比较为视角》,载《科技与法律》2014 年第 5 期。

4. 邵淑毅:《反垄断法必需设施理论在标准专利案件中的运用——以"华为诉美国 IDC 案"为视角》,载《成都行政学院学报》2013 年第 5 期。

5. 谢雄雅、胡伟华:《标准必要专利诉讼中 FRAND 原则的适用——以华为诉 IDC 为视角》,载《全国法院第二十六届讨论会论文集:司法体制改革与民商事法律适用问题研究》2015 年。

6. 王晓晔:《标准必要专利反垄断诉讼问题研究》,载《中国法学》2015 年第 6 期。

7. 郑伦幸:《标准必要专利反垄断中相关市场的界定——兼评华为公司诉美国 IDC 公司案》,载《南京理工大学学报》(社会科学版)2015 年第 5 期。

8. 胡洪:《司法视野下的 FRAND 原则——兼评华为诉 IDC 案件》,载《科技与法律》2014 年第 5 期。

9. 孟雁北、柳洋:《论我国规制标准必要专利定价行为的法律路径——以华为公司诉 IDC 公司为研究样本》,载《竞争政策研究》2015 年第 9 期。

10. 祝建军:《标准必要专利使用费条款:保密抑或公开——华为诉 IDC 标准必要专利案引发的思考》,载《知识产权》2015 年第 5 期。

撰稿人｜朱光琪,浙江理工大学法政学院法律系讲师

15 CASE 李顺通与杨明俊、张文祥民间借贷、抵押合同纠纷案

| 摘 要 |

本案例以一起真实的民间借贷、抵押合同纠纷及刑民交叉案件为蓝本，围绕民间借贷、抵押合同纠纷的合同效力、诉讼程序以及刑民交叉案件的处理机制展开，涉及合同法、物权法、刑法、民事诉讼法、刑事诉讼法等领域。该案涉及的实体问题包括民间借贷和抵押合同效力的认定、非法吸收公众存款罪的认定，涉及的程序问题包括民事案件的审理、判决与执行和刑民交叉案件的处理机制，涉及的证据和事实问题包括民间借贷、抵押合同纠纷案件的证据收集、质证、审核认定和涉嫌非法吸收公众存款罪的事实与证据等问题，涉及的执业技能内容包括民间借贷、抵押合同纠纷的证据收集、事实认定与法律适用和刑民交叉案件的处理机制等。本案例对于正确理解与适用合同效力、不动产登记制度以及解决其他类型刑民交叉案件具有参考意义。

| 关键词 |

民间借贷　抵押合同　合同效力　民事诉讼　刑民交叉案件

| 教学目标 |

1. 掌握民间借贷、抵押合同纠纷及刑民交叉案件所涉及的主要法律问题：(1)民间借贷的合同效力，《合同法》《最高人民法院关于审理民间借贷案件适用法律若干问题的规定》相关法条的理解与适用；(2)抵押合同和不动产登记的效力，《物权法》相关法条的理解与适用；(3)刑民交叉案件的处理机制，《最高人民法院关于审理民间借贷案件适用法律若干问题的规定》《最高人民法院关于在审理经济纠纷案件中涉及经济犯罪嫌疑若干问题的规定》等司法解释相关法条的理解与适用。

2. 培养相关法律职业能力：(1)在案例中发现、分析并解决争点的能力；(2)运用

法学理论解释、适用法律的逻辑思维能力;(3)举证、质证、审核认定证据和辩论的能力;(4)文献及相关案例的搜索查询能力。

教学案例主文

一、引言

2013年1月15日,张文祥(化名)的弟弟张武祥(化名)向杨明俊(化名)提出借款要求。次日上午,杨明俊找到李顺通(化名),以自己的名义向李顺通提出借款70万元的要求,李顺通表示同意借款70万元,约定月利率2%,同时要求杨明俊提供两处房产抵押。随即,杨明俊将出借人要求提供房产抵押的情况告知了张武祥,经张武祥与其哥张文祥联系,张文祥将自己的房产证交给了杨明俊。当天下午,李顺通给付杨明俊借款本金70万元,杨明俊将自己的房产证及张文祥的房产证交给了李顺通,同时给李顺通写下借据,该借据载明:"现由杨明俊借用李顺通现金70万元,柒拾万元整,两个房产证抵押,利息2分,抵押人张文祥、杨明俊,2013年1月16号。"杨明俊称,当日自己即将该70万元转借给张文祥的弟弟张武祥。

后经李顺通多次催要,杨明俊拒绝偿还。2013年4月30日,李顺通向河北省M县人民法院提出诉前保全申请,法院作出了(2013)M民保字第6号民事裁定书,依法查封了户主姓名分别为杨明俊、张文祥的房产各一处。

2013年5月13日,李顺通向M县人民法院起诉杨明俊、张文祥,该院当场立案受理了这起民间借贷、担保纠纷案,分别于2013年5月18日、19日向二被告送达了应诉手续,并于2013年6月23日公开开庭对该案进行了审理。

鉴于河北省M县公安局已对犯罪嫌疑人张武祥以涉嫌诈骗一案立案侦查,张武祥在逃,河北省M县人民法院于2013年8月31日上午将该案移送M县公安局,建议M县公安局以杨明俊涉嫌非法吸收公众存款罪对杨明俊立案侦查。M县公安局刑警队工作人员答复如下:(1)不接收M县人民法院所移送的案卷;(2)M县公安局办案人员曾就杨明俊是否涉嫌非法吸收公众存款、能否对杨明俊立案侦查向市公安局请示,市公安局答复杨明俊未涉嫌非法吸收公众存款罪,不同意立案侦查;(3)M县公安局办案人员就杨明俊是否涉嫌非法吸收公众存款还与河北省M县检察院沟通，检察院工作人员意见与市公安局基本一致。

2013年9月25日，河北省M县人民法院以(2013)M民初字496号民事判决书对该民事案件作出了判决，被告杨明俊因不服该判决，向M县人民法院递交了上诉状，未缴纳上诉费，法院通知杨明俊在7日内缴纳，但杨明俊逾期未缴，按撤回上诉处理。该判决于2013年10月25日发生法律效力。

2013年10月28日，河北省M县公安局以涉嫌非法吸收公众存款罪对杨明俊采取了刑事拘留的强制措施。2013年12月3日，经河北省M县人民检察院批准，被M县公安局执行逮捕。M县公安局侦查终结，以杨明俊涉嫌非法吸收公众存款罪移送M县人民检察院审查起诉。M县人民检察院经依法审查查明：2011年11月至2013年2月，杨明俊多次以个人身份向多人借款500余万元，并许诺1.5分至2分的利息；杨明俊将此款借贷给张武祥，从中赚取利息差；后张武祥因涉嫌诈骗罪被M县公安局逮捕，而杨明俊向他人所借贷的500余万元，张武祥至今不能归还，杨明俊亦没有能力偿还。2013年12月30日，河北省M县人民检察院以M检刑诉〔2013〕141号起诉书指控杨明俊犯非法吸收公众存款罪向M县人民法院提起公诉。2014年1月24日，M县人民检察院因事实、证据有变化，以M检刑诉撤诉〔2014〕1号撤回起诉决定书要求撤回起诉。2014年1月27日，河北省M县人民法院以(2014)M刑初字第35号刑事裁定书裁定准许M县人民检察院撤诉。

河北省M县人民法院(2013)M民初字496号民事判决书生效后，原告李顺通申请法院对该判决强制执行，但该案因被告杨明俊涉嫌犯罪，暂未立案执行。李顺通已多次上访。

二、原告诉讼请求与被告答辩意见

(一)原告的诉讼请求

1. 判令二被告杨明俊、张文祥偿还借款70万元及利息。
2. 诉讼费、保全费及相关费用均由二被告杨明俊、张文祥承担。

(二)被告的答辩意见

被告杨明俊承认原告李顺通所诉属实。

被告张文祥辩称，我未将房屋产权证交给原告李顺通，与原告李顺通不存在抵押关系。我与被告杨明俊是同乡关系,2012年国庆节后杨明俊找到我让我把房产证交给他用一下,称这是我弟弟张武祥的意思,用房产证证明我在城里住,我给他房产证的同时告诉他要尽快归还。2013年4月张武祥突然失踪后,杨明俊找到我称其向原告李顺通借款70万元给了我弟弟张武祥,还说我的房产证已经交给了原告李顺通做了抵押,此时我才知道杨明俊把我的房产证交给了原告李顺通。本案中,我与原告既未签订房屋抵押合同,又未办理抵押登记,所以原告李顺通主张的房屋抵押不符合物权法的规定,不能成立。而且该处房产是我与妻子郭子娟(化名)的共同财产,郭子娟并不知道我将房产证交给了杨明俊,我个人没有单独处分房产的权利。综上,我与原告李顺通既不存在借款关系,也不存在抵押关系,原告起诉我承担还款责任既无事实依据,亦无法律依据,请法院驳回原告对我的诉讼请求。

三、本案证据材料

(一)原告提供的证据

1. 被告杨明俊书写的借据。
2. 被告杨明俊的房产证,证号为M县房权证迎宾路字第00029××号。
3. 被告张文祥的房产证,证号为M县房权证旅游路字第00022××号。

(二)M县公安局认定涉嫌非法吸收公众存款罪的证据

1. 被告人供述。
2. 受害人陈述。
3. 证人证言。

教学指导手册

教学对象及目标

本案例供法律硕士研究生案例教学使用，法学本科生（大三），民商法学、诉讼法学、刑法学硕士研究生也可以参酌使用。

本案例主要就民间借贷、抵押合同纠纷及刑民交叉案件的理论与实务问题进行分析。具体要解决的问题包括：(1)本案民间借贷合同是否合法有效？(2)本案抵押合同是否合法有效？房产抵押是否发生物权效力？(3)如何正确理解刑民交叉案件的处理机制？(4)如何正确适用刑民交叉案件中的移送处理？(5)如何理解非法吸收公众存款罪的构成要件？(6)法院能否对该民事案件立案执行？

教学内容

民间借贷是社会经济发展过程中相对于国家正规金融行业自发形成的一种民间融资信用形式，在我国有着久远的历史和深厚的传统，且为社会广泛熟悉，“民间借贷”这一称谓已经约定俗成。在我国，借贷市场主要由金融机构借贷和民间借贷组成。2011 年全国法院审结民间借贷纠纷案件 59.4 万件；2012 年审结 72.9 万件，同比增长 22.68%；2013 年审结 85.5 万件，同比增长 17.27%；2014 年审结 102.4 万件，同比增长 19.89%；2015 年上半年已经审结 52.6 万件，同比增长 26.1%。目前，民间借贷纠纷已经成为继婚姻家庭之后第二位民事诉讼类型，诉讼标的额逐年上升，引起社会各界广泛关注。民间借贷案件数量的急剧增长、审理难度系数普遍较高，给民事审判工作带来了前所未有的压力。1991 年最高人民法院曾颁布过《关于人民法院审理借贷案件的若干意见》，但因经济社会的变化，许多规定已不能适应发展需要。根据经济社会的发展变化，最高人民法院于 2015 年 8 月 6 日颁布了《最高人民法院关于审理民间借贷案件适用法律若干问题的规定》(法释〔2015〕18号,以下简称《民间借贷规定》),以回应人民群众对借贷安全和公平正义的追求;回应广大中小微企业对阳光融资和正当投资的渴求;回应人民法院对统一裁判标准和正确适用法律的需求;回应金融市场化改革对形势发展和司法工作的要求。在民间借贷纠纷当中,此类案件往往与非法吸收公众存款、集资诈骗、非法经营等案件交织在一起,出现由同一法律事实或相互交叉的两个法律事实引发的、一定程度上交织在一起的刑事案件和民事案件,即民刑交叉案件。民刑交叉问题主要包括刑民程序的协调与实体责任的确定两个方面,这一部分主要包括:(1)对于涉嫌非法集资犯罪的民间借贷案件,人民法院应当不予受理或者驳回起诉,并将涉嫌非法集资犯罪的线索、材料移送公安或者检察机关。这一规定有利于公检法三机关在打击和处理涉众型非法集资犯罪时能够更好地协调一致、互相配合。(2)对于与民间借贷案件虽有关联,但不是同一事实的犯罪,人民法院应当将犯罪线索材料移送侦查机关,但民间借贷案件仍然继续审理。(3)借款人涉嫌非法集资等犯罪或者生效判决认定其有罪,出借人起诉担保人承担民事责任的,人民法院应予受理。〔1〕

1. 本案民间借贷合同是否合法有效?

分析:有一种观点认为,如被告杨明俊(化名)经人民法院审理后确定构成非法吸收公众存款罪,那么根据《合同法》第52条的规定,本案借款协议存在"违反法律、行政法规的强制性规定""以合法形式掩盖非法目的"两种情形,借款协议显然无效,由此担保当然无效。笔者认为,本案原告李顺通(化名)与被告杨明俊(化名)之间的借贷关系成立且合法有效,应受法律保护。本案中,单个的借款行为仅仅是引起民间借贷这一民事法律关系的民事法律事实,并不构成非法吸收公众存款的刑事法律事实,因为非法吸收公众存款的刑事法律事实是数个"向不特定人借款"行为的总和,从而从量变到质变。《合同法》第52条规定了合同无效的情形,其中符合"违反法律、行政法规的强制性规定""以合法形式掩盖非法目的"两种情形的合同无效。当事人在订立民间借贷合同时,主观上可能确实基于借贷的真实意思表示,不存在违反法律、行政法规的强制性规定或以合法形式掩盖非法目的。非法吸收公众存款的犯罪行为与单个民间借贷

〔1〕《最高法发布关于审理民间借贷案件司法解释》,载最高人民法院网 http://www.court.gov.cn/zixun-xiangqing-15147.html,发布日期:2015年8月6日,访问时间:2015年8月18日。

行为并不等价,民间借贷合同并不必然损害国家利益和社会公共利益,两者之间的行为极有可能呈现为一种正当的民间借贷关系,即贷款人出借自己合法所有的货币资产,借款人自愿借入货币,双方自主决定交易对象和内容,既没有主观上要去损害其他合法利益的故意,客观上也没有对其他合法利益造成侵害的现实性和可能性。根据《合同法》第12章"借款合同"规定,建立在真实意思基础上的民间借贷合同受法律保护。合同效力的认定应尊重当事人的意思自治原则。《最高人民法院关于适用〈中华人民共和国合同法〉若干问题的解释(二)》第14条对《合同法》第52条第5项规定的"强制性规定"解释为"效力性强制性规定",本案被告杨明俊即使最终认定犯非法吸收公众存款罪,并不必然导致借款合同无效。因为借款合同的订立没有违反法律、行政法规效力性的强制性规定。效力上采取从宽认定,是该司法解释的本意,也可在最大程度上尊重当事人的意思自治。另外,从维护诚信原则和公平原则的法理上分析,将与涉嫌非法吸收公众存款罪交叉的民事借贷合同认定为无效会造成实质意义上的不公,造成担保人以无效为由抗辩其承担担保责任,这更不利于保护不知情的债权人。涉嫌非法吸收公众存款的犯罪嫌疑人(或被告人)进行民间借贷时,往往债权人要求债务人提供抵押或者保证,这是降低贷款风险的一种方法。根据《担保法》第5条"主合同无效,担保合同无效"和《物权法》第172条"主债权债务合同无效,担保合同无效"的规定,若因债务人涉嫌非法吸收公众存款罪而认定民间借贷合同无效,则担保合同也无效,担保人可以免除担保责任。债权人旨在降低贷款风险的努力没有产生任何效果,造成事实上的不公。因此,被告杨明俊向原告李顺通借款后,理应按约定及时归还借款及利息。杨明俊未按其承诺归还所欠原告借款,是引起本案纠纷的原因,杨明俊应承担民事责任。

参阅案例:《吴国军与陈晓富、王克祥及德清县中建房地产开发有限公司民间借贷、担保合同纠纷案》,载《中华人民共和国最高人民法院公报》2011年第11期。该案的裁判规则如下:民间借贷涉嫌或构成非法吸收公众存款罪,合同一方当事人可能被追究刑事责任的,并不当然影响民间借贷合同以及相对应的担保合同的效力。如果民间借贷纠纷案件的审理并不必须以刑事案件的审理结果为依据,民间借贷纠纷案件无须中止审理。[2]

---

[2] 江必新等:《最高人民法院指导性案例裁判规则理解与适用·民事诉讼卷》,中国法制出版社2014年版,第622页。

延伸思考:(1)涉嫌或构成犯罪行为对民事合同效力的影响。犯罪行为对民事合同效力的影响,不存在影响大小的问题,只存在有无影响的问题,体现在两个方面:一方面是有影响,犯罪事实必然会导致合同无效;另一方面是没有影响,无论是否构成犯罪均不导致合同无效。是否产生影响,应当根据《合同法》第52条、《民法通则》等有关合同效力的相关法律规范进行确认。[3] 比如,单位工作人员在职务或授权范围之内,以单位名义对外签订合同,并将依合同关系取得的财产非法占为己有,行为人可能构成贪污罪,应当依法承担相应的刑事责任,行为人的单位对外也应当承担相应的民事责任。此种情形,就不应当认定合同无效。如果行为人一开始便以非法占有公私财产为目的,并通过捏造事实或隐瞒真相的手段骗取当事人的财物,签订合同仅仅是犯罪的一个手段,此种情形则以行为人所签的民事合同"以合法形式掩盖非法目的"为由认定其无效。(2)司法实践中,常见的可能影响合同效力的几类案件包括:涉嫌合同诈骗的合同纠纷;涉嫌保险诈骗的保险合同纠纷;涉嫌侵犯商业秘密罪的商业秘密纠纷;涉嫌信用卡诈骗罪的储蓄合同纠纷;涉嫌金融诈骗犯罪的存单纠纷;涉嫌非法集资的民间借贷纠纷;主合同涉嫌诈骗的担保纠纷等。上述案件中,可能涉及对一些事实和问题的认识不同导致在合同效力的认定上存在影响,如合同法上的表见代理,借用、盗用、私刻单位公章签订合同,虚构被保险人的年龄签订保险合同,采取欺诈手段签订合同,合同一方对约定的标的物无权处分,扰乱市场秩序和金融秩序的行为等。

我们应正确理解和适用民间借贷司法解释关于合同效力的新规定。民间借贷合同的效力判断,在司法实践中有着重要的意义。只有基于有效的民间借贷合同,一方当事人才能向另一方当事人主张其按照合同约定履行义务,也才能涉及违约责任的承担以及合同的解除等问题。鉴于民间借贷合同的特殊性,司法解释在这一部分主要规定了以下内容:《民间借贷规定》第9条规定自然人之间民间借贷合同的生效要件;第11条规定企业之间为了生产、经营需要签订的民间借贷合同,只要不违反《合同法》第52条和本司法解释第14条规定内容的,应当认定民间借贷合同的效力,这也是本司法解释最重要的条款之一;第12条规定企业因生产、经营的需要在单位内部通过借款形式向职工筹集资金签订的

---

[3] 江必新等:《最高人民法院指导性案例裁判规则理解与适用·民事诉讼卷》,中国法制出版社2014年版,第623页。

民间借贷合同有效；第13条规定借款人或者出借人的借贷行为涉嫌犯罪，或者生效的判决认定构成犯罪，民间借贷合同并不当然无效，而应当根据《合同法》第52条和本司法解释第14条规定的内容确定民间借贷合同的效力。第14条具体列举了民间借贷合同应当被认定为无效的情形，包括套取金融机构信贷资金又高利转贷给借款人，且借款人事先知道或者应当知道的；以向其他企业借贷或者向本单位职工集资取得的资金又转贷给借款人牟利，且借款人事先知道或者应当知道的；出借人事先知道或者应当知道借款人借款用于违法犯罪活动仍然提供借款的；违背社会公序良俗的；其他违反法律、行政法规效力性强制性规定的。《民间借贷规定》第26条规定：借贷双方约定的利率未超过年利率24%，出借人请求借款人按照约定的利率支付利息的，人民法院应予支持。借贷双方约定的利率超过年利率36%，超过部分的利息约定无效。借款人请求出借人返还已支付的超过年利率36%部分的利息的，人民法院应予支持。关于利率的规定有两个特点：一是规定的利率是一个固定利率，而不是像以前参照央行同期贷款基准利率，它是一个固定利率。二是划了“两线三区”，第一条线是民事法律应予保护的固定利率为年利率的24%，第二条线是年利率36%以上的借贷合同为无效；划分了三个区域，无效区是年利率36%以上的，司法保护区是年利率24%以下，自然债务区是年利率24%—36%。自然债务是指如果要提起诉讼要求法院保护，法院不会保护，但是当事人愿意自动履行，法院也不反对。[4]

2. 本案抵押合同是否合法有效？房产抵押是否发生物权效力？

原告诉称：被告杨明俊（化名）和张文祥（化名）向原告李顺通（化名）提供了M县房权证迎宾路字第00029××号、旅游路字第00022××号房屋产权证做抵押，并向法院提起诉前保全申请，法院作出了民事裁定书，依法查封了户主姓名分别为杨明俊、张文祥的房产各一处。因此，抵押合同合法有效，房产抵押发生物权效力。

被告张文祥辩称：我未将房屋产权证交给原告李顺通，与原告李顺通不存在抵押关系。我与被告杨明俊是同乡关系，2012年国庆节后杨明俊找到我让我把房产证交给他用一下，称这是我弟弟张武祥（化名）的意思，用房产证证明我在

〔4〕　罗书臻：《杜万华就〈最高人民法院关于审理民间借贷案件适用法律若干问题的规定〉答记者问》，载《人民法院报》2015年8月8日，第1版。

城里住,我给他房产证的同时告诉他要尽快归还。2013 年 4 月张武祥突然失踪后,杨明俊找到我称其向原告李顺通借款 70 万元给了我弟弟张武祥,还说我的房产证已经交给了原告李顺通做了抵押,此时我才知道杨明俊把我的房产证交给了原告李顺通。本案中,我与原告既未签订房屋抵押合同,又未办理抵押登记,所以原告李顺通主张的房屋抵押不符合物权法的规定,不能成立。而且该处房产是我与妻子郭子娟(化名)的共同财产,郭子娟并不知道我将房产证交给了杨明俊,我个人没有单独处分房产的权利。

争点分析:《物权法》第 15 条规定:“当事人之间订立有关设立、变更、转让和消灭不动产物权的合同,除法律另有规定或者合同另有约定外,自合同成立时生效;未办理物权登记的,不影响合同效力。”《物权法》第 185 条第 1 款规定:“设立抵押权,当事人应当采取书面形式订立抵押合同。”根据《物权法》第 187 条的规定,以房产抵押的,应当办理抵押登记,抵押权自登记时设立。杨明俊将自己的房产证及张文祥的房产证交给了李顺通,同时给李顺通写下借据,该借据载明:“现由杨明俊借用李顺通现金 70 万元,柒拾万元整,两个房产证抵押,利息 2 分,抵押人张文祥、杨明俊,2013 年 1 月 16 号。”房屋产权证书是记载房产权属、进行房产交易及设置抵押等行为的重要凭证,通常会被权利人妥善保管,不会轻易转借他人。被告张文祥辩称的自己把房产证交给杨明俊只是用于证明自己在城里住,2013 年 4 月才知道自己的房产证交给原告李顺通做了抵押的理由不符合一般人对待房屋产权证书的谨慎态度。《合同法》第 49 条规定:“行为人没有代理权、超越代理权或者代理权终止后以被代理人名义订立合同,相对人有理由相信行为人有代理权的,该代理行为有效。”被告张文祥虽然没有在借据上签名,但其将房产证交给杨明俊的行为表明自己默示同意杨明俊的代理行为,原告李顺通亦有理由相信被告杨明俊是有代理权的,被告张文祥作为房产登记的户主,应当对杨明俊以自己名义与原告李顺通订立的抵押合同承担民事责任,故原告李顺通与被告张文祥之间抵押合同关系依法成立。依据物权法原理,以发生物权变动为目的的原因行为(抵押合同属于原因行为),自合法成立之日生效,在不能发生物权变动的结果时,有过错的当事人应当承担违约责任。至于抵押权能否生效,则取决于是否存在处分行为即登记。《担保法》第 41 条关于“抵押合同自登记之日起生效”的规定,明显混淆了原因行为与结果行为,违背物权法理,因此《物权法》第 15 条和第 187 条纠正了《担保法》第 41 条的不当之处,将不动产登记作为抵押权的成立条件,而非抵押合同的生效条件。在设定不动产抵押权场合,抵押合同签订后,若抵押人违背诚实信用原则拒绝办理抵押登记的,则当事人可以请求法院判决抵押人补办抵押登记,或者判决抵押人承担违约责任或损害赔偿责任。[5]

结论:因原告李顺通与被告杨明俊、张文祥未进行房产抵押登记,故二被告的房产抵押不发生物权效力,但原、被告之间的抵押合同关系有效,应受法律保护。被告杨明俊系借款人,其应承担借款本息的偿还责任,不足部分由被告张文祥承担因未办理抵押登记给原告造成的损失的赔偿责任。

3. 如何正确理解刑民交叉案件的处理机制?

刑事案件与民事案件是两类不同性质的案件。通常情况下,它们相对独立、互不相干,各自依据不同的诉讼法予以解决,但是现实生活中的某些案件所涉及的法律关系错综复杂,常常出现在民事和刑事上相互交叉或牵连、相互影响的案件,此即刑民交叉案件。[6] 换言之,所谓刑民交叉案件,是指既涉及刑事法律关系,又涉及民事法律关系,且相互之间存在交叉、牵连、影响的案件。[7]

关于刑民交叉案件的处理机制,存在四种方式:先刑后民、刑民并行、先民后刑和刑民合一。

所谓"先刑后民",是指法院受理的民商事纠纷案件涉及刑事犯罪嫌疑时,由法院视民商事纠纷案件与刑事犯罪嫌疑案件是否因不同法律事实产生,而决定将民商事纠纷案件全案移送或者部分移送侦查机关。部分移送的,民商事纠纷案件一般中止审理,等待刑事判决结果作出后再恢复审理。如果刑事案件已经受理,则民商事案件不应受理,已受理的应裁定驳回起诉。"先刑后民"在相关司法解释和规范性文件可以找到根据。"先刑后民"并非审理刑民交叉案件的基本原则,而只是审理刑民交叉案件的一种处理方式。"先刑后民"应区别情形适用,不应绝对化和扩大化。在"先刑后民"情形下,还应注意解决因刑事案件久拖不决,民商事纠纷案件当事人的合法权益无法得到保护的问题。[8]

对于"先刑后民"的观点,近年来越来越多的人提出质疑,出现了"分别审

---

〔5〕 最高人民法院物权法研究小组编著:《〈中华人民共和国物权法〉条文理解与适用》,人民法院出版社2007年版,第560页。

〔6〕 江伟、范跃如:《刑民交叉案件处理机制研究(上)》,载《人民法院报》2005年1月19日。

〔7〕 何帆:《刑民交叉案件审理的基本思路》,中国法制出版社2007年版,第25页。

〔8〕 宋晓明、张雪楳:《民商事审判若干疑难问题 民刑交叉案件》,载《人民法院报》2006年8月23日。

理”和“区别处理”两种观点。“分别审理”观点认为,民商事案件和刑事案件的性质、归责原则、责任构成要件等均不同,应分别审理,同时进行。“区别处理”观点认为,对“先刑后民”问题的探讨,实质涉及如何平衡保护当事人的权益与国家利益问题。应该明确,对二者的保护应是平等的,只不过是各自适用的实体法和程序法不同而已,不存在权利保护的优劣和先后,只要依据相应的证据规则和归责原则,可以认定因不同法律事实而引发的两类案件的责任人应承担刑事责任和民事责任,两类案件就应该分别进行审理,当事人提起刑事附带民事诉讼并因权利得到充分救济不再另行提起民事诉讼的除外。当然,在司法实务中,存在一案的审理必须依据另案审理结果的情形,但其既包括民事案件的审理需依据刑事案件的审理结果的情形,也包括刑事案件的审理必须依据民事判决结果的情形,因此,不能绝对地说“先刑后民”,在某些情况下,还存在“先民后刑”的情况。〔9〕 例如,在审理侵害商业秘密刑事案件时,需先通过对民商事纠纷案件的审理确定权利主体后,才能进行刑事案件的审理,确定犯罪嫌疑人是否构成犯罪。但是在司法实践中,出于“重刑轻民”“刑可止民”等传统观念的影响,“先刑后民”对司法工作的影响要更大一些,反而使“刑民并行”得不到应有的强调。与“先刑后民”和“刑民并行”相比,“先民后刑”尚缺乏规范性法律文件的支持。〔10〕

刑事附带民事诉讼是一种特殊的民事诉讼,其特殊性体现在附带的民事诉讼由犯罪行为而引起,在刑事诉讼过程中提起,犯罪行为造成物质损害是提起刑事附带民事诉讼的实质条件,该被告人的同一犯罪行为,造成一个侵害后果,其犯罪行为同时触犯了刑事法律规范和民事法律规范,在刑事上须处以刑罚,同时在民事上需要赔偿被害人物质损失,该刑事被告人同时也是依法承担民事赔偿责任案件的被告。刑事附带民事诉讼案件具有刑民交叉案件中刑民互涉的特点,其归属于刑民交叉案件,是刑民交叉案件中的一种特殊处理方式,相对于“先刑后民”“刑民并行”等方式而言,可以称之为“刑民合一”的处理方式。〔11〕刑民交叉案件中“刑民并行”“先刑后民”“先民后刑”等其他处理方式实行刑事诉讼与民事诉讼分开进行,相互独立,只是在诉讼时间上存在先后。

---

〔9〕 宋晓明、张雪楳:《民商事审判若干疑难问题　民刑交叉案件》,载《人民法院报》2006年8月23日。

〔10〕 何帆:《刑民交叉案件审理的基本思路》,中国法制出版社2007年版,第205页。

〔11〕 江必新等:《最高人民法院指导性案例裁判规则理解与适用·民事诉讼卷》,中国法制出版社2014年版,第624页。

本案中,法院在审理民间借贷纠纷时,对涉嫌非法吸收公众存款犯罪行为是否影响合同效力这一问题进行了审查。对于被告杨明俊的涉嫌犯罪行为不影响民间借贷合同效力的刑民交叉案件,适用"刑民并行",刑事案件与民事案件分开处理,也就是说民事案件继续审理;如果认为被告杨明俊的涉嫌犯罪行为影响民间借贷合同效力认定的,适用"先刑后民",裁定中止诉讼,将案件移送公安机关,待刑事案件对行为人的犯罪事实作出认定后,再对民事案件恢复审理。

参阅案例:《郭景忠与天津石油集团天泰石油有限公司、蓝星石化有限公司天津分公司买卖合同纠纷案》,载《中华人民共和国最高人民法院公报》2006 年第 4 期。该案的裁判规则如下:在买卖合同纠纷中,被告以订立该买卖合同的经手人涉嫌经济犯罪被刑事拘留为由,主张先中止审理买卖合同纠纷,等待刑事案件处理结果,但不能用证据来否定其与原告之间的买卖合同关系真实存在,该诉讼主张人民法院不予支持。[12]

我们应正确理解和适用民间借贷司法解释关于刑民交叉案件处理机制的新规定。2014 年 3 月 25 日,最高人民法院、最高人民检察院和公安部共同颁布了《关于办理非法集资刑事案件适用法律若干问题的意见》,人民法院在审理民事案件中间如果发现有非法集资的犯罪,应当将案件移送公安机关或者检察机关。2015 年 8 月 6 日的《民间借贷规定》对这个问题进行了重申,也就是重新把它规定到该民事司法解释里面来。《民间借贷规定》根据不同情形规定了以下四种处理方式:一是只要涉及非法集资犯罪的案件,民事案件审理发现了就要移送。对于这类案件的起诉怎么处理呢?就不能再审理了。二是如果在审理民间借贷案件的过程中间,涉及非法集资等这种犯罪的线索与材料,在这种情况下怎么办?比如有人非法集资,把非法集资来的钱又转贷给他人形成民间借贷的案件,应将涉及非法集资线索的材料移送到公安机关或者检察机关,但是对于后面的民间借贷的那部分案件还要继续审理。三是在审理非法集资的案件过程中,可能会涉及担保人对这个案件的担保,在审理这个案件中不因为一部分当事人的非法集资犯罪就认定整个合同无效,担保人的担保责任不能因此消灭。遇到这种情况,只要当事人起诉担保人,人民法院是应当予以受理的。四是如果民间借贷的案件审理过程中,民事基本案件事实需要刑事案件查清以后才能继续审理

---

〔12〕 江必新等:《最高人民法院指导性案例裁判规则理解与适用·民事诉讼卷》,中国法制出版社 2014 年版,第 599 页。

的,应当中止审理,因为犯罪事实的行为可能涉及民间案件的基本案件事实,基本案件事实可能涉及主体、权利义务的确定等,这一类要先刑后民,先把刑事案件结案,犯罪事实认定以后民事案件才能恢复审理。[13]

4. 如何正确适用刑民交叉案件中的移送处理?

《最高人民法院关于在审理经济纠纷案件中涉及经济犯罪嫌疑若干问题的规定》(以下简称《规定》)第10条规定:"人民法院在审理经济纠纷案件中,发现与本案有牵连,但与本案不是同一法律关系的经济犯罪嫌疑线索、材料,应将犯罪嫌疑线索、材料移送有关公安机关或检察机关查处,经济纠纷案件继续审理";第11条规定:"人民法院作为经济纠纷受理的案件,经审理认为不属经济纠纷案件而有经济犯罪嫌疑的,应当裁定驳回起诉,将有关材料移送公安机关或检察机关。"刑民交叉案件中的移送处理,是指法院在民事案件处理中发现犯罪嫌疑,将有关犯罪嫌疑线索、材料予以移送,交由公安机关或检察机关予以查处的程序。

法院将线索移送侦查机关处理需具备以下条件:民事案件应当已经由法院受理;应当具备一定关联性,即与民事案件有牵连、具有犯罪嫌疑;具有犯罪行为嫌疑的线索和相关的证据材料。

关于移送处理对法院审理民事案件的影响。对有经济犯罪嫌疑的,法院经审查应当将案件移送公安机关或检察机关,并书面通知当事人。法院将犯罪线索、材料移送侦查机关后,侦查机关是否立案处理存在两种结果,一种是予以立案侦查,另一种是不予立案侦查。对于不予立案侦查的,对法院审理民事案件没有影响。对于予以立案侦查的,对法院审理民事案件在程序和实体上均会存在一定的影响:(1)民事案件的处理可能需要以刑事案件处理结果为依据。对于该类案件,法院可以中止民事诉讼审理程序,待刑事诉讼程序终结后,恢复民事案件的审理。(2)刑事案件处理结果对民事案件的处理可能没有影响。对于该类案件,法院应当继续审理民事案件,在审限内结案。(3)对于当事人的民事诉讼请求事项不属于民事诉讼审理范围,而只能通过刑事案件解决的,法院应当裁定驳回起诉,移送侦查机关处理,并退还诉讼费。

---

[13] 罗书臻:《杜万华就〈最高人民法院关于审理民间借贷案件适用法律若干问题的规定〉答记者问》,载《人民法院报》2015年8月8日,第1版。

关于法院将犯罪线索移送后对民事案件的处理。(1)全案移送后的处理。全案移送是指将民事案件移送侦查机关处理,受害人的损失可通过侦查机关收缴赃款后的发还予以弥补,也可以提起刑事附带民事诉讼。全案移送主要针对的是《规定》第11条规定的情形,即“人民法院作为经济纠纷受理的案件,经审理认为不属经济纠纷”的案件。该情形下,民事案件的处理方式是裁定驳回起诉。裁定驳回起诉通常只有在民商事纠纷与犯罪属于“同一事实”的情况下才可以考虑适用。但由民事审判部门来判断“刑事犯罪嫌疑”,并作出驳回起诉的裁定,可能造成“以刑阻民”的情况,因此,可以考虑“中止审理”,给民事救济途径留下回旋的余地。(2)部分移送后的处理。部分移送是指将民事案件中涉嫌犯罪部分的线索和材料移送侦查机关处理,受害人的损害需要通过民事诉讼才能得到救济。部分移送主要针对的是《规定》第10条规定的情形,即“人民法院在审理经济纠纷案件中,发现与本案有牵连,但与本案不是同一法律关系的经济犯罪嫌疑线索、材料,应将犯罪嫌疑线索、材料移送”的案件。该情形下民事纠纷案件可以继续审理,但需要以刑事判决结果为依据的,应当中止审理。民事案件是中止审理还是继续审理,取决于法院在处理案件过程中,发现的刑事犯罪嫌疑与民商事纠纷的关联性质和程度。

关于刑事案件未经追赃对民商事案件受理和审理的影响。根据《规定》第8条[14]的规定,追赃系刑事诉讼中的法定程序,只有经过追赃,被害人的损失不能得到全额弥补的情况下,被害人才可以提起民事诉讼,人民法院才应该受理;由于未尽追赃,在被害人提起的民事诉讼案件审理中,民事责任主体的赔偿数额必须等到刑事追赃结果之后方能确定,故根据《民事诉讼法》关于中止诉讼的相关规定,因民商事案件的审理须等待刑事追赃结果,在刑事未追赃之前,民事案件应中止审理。

被害人向人民法院提起民事诉讼,在民事诉讼过程中,没有人发现犯罪线索,法院进而作出了民事判决。但事后,侦查机关发现被告人的行为构成犯罪,或者被害人认为被告人的行为构成犯罪,进而向侦查机关告发的,应另进行刑事

〔14〕 第8条规定:“根据《中华人民共和国刑事诉讼法》第七十七条第一款的规定,被害人对本《规定》第二条因单位犯罪行为造成经济损失的,对第四条、第五条第一款、第六条应当承担刑事责任的被告人未能返还财物而遭受经济损失提起附带民事诉讼的,受理刑事案件的人民法院应当依法一并审理。被害人因其遭受经济损失也有权对单位另行提起民事诉讼。若被害人另行提起民事诉讼的,有管辖权的人民法院应当依法受理。”

诉讼。对此,可以分为两种情况讨论:其一,如果民事判决正确,可以在维持民事判决的同时,另进行刑事诉讼。例如,被害人以为被告人的行为属于民事欺诈,便提起民事诉讼,在民事诉讼过程中,没有人发现被告人的行为构成诈骗罪,人民法院判决被害人胜诉。但在判决发生法律效力之前或者之后,被害人以被告人的行为构成诈骗罪为由,向公安机关告发。在这种情况下,如果被告人的行为确有构成诈骗罪的嫌疑,就必须进入刑事诉讼程序。进入刑事诉讼程序不以撤销民事判决为前提,不应当撤销民事判决。因为当犯罪行为造成被害人财产损失时,不仅应当依照刑法定罪量刑,而且应当依照民法赔偿经济损失。在民事诉讼程序已经满足了被害人民事诉讼请求的情况下,刑事诉讼只需定罪量刑。显然,这种情况实际上只是将原本可以刑事附带民事诉讼的案件,先进行了民事诉讼,后进行刑事诉讼。对被告人的行为并没有进行重复评价,并不违反禁止双重危险的原则。其二,如果民事判决有误,也可以另进行刑事诉讼,法院既可以在作出刑事判决之后撤销民事判决,也可以在作出刑事判决之前撤销民事判决。例如,被害人以为被告人的行为属于民事上的不当得利,而向法院提起民事诉讼,但法院作出了被害人败诉的不当判决。事后被害人以被告人的行为构成侵占罪为由,向人民法院提起刑事诉讼。人民法院经审查后认为被告人的行为足以构成侵占罪的,应当进入刑事诉讼程序。在这种情况下,何时撤销民事判决,可视具体情况而定。例如,在没有发现新的证据的情况下,可以先进行刑事审判,对侵占行为定罪量刑,后撤销民事判决;在发现了足以推翻原民事判决的新的证据的情况下,可以先撤销民事判决,后进行刑事审判,对侵占行为定罪量刑。[15]

本案中,河北省M县人民法院于2013年5月13日对该民间借贷、抵押合同纠纷立案,6月23日公开开庭审理,8月31日将该案移送河北省M县公安局,建议M县公安局以杨明俊涉嫌非法吸收公众存款罪对杨明俊立案侦查,但M县公安局向市公安局请示并与M县人民检察院沟通后,经研究决定不接收M县人民法院所移送的案卷。9月25日,M县人民法院作出民事判决,并于10月25日发生法律效力。10月28日,M县公安局以涉嫌非法吸收公众存款罪对杨明俊采取了刑事拘留的强制措施。12月3日,经河北省M县人民检察院批准,被M县公安局执行逮捕。12月30日,M县人民检察院指控杨明俊犯非法

〔15〕 张明楷:《程序上的刑民关系》,载《人民法院报》2006年5月24日。

吸收公众存款罪向M县人民法院提起公诉。2014年1月24日,M县人民检察院因事实、证据有变化,撤回起诉。1月27日,M县人民法院裁定准许M县人民检察院撤诉。民事被告杨明俊可能涉及非法吸收公众存款的犯罪,与民间借贷合同纠纷尽管有一定的牵连,但属于两个法律关系,公安部门立案侦查、检察院起诉以及法院判决构成刑事犯罪,并不影响法院依据民事诉讼法审理本案当事人之间的民事合同纠纷。对合同效力进行判断和认定属于民商事审判的范围,判断和认定的标准也应当是民事法律规范。非法吸收公众存款罪和合同的效力是两个不同的法律问题。关于民间借贷合同的效力,前面已经做了分析。本案的特殊性在于,在民事案件开庭审理后,法院以被告涉嫌非法吸收公众存款罪移送公安机关,但公安机关不予立案侦查,法院民庭继续审理后作出民事判决,判决生效后,公安机关又以被告杨明俊涉嫌非法吸收公众存款罪采取刑事拘留的强制措施,后经检察院批准逮捕,检察院提起公诉后,又决定撤回起诉,法院刑事审判部门作出裁定准许检察院撤诉。

公安部发布的《公安机关办理经济犯罪案件的若干规定》第11条规定:“公安机关发现经济犯罪嫌疑,与人民法院已受理或作出生效判决、裁定的民事案件系同一法律事实的,应当说明理由并附有关材料复印件,函告受理或作出判决、裁定的人民法院,同时,通报相关的人民检察院。”第12条规定:“需要立案侦查的案件与人民法院受理或作出生效判决、裁定的民事案件,属于同一法律事实,如符合下列条件之一的,公安机关应当立案侦查:(一)人民法院决定将案件移送公安机关或者撤销该判决、裁定的;(二)人民检察院依法通知公安机关立案的。”第13条规定:“需要立案侦查的案件与人民法院受理或作出生效判决、裁定的民事案件,如果不属同一法律事实,公安机关可以直接立案侦查,但不得以刑事立案为由要求人民法院裁定驳回起诉、中止审理或撤销判决、裁定。”本案属于第13条规定的情形,杨明俊可能涉及非法吸收公众存款的犯罪行为与民间借贷合同纠纷,不属同一法律事实,公安机关对杨明俊进行立案侦查是在法院作出的民事判决生效之后,其不得要求法院撤销该民事判决。生效的民事判决书认定民间借贷合同合法有效,但如果法院的刑事判决认定被告人杨明俊构成非法吸收公众存款罪,而与已生效的民事判决产生一定的冲突,有关再审启动主体认为生效民事判决有错误,可以依照《民事诉讼法》规定的审判监督程序进行再审。

参阅案例:《北京然自中医药科技发展中心与广东黄河实业集团有限公司

一般股权转让侵权纠纷案》,最高人民法院(2008)民二终字第62号民事判决书,载《中华人民共和国最高人民法院公报》2009年第1期。该案的裁判规则如下:担任法人之法定代表人的自然人,以该法人的名义,采取欺诈手段与他人订立民事合同,从中获取的财产被该法人占有,该自然人涉嫌合同诈骗犯罪,同时该法人与他人之间因合同被撤销而形成债权债务关系。人民法院应当根据《最高人民法院关于在审理经济纠纷案件中涉及经济犯罪嫌疑若干问题的规定》第10条的规定,将自然人涉嫌犯罪部分移交公安机关处理,同时继续审理民事纠纷部分。[16]

5. 如何理解非法吸收公众存款罪的构成要件?

非法吸收公众存款罪,是指违反国家金融管理法律、法规的规定,非法吸收公众存款或者变相吸收公众存款,扰乱金融秩序的行为。根据《刑法》第176条和《最高人民法院关于审理非法集资刑事案件具体应用法律若干问题的解释》第1、2、3条的规定,本罪的构成要件是:(1)本罪侵犯的客体是国家对吸收公众存款的管理秩序。根据金融法规的规定,只有银行或者经批准的其他金融机构才可以吸收社会资金作为存款。而非法吸收或者变相吸收公众存款,就是通过不正当手段,与银行等金融机构争夺社会闲散资金,扰乱金融秩序。(2)本罪在客观上表现为违反国家金融管理法律规定,未经有关部门依法批准或者借用合法经营的形式吸收资金,通过媒体、推介会、传单、手机短信等途径向社会公开宣传,承诺在一定期限内以货币、实物、股权等方式还本付息或者给付回报,向社会公众(包括单位和个人)即社会不特定对象吸收资金,扰乱金融秩序的行为。具体表现为两种类型:非法吸收公众存款和变相吸收公众存款。所谓"变相吸收公众存款",是指行为人不是以存款的名义而是以其他形式吸收公众资金,从而达到吸收公众存款的目的。所谓"公众存款",是指社会上不特定的人群的储蓄。如果存款人是特定的少数人,如仅限于亲友或本单位人员,不构成本罪。(3)本罪的主体是一般主体,包括自然人和单位。(4)本罪在主观上表现为故意,且不要求将吸收的存款用于信贷的目的。但必须没有非法占有的目的,否则

---

〔16〕 江必新等:《最高人民法院指导性案例裁判规则理解与适用·民事诉讼卷》,中国法制出版社2014年版,第609页。

不成立本罪。[17] 另外，非法吸收或者变相吸收公众存款，主要用于正常的生产经营活动，能够及时清退所吸收资金，可以免予刑事处罚；情节显著轻微的，不作为犯罪处理。

6. 法院能否对该民事案件立案执行?

本案中，河北省 M 县人民法院(2013)M 民初字 496 号民事判决书生效后，原告李顺通(化名)申请法院对该判决强制执行，但该案因被告杨明俊(化名)涉嫌犯罪，暂未立案执行，李顺通已多次上访。笔者认为，法院应立案执行该生效民事判决，理由如下：

(1)符合申请执行的条件。《民事诉讼法》第 236 条第 1 款规定："发生法律效力的民事判决、裁定，当事人必须履行。一方拒绝履行的，对方当事人可以向人民法院申请执行，也可以由审判员移送执行员执行。"本案被告人杨明俊和张文祥逾期不履行生效民事判决书确定的义务，原告李顺通具有给付内容明确的执行依据并在法定的申请执行时效内向有管辖权的 M 县人民法院申请强制执行，因此，原告李顺通符合申请执行的条件。

(2)生效民事判决应当执行。其一，根据无罪推定原则，在刑事有罪判决确定以前，被告人应被视为无罪。与此相适应，根据已生效的民事判决所应得到的财产也应被视为合法财产，而不能预断为赃款、赃物。其二，民事判决一经生效，即具有执行力，除法律规定的特殊事由，不存在暂时停止的问题。在刑事判决生效以后，如果根据已经生效的刑事判决，在先作出的已生效民事判决确有错误，须经再审改判的，只要再审改判尚未确定，原民事判决仍应执行。但问题在于，有的案件执行以后，往往很难恢复原状，如拆除建筑物，从而使权利人遭受明显损失，这显然又不尽合理。在此情形下，可以考虑作出例外处理。此外，如果已经生效的刑事判决只影响到部分民事判决，如民事案件中包含数个事实，仅有一个构成犯罪，此时，法院即使决定暂停执行，也只能暂停受刑事判决影响的部分，其他部分应继续执行，作为民事执行对象的财产(款项、财物等)，在刑事案件中可能是赃款赃物，执行时原则上有刑事优先的问题，即先满足被害人因为犯罪行为而受到的损失。具体来说可以分为几个时间段来分析：一是民事诉讼争议的财物与刑事诉讼中被侵犯的对象相同，两个诉讼又都在进行之中。民事诉讼中

---

〔17〕 李希慧主编:《刑法各论》(第二版)，中国人民大学出版社 2012 年版，第 117 页。

有财产保全的问题，刑事诉讼中有查封、扣押、冻结等强制性措施，此时不能笼统说刑事优先。实际上只能奉行时间优先原则，即谁先执行财产保全或查封、扣押、冻结以后，另一诉讼专门机关不得重复进行，待案件终结以后再行处理。二是一个诉讼已经终结，另一个诉讼尚未终结，此时应当先执行确定判决。如果民事判决已经生效，刑事诉讼尚在进行之中，则先执行民事判决。即使民事判决有问题，也可以通过执行回转来救济。三是两个诉讼都终结了，针对同一财物，应当毫无例外地刑事优先。有剩余的再满足民事判决的执行。[18]

法院依法执行案件，由于出现某种特殊情况需要暂时停止执行程序，待特殊情况消失后，再恢复执行程序，继续进行执行的，为中止执行。[19]《民事诉讼法》第256条规定："有下列情形之一的，人民法院应当裁定中止执行：(一)申请人表示可以延期执行的；(二)案外人对执行标的提出确有理由的异议的；(三)作为一方当事人的公民死亡，需要等待继承人继承权利或者承担义务的；(四)作为一方当事人的法人或者其他组织终止，尚未确定权利义务承受人的；(五)人民法院认为应当中止执行的其他情形。中止情形消除后，恢复执行。"有观点认为，即使法院对原告李顺通的申请执行予以立案，若本案符合第256条第1款第5项的情形，可以中止执行。笔者认为，本案如果进入了执行程序，应继续执行，不宜中止执行；若生效民事判决书经过再审程序被撤销，可以通过执行回转制度予以救济。《民事诉讼法》第233条规定："执行完毕后，据以执行的判决、裁定和其他法律文书确有错误，被人民法院撤销的，对已被执行的财产，人民法院应当作出裁定，责令取得财产的人返还；拒不返还的，强制执行。"

此外，本案原告李顺通(化名)也可以依照《民事诉讼法》规定的"实现担保物权案件"特别程序请求M人民法院实现自己的权益。2013年4月30日，李顺通向河北省M县人民法院提出诉前保全申请，法院作出了(2013)M民保字第6号民事裁定书，依法查封了户主姓名分别为杨明俊(化名)、张文祥(化名)的房产各一处。在民间借贷合同中，被告借款人杨明俊和抵押人张文祥分别提供了自己的一处房产作为债权实现的担保，原告可以请求二被告补办抵押登记。《民事诉讼法》第196条规定："申请实现担保物权，由担保物权人以及其他有权请求实现担保物权的人依照物权法等法律，向担保财产所在地或者担保物权登

〔18〕 陈光中、陈桂明：《是否"先刑后民"要酌情而定》，载《检察日报》2006年8月6日。
〔19〕 江伟、肖建国主编：《民事诉讼法》(第七版)，中国人民大学出版社2015年版，第456页。

记地基层人民法院提出。"第 197 条规定:"人民法院受理申请后,经审查,符合法律规定的,裁定拍卖、变卖担保财产,当事人依据该裁定可以向人民法院申请执行;不符合法律规定的,裁定驳回申请,当事人可以向人民法院提起诉讼。"

预期效果

本案系民间借贷、抵押合同纠纷与刑民交叉领域的案例,法律争议点较多,是一个综合性案例,难度较大,也具有一定的代表性,适合法律硕士研究生或高年级法学本科生或民商法学、诉讼法学、刑法学硕士研究生展开深入讨论。通过对本案的分析,使学生能够掌握民间借贷合同、抵押合同的效力、不动产登记所涉及的合同法、物权法等民事实体法、刑法上的非法吸收公众存款罪的认定以及刑民交叉案件的处理机制等实体、程序法律问题,培养发现问题、分析问题和解决问题的能力及法律思维,同时锻炼各种类型的法律文书写作能力和有关收集、分析、判断、采信证据的能力。

教学计划

本案例可以作为专门的法律硕士案例教学课来进行,整个案例课的课堂安排 6 个课时,每课时 45 分钟。

课堂设计如下:

1. 课前计划:安排学生阅读案例及相关参考资料,对案例所涉及的问题进行思考,撰写思考题和实践题答案。

2. 课中计划:(1)介绍教学目的,明确讨论主题;(2)分组讨论,回答各项思考题,讨论实践题的撰写要点;(3)小组代表提出撰写要点,学生讨论和分析;(4)教师归纳总结。

3. 课后计划:布置学生进一步思考民间借贷、抵押合同纠纷及刑民交叉案件所涉及的理论与实践问题。

课堂时间安排

第一阶段(4 个课时):

1. 教师介绍教学目的、明确讨论主题(15 分钟)。

2. 分组讨论(45 分钟)。

3. 小组代表作主题发言(30 分钟)。

4. 辩论、分析(60 分钟)。

5. 教师归纳总结(30 分钟)。

第二阶段(2 个课时):

1. 民事原、被告组分别就本案的实体、程序及证据问题进行陈述;学生讨论(25 分钟)。

2. 民事法官组总结;学生讨论(10 分钟)。

3. 刑事公诉组、辩护组分别就本案的实体、程序及证据问题进行陈述;学生讨论(25 分钟)。

4. 刑事法官组总结;学生讨论(10 分钟)。

5. 教师总结(20 分钟)。

思考题和实践题

1. 思考题

(1)结合合同法原理及法律规定,分析本案民间借贷合同是否合法有效?

(2)结合物权法原理及法律规定,分析本案抵押合同是否合法有效? 房产抵押是否发生物权效力?

(3)刑民交叉案件的处理机制有哪些? 各自有哪些适用的情形?

(4)如何正确适用刑民交叉案件中的移送处理?

(5)如何理解非法吸收公众存款罪的构成要件?

(6)结合强制执行法原理及法律规定,分析法院能否对本案生效民事判决书予以立案执行?

2. 实践题

(1)如果你是原告李顺通(化名)的代理人,请为其撰写诉前保全申请书、民事诉状、申请执行书。

(2)如果你是被告杨明俊(化名)的代理人,请为其撰写民事代理词、刑事辩护词。

(3)如果你是被告张文祥(化名)的代理人,请为其撰写民事答辩状。

(4)如果你是本案民事法官,请为其撰写民事判决书。

(5)如果你是本案公诉人,请为其撰写起诉书。

(6)如果你是本案刑事法官,请为其撰写刑事判决书或者刑事裁定书。

参考文献

1. 江必新等:《最高人民法院指导性案例裁判规则理解与适用·民事诉讼卷》,中国法制出版社 2014 年版。
2. 魏振瀛主编:《民法》(第五版),北京大学出版社、高等教育出版社 2013 年版。
3. 最高人民法院物权法研究小组编著:《〈中华人民共和国物权法〉条文理解与适用》,人民法院出版社 2007 年版。
4. 何帆:《刑民交叉案件审理的基本思路》,中国法制出版社 2007 年版。
5. 李希慧主编:《刑法各论》(第二版),中国人民大学出版社 2012 年版。
6. 江伟、肖建国主编:《民事诉讼法》(第七版),中国人民大学出版社 2015 年版。
7. 陈光中主编:《刑事诉讼法》(第五版),北京大学出版社、高等教育出版社 2013 年版。
8. 江伟、范跃如:《刑民交叉案件处理机制研究(上)》,载《人民法院报》2005 年 1 月 19 日。
9. 宋晓明、张雪楳:《民商事审判若干疑难问题　民刑交叉案件》,载《人民法院报》2006 年 8 月 23 日。
10. 张明楷:《程序上的刑民关系》,载《人民法院报》2006 年 5 月 24 日。
11. 陈光中、陈桂明:《是否"先刑后民"要酌情而定》,载《检察日报》2006 年 8 月 6 日。
12.《最高法发布关于审理民间借贷案件司法解释》,载最高人民法院网,http://www.court.gov.cn/zixun-xiangqing-15147.html,发布日期:2015 年 8 月 6 日。
13. 罗书臻:《杜万华就〈最高人民法院关于审理民间借贷案件适用法律若干问题的规定〉答记者问》,载《人民法院报》2015 年 8 月 8 日,第 1 版。

撰稿人｜柯阳友,河北大学政法学院教授

16 CASE 加多宝诉王老吉侵犯包装装潢权益案

| 摘　要 |

本案例讨论民事诉讼中商标许可中后发商誉知识产权归属的认定与原被告举证责任的承担等实体法与程序法问题。案例以加多宝诉王老吉侵犯包装装潢权益案为蓝本，围绕民事诉讼程序的相关环节展开，既涉及知名商品的认定、知名商品特有包装、装潢的认定及知名商品特有包装、装潢等商标许可中后发商誉知识产权归属的认定等实体问题，也涉及案件管辖、合并审理等程序问题，还涉及原被告举证责任的分配、证据的选择、收集和采信等证据问题。本案例对于同类新型知识产权案件具有重大参考意义。

| 关键词 |

知名商品　包装装潢　后发商誉　知识产权　民事诉讼

| 教学目标 |

本案例要求学生通过民事诉讼中商标许可后发商誉知识产权归属的分析，重点学习以下内容：(1)如何确定合理的诉讼请求；(2)如何撰写起诉状、答辩状，如何撰写代理词；(3)作为原告或被告的代理律师，如何收集各类相关证据；(4)如何认定知名商品、如何认定知名商品特有包装、装潢、如何认定知名商品特有包装、装潢等商标许可后发商誉知识产权的归属等实体问题；(5)掌握新型知识产权民事诉讼案件的特殊性与难点。

教学案例主文

2012年,被视为“中国包装装潢第一案”的“红罐”包装装潢案历经长达两年的诉讼,于2014年12月12日,迎来了一审判决。然而该判决无疑给加多宝一记沉重的打击——法院不仅判决加多宝马上停止与红罐包装装潢相似凉茶产品的销售,还要求对于一切有关的商品进行销毁,并不得对王老吉以外的凉茶产品进行红罐包装装潢宣传。最后,法院还判决加多宝在给予广药集团1.5亿元赔偿金的同时,还要在特定的平台进行公开道歉。而加多宝集团当即提出不服审判结果,坚决提起上诉。加多宝坚决提起上诉的决定引来了各方争议,关于商标许可中后发商誉知识产权的归属问题再一次被推向风口浪尖。

一、原被告双方的基本情况〔1〕

原告加多宝集团,是一家以香港为基地的大型专业饮料生产及销售企业。目前,加多宝旗下产品包括红色罐装、瓶装“加多宝”和“昆仑山天然雪山矿泉水”。1995年推出第一罐红色罐装凉茶(当时经合法授权出产的王老吉),1999年以外资形式在中国广东省东莞市长安镇设立生产基地。为配合开拓全国市场策略,集团先后在广东东莞、浙江绍兴、福建石狮、北京、青海、杭州、武汉成立生产基地,并有多处原材料生产基地。目前,加多宝凉茶不仅在国内深受广大消费者喜爱,还远销东南亚和欧美国家。集团董事长陈鸿道被誉为“凉茶大王”,他经营的红色易拉罐罐装王老吉凉茶的销售额超过100亿元人民币,成为销售额超越了可口可乐和百事可乐的中国罐装饮料市场第一品牌,带领王老吉成为“中华第一罐”。2008年为汶川地震灾区捐出1亿元以及2010年为青海玉树地

---

〔1〕“王老吉”凉茶知名商品特有名称包装、装潢案是由两个案件组成,一个是广药集团诉加多宝侵权案,另一个是加多宝诉广药大健康侵权案,本质上是原被告双方就同一争议问题分别提起诉讼,双方互为原被告。后根据最高人民法院2012年11月22日作出的(2012)民三他字第27号《最高人民法院对〈广东省高级人民法院关于申请指定广州市中级人民法院合并审理“王老吉”凉茶知名商品特有名称包装、装潢案的请示〉的批复》,由广东省高级人民法院合并审理,为了分析方便,本案选取其中一个诉讼为中心分析,即加多宝诉广州王老吉大健康案。

震捐出1.1亿元。2010年,加多宝牵手亚运,作为中国民族品牌的杰出代表,依托国际性大型体育赛事,加速国际化进程,成为一个世界级的饮料品牌。

被告广州王老吉大健康产业有限公司,为广州医药集团有限公司(以下简称广药集团)的全资子公司。广药集团前身为王老吉药业股份有限公司(以下简称王老吉),是中国著名凉茶品牌,于清朝道光年间(约1830年)由王泽邦(乳名阿吉)所创。1949年后,成立王老吉联合制药厂,2004年3月4日更名为广州王老吉药业股份有限公司。王老吉在"中华老字号品牌价值百强榜"中排行第五,品牌价值高达1080.15亿元,当时由三家企业共同使用,包括掌内地市场的广州王老吉、掌香港及海外市场的香港王老吉国际、租用商标使用权20年的香港加多宝(广东)股份有限公司。香港王老吉与广州王老吉本属一家,百年前才分两路,直至1956年,药号亦正式分成两支:一支完成公有化改造,发展为今天的王老吉药业股份有限公司,生产王老吉凉茶颗粒(国药准字);另一支由王氏家族的后人带到香港。在中国大陆,王老吉的品牌归王老吉药业股份有限公司所有;在中国大陆以外的国家和地区,王老吉品牌为王氏后人所注册。内地商标注册归广州王老吉,推出绿色纸包装凉茶。1997年王老吉并入广州药业(即后来的广药集团)。2012年2月28日,广药集团成立全资子公司大健康公司,2012年5月25日,广药集团与大健康公司签订《商标使用许可合同》,授权大健康公司使用王老吉商标。[2]

二、争议案件的基本情况

(一)包装装潢之争前战——商标之争

王老吉凉茶由王泽邦始创于清道光八年,至今已有184年历史。在动荡的社会中几经周折依然维持着经营。1949年之后,王老吉凉茶分成了两支:一支被收归国有,后更名为"羊城药业",隶属于广药集团。另一支由王氏后人带到了香港,经营王老吉香港及海外业务,即"香港王老吉国际",1993年,王氏后人王健仪出任该公司执行董事。

王老吉分家分别隶属于不同的所有者,但在若干年之后牵扯出品牌之争,这

---

〔2〕 鉴于广药集团与大健康的股权关系,案件其实是加多宝与广药集团之争。因此,须特别说明,本文有时直接用广药方面、广药或广药集团代替广药集团与大健康公司。

一切要从东莞商人陈鸿道说起。陈鸿道是一名活跃于粤港两地的贸易批发商，1995年，有意在内地经营凉茶产业的他与王氏后人王健仪进行了接触，并获得红罐装王老吉凉茶的配方。然而，王氏后人仅拥有香港及海外的商标所有权，欲在内地经营王老吉凉茶饮料的陈鸿道，便转而与广州羊城药业寻求合作。

1997年2月13日，广州羊城药业王老吉食品饮料分公司(王老吉药业股份有限公司前身)与陈鸿道的香港鸿道集团有限公司签订了商标许可使用合同，合同规定鸿道集团自1997年取得"王老吉"商标生产销售红色纸包装及红罐装凉茶饮料的独家使用权，合同有效期至2011年12月31日止，有效期为15年，后双方又于2001年续签合同，有效期共计20年。为了王老吉凉茶的发展，鸿道集团投资成立了香港加多宝(广东)股份公司，由香港王老吉集团提供配方，经广州王老吉药业特许在中国内地独家生产，专门负责"红罐"王老吉凉茶的生产和销售。加多宝为王老吉的发展耗尽心血，投资十多亿元加强渠道建设和品牌推广，甚至拍摄了一部讲述王老吉凉茶创始人行医的电视剧《岭南药侠》。2008年汶川大地震中捐款1亿元的高调慈善，更是让王老吉声名大振。加多宝集团2002年销售额还不及2亿元，2003年蹿升至6亿元，2007年飙升至50余亿元，2011年已达到160亿元。大好形势下，广药集团也顺势于2005年推出了绿色盒装王老吉，由此，市面上出现了两个"王老吉"。

随着销量攀升，王老吉凉茶已培育了一个成熟的市场，广药集团对"王老吉"商标使用费和商标使用年限有了新的想法。这要先从2002年和2003年双方签订的两份脆弱的补充协议说起。1997年，广药集团与香港鸿道集团签订了商标许可使用合同，约定香港鸿道集团对"王老吉"商标的租赁期限至2010年。2002年至2003年，时任广药集团总经理的李益民又与加多宝签订了"王老吉"商标租赁期限延长合同，在两份补充协议中同意加多宝对"王老吉"商标租借期限延长至2013年和2020年。

在这两份补充协议签订之后不久，一手促成此事的李益民即被调查出收受加多宝300万港元贿赂，案发后以受贿罪被判处无期徒刑。广药集团据此认定，王老吉商标被李益民"严重贱租"了：公开资料显示，从2000年到2010年，红罐王老吉已从2亿元的销售额增加到了160亿元，而同期加多宝给广药的年商标使用费仅从450万元增加到506万元，即便到2020年也只有537万元。而加多宝集团一手将王老吉抚育壮大，觉得功劳苦劳都是自己的，在这一点上，当然也不愿意轻易对广药集团作太多退让。于是，这场争夺历时两年而不休，成了二者

“婚变”的直接导火线。

2010年11月10日,广药集团正式对外宣称广药集团旗下王老吉品牌价值已达1080亿元,成为目前中国评估价值最高的品牌。而作为将王老吉打造成国际品牌的最大功臣,加多宝集团竟然被排斥于该新闻发布会之外,商标之争浮上台面。

2011年4月26日,广药集团向中国国际经济贸易仲裁委员会递交了王老吉商标归属的仲裁申请,要求裁决广药集团与鸿道集团于2002年11月27日签订的《“王老吉”商标许可补充协议》和2003年6月10日签订的《关于“王老吉”商标使用许可合同的补充协议》无效,以及请求裁决鸿道集团停止使用“王老吉”商标。同年12月王老吉商标归属案进入仲裁程序。2012年5月9日,中国国际经济贸易仲裁委员会对于该案作出(2012)中国贸仲京裁字第0240号《裁决书》裁决:《王老吉商标许可补充协议》和《关于“王老吉”商标使用许可合同的补充协议》无效,鸿道集团停止使用“王老吉”商标。这样,广药集团正式收回王老吉商标。

(二)包装装潢之争

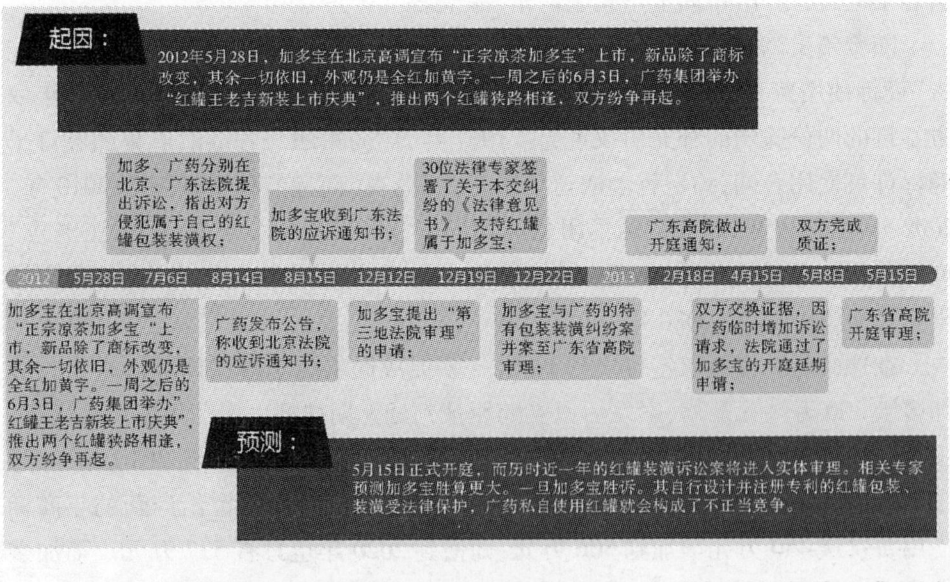

随着中国国际经济贸易仲裁委员会的一纸裁定,广药集团与加多宝集团之间的“王老吉”商标之争已经落下帷幕。然而广药与加多宝之间的利益纠葛远

没有结束。在收回“王老吉”商标后,广药已经明确表示将推出红罐装的王老吉凉茶产品。由此,加多宝红罐包装装潢权的归属再次成为各方关注的焦点。

在“红罐之争”中,广药方面提出的诉讼请求包括:判令加多宝立即停止生产、销售、使用与“王老吉”凉茶特有包装装潢相同或相近似的包装装潢;销毁全部库存的侵权产品以及带有与“王老吉”凉茶特有包装装潢相同或相近似包装装潢的空罐、空瓶;停止使用并移除或销毁所有侵权产品的广告以及各种介绍、宣传材料等。广药方面称,根据《反不正当竞争法》的规定,知名商品拥有特有装潢权,该装潢属于知名商品的合法经营者,并可随商品在不同的合法经营者之间转移。红罐王老吉凉茶是王老吉凉茶中的一种。广药集团之前授权鸿道生产经营红罐王老吉,现收回红罐王老吉的生产经营权后,特有装潢权也随王老吉凉茶生产经营权一并转移至广药集团。

上述主张显然是加多宝方面难以接受的。加多宝集团品牌管理部副总经理王月贵表示,早在 1995 年 3 月 28 日双方签订第一份商标许可合同后,加多宝就设计了以红黄两色为主色调的金属易拉罐“王老吉”凉茶包装,还向国家知识产权局提交了外观设计专利申请,并于 1997 年获得专利。加多宝出具的《法律意见书》指出,商标和商品的包装装潢是独立、分离的,并受不同法律保护。“王老吉”商标权与知名商品的特有包装装潢权分别属于广药和加多宝所有,合同无效或解除后,广药只能拿回商标,包装装潢仍属于加多宝所有。

最高人民法院知识产权庭原庭长蒋志培、中国社会科学院知识产权中心主任李明德等众多法学、知识产权专家在北京举行了知名商品特有名称及包装装潢保护研讨会,并联合签署《“王老吉”知名商品特有名称及包装装潢保护专家意见书》。专家们认为,“王老吉凉茶”是知名商品并无争议,“王老吉”则是该知名商品的特有名称,该产品使用的包装装潢是一贯的,因此成为该产品的特有包装装潢。包装装潢作为一种可识别标志,根据 TRIPS 协议和我国反不正当竞争法的规定,只要具有特有性就可以受到保护,同时,具有显著性也可以作为商标受到保护。根据既定事实,作为“王老吉”凉茶商品的包装装潢,红罐包装的显著性是建立在“王老吉”商标的许可使用基础上的,在长期的使用过程中与“王老吉”凉茶无法分离。意见书称,根据客观事实,在时间跨度至少超过 8 年以来,在凉茶行业中,“红罐”“红罐凉茶”等文字称谓即已与“王老吉”凉茶这一知名商品建立了唯一对应关系。因此,他人将“红罐”“红罐凉茶”等文字作为凉茶产品宣传文字进行商业化使用,涉嫌构成对“王老吉”凉茶这一知名商品商誉的攀附，涉嫌不正当竞争。专家们一致认为，知名商品的特有包装装潢作为一种事实上的非注册商标存在，应视为商誉的载体之一，其信誉应归于商标所有人或商标许可人。知名商品特有包装装潢产生的商誉附属于该知名商品所有，一般不能由他人去分享，除非该商标所有人许可，该商誉自然也无法被他人分享，否则将受到商标法、反不正当竞争法的规制。

2012年5月15日，加多宝与广药红罐官司正式开庭，历时近一年的红罐官司进入审判阶段。可以说，这是继商标权之争后，加多宝与广药迎来的又一场事关双方发展转折点的激战。加多宝之前已在相关媒体上表达了坚决捍卫红罐属于加多宝的决心。自2012年4月15日起，加多宝官网和官微等官方平台全部更换为红罐主题色并加注“呼唤公平，红罐之争见分晓”的标志，呼唤能够在一个公平的环境下由法律来裁决红罐的最终归属。在线下，加多宝也展开了行动。2012年4月，以“四川人民与加多宝共建中国梦”为主题的签名活动在四川成都举行。在成都春熙路，加多宝发起“保卫红罐”的活动，只要签名留影支持加多宝即可免费领取一罐凉茶。而在红罐官司即将再次开庭之际，河南、广东等地千名种植户联名声援加多宝。据悉，在加多宝山东、江苏、河南、湖北、广东等地的种植户纷纷竖起“红罐属于加多宝”“没有加多宝就没有我们的今天”“红罐凉茶加多宝鑫城村基地全体花农种植户支持你”等条幅，表示要坚决地与加多宝站在一起，全力支持加多宝。同时，凡经营加多宝的店铺，大到超市卖场，小到巷道小卖部，“坚决力挺加多宝”“风雨同舟，休戚与共”“没有加多宝就没有红罐凉茶”等语气激昂的红丝带随处可见。有经销商表示，他肯定力挺加多宝。“我至今与加多宝合作已有17个年头，我们大多数经销商和加多宝是共同成长，共同做大。可以说，我们见证了加多宝如何把不知名的凉茶做到全国消费者所熟知。”对此，营销专家洪仕斌表示，在加多宝发展道路上，经销商与加多宝多年的精诚合作、荣誉与共，建立了互相依存的亲密伙伴关系。因此，正值加多宝关键点的时刻，经销商纷纷选择支持加多宝。

三、本案原被告双方的争议焦点

在持续了近八个小时的庭审中，加多宝公司、大健康公司、广药集团分别围绕“涉案知名商品是什么”“知名商品特有包装装潢是什么”“知名商品特有包装装潢归谁所有”“到底谁构成不正当竞争”“损失如何计算”等焦点问题展开了激烈的交锋。其中争论最激烈的是前三个问题。

(一)涉案知名商品是什么

双方均认为"知名商品特有包装装潢权益与知名商品是不可分离的"。加多宝律师表示,"按照法律规定,知名商品是指在市场上具有一定知名度,为相关公众所知悉的商品。"认定知名商品与该商品发生的宣传、购买、使用、销售等行为有关,与商标无关。早在1995年3月28日双方签订第一份商标许可合同后,加多宝就自主设计了红底黄字的金属易拉罐包装,并于1997年获得了专利,且与广药约定双方分别生产红罐和绿盒。加多宝对于"知名商品"的定义是:"加多宝生产经营的曾经租用王老吉商标、现使用加多宝商标、使用王泽邦后人独家配方的红色罐装凉茶产品,包括加多宝公司生产的贴有王老吉商标和加多宝商标红罐凉茶。"这段定语颇多的句子实际表示的意思是,加多宝一直生产的红罐凉茶才是"知名商品",与商标并无关系。本案的知名商品应定义为包括加多宝公司生产的贴有王老吉商标的红罐凉茶及贴有加多宝商标的红罐凉茶。目前,由于加多宝通过大规模生产、持续性的市场推广、广泛媒体宣传和积极参与公益活动,涉案红罐凉茶连续多年稳居全国罐装饮料销量首位,成为知名商品。此外,知名商标不能等同于知名商品,商品的知名度靠的是生产者和销售者长期的经营获得,而不是靠商品知名获得。加多宝的企业名称和王泽邦配方正是更为重要的商品识别标识。

但广药对于"知名商品"的定义则是带有王老吉商标的凉茶。"商品是凉茶,知名的就是王老吉。"广药代理人史玉生律师认为加多宝对知名商品的定义为无效定义,王老吉凉茶成为知名商品的历史悠久,红罐仅是王老吉系列产品之一,"王老吉凉茶"才是本案的知名商品。

(二)涉案知名商品特有包装装潢是什么

本案知名商品特有包装装潢到底包含哪些内容?双方围绕红罐设计所有权人、红罐设计是否具有原创性和独立性、红罐设计与在先王老吉凉茶外观的关系、红罐核心图案构成是否是王老吉商标等问题展开了激烈争论。广药方面认为涉案争议的是包装装潢而非其他权利,包装装潢不是单纯的智力成果,源于商标权、版权,不能简单套用谁设计谁有权利的理念。广药集团不否认加多宝是红罐凉茶的实际制造者,但不能以此否认广药集团也是制造者。涉案包装装潢从产生之日起就涵盖商标,商标是包装装潢的核心要素和组成部分。本案认定包装装潢显著性不能离开商标的知名度,商标的知名带动了包装装潢的知名。

加多宝公司认为,特有包装装潢权益应当是通过使用产生的,因此应当重点考察是通过谁的使用形成了特有包装装潢,并认为包装装潢归属争论的正确表述是“涉案包装装潢能否与王老吉商标或加多宝公司相分离”。商标不是唯一的识别标识,知名商品特有包装装潢、生产厂家、配方、广告语都可以成为识别标识。同时,知名商品特有包装装潢与知名商品不可分离,商标权与知名商品的特有包装装潢是相互独立、分别行使的权利。

最后,法院认定本案知名商品特有包装装潢即“红罐”,其内容是指:标明在王老吉红罐凉茶产品的罐体上包括3个竖排的黄色字体“王老吉”等文字、红色底色等色彩、图案及其排列组合在内的整体内容。

(三)知名商品特有包装装潢归属和侵权之争

要解决本案特有包装装潢的归属问题,有一个关键问题必须解决,那就是知名商品特有包装装潢与商标权能否分离。双方针对这个问题展开了激烈争论。广药集团认为,在本案中,“红罐”这一王老吉商标所特有的包装装潢自其衍生之日起就与“王老吉”的商标共存,而商标是红罐凉茶包装装潢中最核心的一部分。当“红罐”的包装装潢与“王老吉”商标一同出现在红罐凉茶上的时候,真正起到识别作用的主要是广药集团许可给加多宝公司使用的“王老吉”商标。对于消费者来说,主要还是会通过对“王老吉”商标的认同而购买红罐凉茶。如果没有“王老吉”这一商标,仅凭“红罐”的包装装潢很难区分产品来源。

加多宝公司认为,在商标许可情况下,“红罐”包装装潢与“王老吉”商标都具有标识商品来源的作用,“红罐”包装装潢完全可以脱离“王老吉”商标而独立发挥标识作用。即使去掉“王老吉”商标,相关消费者仅以普通注意力也完全能够识别出加多宝公司采用王泽邦祖传秘方生产的“红罐”凉茶。自从加多宝于2012年6月将红罐包装上的黄色字体换成“加多宝”以来,销量较之以前没有太大变化也一定程度上反映了“红罐”脱离“王老吉”商标后的独立标识作用。

总体来说,关于本案特有包装装潢的归属,加多宝方面用了设计说、使用说、投入说和判决说等观点证明其拥有红罐包装装潢权益。“之所以交代包装设计的问题,因为确实涉及著作权的可能性。如果设计是由其他人完成,广药集团与大健康公司依然不能使用别人享有著作权的包装装潢。”加多宝律师表示,红罐包装装潢是陈鸿道设计,其依法应当属于加多宝所有。加多宝代理律师表示,17

年来,加多宝投入300余亿元打造红罐凉茶,将红罐凉茶打造成知名商品,没有加多宝就没有红罐凉茶。因此,可以认定加多宝生产的红罐凉茶是全国知名商品。该律师进一步表示,根据本案现有证据材料可以认定的事实是,红罐包装装潢是陈鸿道设计,授权加多宝集团使用、投入商业生产经营,其依法应当属于加多宝所有。广药集团既非红罐包装装潢的设计者,也从未使用过红罐包装,它对该包装装潢没有支配权。在广药收回"王老吉"商标权之后,亦无权使用与加多宝红罐包装、装潢相同或近似的包装、装潢,否则构成不正当竞争。

广药方面则反驳设计说,牵扯到了"中华人民共和国成立前",称红罐包装装潢中的商标竖排使用,在1949年前就出现了,设计理念并非加多宝独有。广药称不否认加多宝是红罐的实际制造者,但称是广药批准加多宝使用红罐。王老吉大健康代理律师表示,加多宝提供的外观设计专利证并不具有任何说服力,且已经过期。针对这外观设计专利红罐罐贴字体、图案、色彩分析对比,结论为:王老吉这几个大楷书肯定不是陈鸿道先生设计的。三个大字字体排列无论字体横排竖排,前人早就排列过,横也有,竖也有,绝不是陈鸿道先生设计出来的排列阵式。几行小字都为描述王老吉的凉茶的历史和功效,不算特别。另一比较显著的是王老吉注册商标,纯属商标注册人广州医药集团有限公司所有。还有一个红色的底色彩,红色是通用色,谁也不可以独占,况且红色还是广州医药集团有限公司在合同中指定鸿道集团有限公司使用,还限定他不准使用其他色彩。红罐王老吉装潢主要显著特征王老吉三个大字,根本就是王老吉商品凉茶系列特有装潢,属传统的王老吉凉茶装潢。更为重要的是,装潢既有王老吉凉茶特有名称又有王老吉注册商标,按我国《商标法》规定,未经商标注册人同意,不能擅自使用。王老吉属著名商标,未经许可谁也不能将其作为外观设计图案或字样。本案装潢的特殊性在于设计装潢是为王老吉凉茶专用,服务于王老吉,归属于王老吉,不可分离。

四、原被告双方提交的主要证据

(一)原告提交的主要证据

法庭辩论期间,加多宝公司提供了49份证据,证明红罐属于加多宝公司的不争事实。证据大致分三类,第一类证据证明涉案知名商品包装装潢属于加多宝公司所有,第二类证据证明加多宝公司为培育涉案知名商品进行了大量投入,包括宣传、赞助、捐款、促销等,第三类是加多宝认为对方产品外包装装潢侵权的证据。

第一类证据:

第一类第一组证据证明加多宝公司生产的红罐凉茶及其特有装潢的历史沿革。

证据1是北京市长安公证处出具的(2012)京长安内民证字第9906号《公证书》,证明:(1)最迟于1992年6月,南方饮料厂已受陈鸿道委托生产涉案红色包装凉茶;(2)涉案红色装潢实际开始使用的时间早于第626155号王老吉商标的申请日期1992年1月18日,包装装潢权益不可能附随于在后的商标权,广药集团和大健康公司以商标权扩大保护至装潢权的主张不能成立;(3)最早产品装潢并未与"王老吉"商标同时标注,证明装潢从始至终独立于商标而具有识别来源的作用;(4)涉案装潢并非广药集团或其他主体授权加多宝公司使用,而是陈鸿道于1992年自行设计并一直延续使用的。

证据2与证据46相同,是1995年3月28日鸿道集团与羊城药业签订的《商标使用许可合同》,证明:(1)加多宝公司生产的红罐凉茶上使用的"王老吉"字体为鸿道集团设计并许可加多宝公司使用;(2)加多宝公司生产的红罐凉茶上使用的"王老吉"字体只须向羊城药业备案即可,并非广药集团主张的由其授权使用红色罐装包装装潢。

证据3是鸿道集团与羊城药业于1995年9月14日签订的《商标许可协议的补充协议(二)》。证据2、3证明:(1)在1993年1月20日第626155号王老吉商标核准注册后,为了配合王泽邦正宗凉茶配方的使用,鸿道集团与羊城药业签订本合同,开始使用第626155号王老吉商标;(2)基于合同签订前鸿道集团已经大量生产红色纸包装凉茶,合同约定鸿道集团继续生产红色纸包装凉茶,实际上是对既有事实的认可;(3)广药集团受让"王老吉"商标日期为1997年8月28日,鸿道集团在1995年3月已取得商标使用权,并已经开始生产红罐凉茶,广药集团对涉案红罐凉茶知名商品无权主张任何权利;(4)合同对双方各自使用的图案和颜色进行区分,只有鸿道集团可独家使用涉案红色装潢,羊城药业不可使用红色,也不可使用与鸿道集团生产的凉茶相同的图案。

证据4是鸿道集团与羊城药业1997年2月13日签订的《商标许可使用合同》,证明:(1)明确羊城药业只可保留生产和销售原已生产的用纸包装的王老吉清凉茶,但包装颜色不能取用红色,包装设计图案不得与鸿道集团生产的红色装潢相同;(2)涉案红罐凉茶的包装装潢是由鸿道集团自行设计投入使用的;(3)在广药集团受让商标前,商标权利人已书面确认可与鸿道集团在装潢上关于颜色及图案的区分,广药集团作为继受者应继续遵守有关约定。

证据5是东莞加多宝食品饮料有限公司(以下简称东莞加多宝公司)的公司章程、营业执照正副本、东外经贸批字(2000)第0614号名称变更批复文件、东莞加多宝公司补充章程之四,证明:(1)东莞加多宝公司为鸿道集团的全资子公司,经鸿道集团授权生产涉案知名商品;(2)1998年9月17日,东莞加多宝公司开始生产涉案知名红罐商品;(3)2000年5月21日,东莞加多宝公司企业名称变更为本案原告现在的公司名称即广东加多宝饮料食品有限公司。

证据6是加多宝凉茶产品特有包装装潢的外观设计专利证书、登记文件和外观设计专利图,证明:(1)涉案包装装潢设计人和专利人为陈鸿道;(2)涉案装潢早于1995年已申请外观专利,此时广药集团尚未受让商标,因此涉案装潢的设计与使用均与广药集团无关;(3)两专利获得授权证明涉案包装装潢设计具有独特性和显著的识别功能。

证据7是加多宝凉茶产品特有包装装潢设计人关于该包装装潢的设计过程的说明,证明:(1)涉案包装装潢自1995年委托设计并使用;(2)涉案包装装潢设计及使用分为三阶段,虽细微处进行调整,但总体装潢内容并未变;(3)大健康公司生产的红罐凉茶产品与涉案装潢近似。

证据9、10,分别是1996年5月1日广东国际容器有限公司受托加工合同书,广东国际容器有限公司的证明及加工空罐协议书,证明:(1)1996年5月1日,东莞鸿道公司已委托生产涉案知名商品的红罐包装装潢空罐;(2)与证据7互相印证,证明涉案包装装潢的具体内容。

证据42是加多宝公司生产的红罐凉茶产品实物(照片),证明加多宝公司生产的红罐凉茶商品为知名商品。

第一类第二组证据证明加多宝公司生产的红罐凉茶才是知名商品,已被生效判决认定。

证据8是广东省佛山市中级人民法院(2003)佛中法民三初字第19号民事判决(以下简称佛山中院第19号判决)和广东省高级人民法院(2003)粤高法民三终字第212号民事判决书(以下简称广东高院第212号判决),证明:(1)生效判决认定加多宝公司对涉案知名商品的包装装潢享有知名商品特有包装、装潢权;(2)两案判决认定涉案商品构成知名商品特有包装装潢所依据的证据均是加多宝公司提供的加多宝公司生产销售及宣传推广红罐凉茶的证据;(3)两审均认定知名商品装潢权归属于知名商品合法经营者,并可随知名商品在不同的合法经营者之间继受。

证据37是佛山市中级人民法院第19号判决及广东省高级人民法院第212号判决据以认定红罐凉茶商品构成知名商品的证据,与证据47结合,证明这些证据是两份判决中采信并据以认定红罐凉茶商品构成知名商品的依据,这些材料反映加多宝公司对涉案知名商品的生产经营及广告宣传的投入。

证据47是佛山市中级人民法院第19号案阅卷资料,是对证据37的补正。

第一类第三组证据证明加多宝公司生产的凉茶是依据王泽邦后人授权的正宗配方,并获得政府和消费者认可。

证据11是广东省食品文化遗产认定证书,证明:(1)2005年8月24日,广东省食品文化遗产认定委员会颁发广东省食品文化遗产认定证书,载明:加多宝公司提供的配方及术语被认定为广东省食品文化遗产——"凉茶的配方及专用术语"之一;(2)消费者认可加多宝公司生产凉茶的品质和口味,这也是红罐凉茶构成知名商品的根本原因,消费者已将凉茶本身与装潢形成唯一对应的认知习惯;(3)如判大健康公司可以使用装潢,必然使消费者产生认知混乱,实为对消费者的欺骗,知名商品特有包装装潢的保护意义也随之失去;(4)王泽邦传人唯一认可生产其配方凉茶的企业是加多宝公司,消费者选购的正是该正宗凉茶。

证据45是王健仪声明书及公证认证文件,证明:(1)加多宝公司生产的红罐凉茶采用的是王健仪女士授权的王泽邦正宗凉茶秘方,消费者之所以选择加多宝公司生产的红罐凉茶正是基于其独特的口感和秘方,本案中加多宝公司所主张的知名商品也正是使用上述独家秘方的凉茶商品;(2)广药集团从未获得上述凉茶配方,其生产的凉茶产品为与加多宝公司完全不同的产品,广药集团和大健康公司不能主张随知名商品而成为包装装潢权益的继受者。

证据12、38分别是王泽邦后人发布联合声明的网页打印版、王老吉后人在《广州日报》上发布联合声明的报道,证明:(1)自1992年开始鸿道集团及之后的加多宝公司生产的标有王老吉商标的红罐凉茶及加多宝公司现在生产的标有加多宝商标的红罐凉茶配方均源自王泽邦(王老吉)的正宗秘方;(2)广药集团从未获得王老吉凉茶配方,其生产的凉茶也与加多宝公司生产的凉茶属不同产品,大健康公司无权依据权利人随知名商品的生产者变更而产生继受的生效判决认定来主张包装装潢权益。

第一类第四组证据证明业内专家和行政执法部门对加多宝公司的认可与支持。

证据35是20位知识产权法学专家关于本案的法律意见书,众多知名知识产权法学专家对于本案不正当竞争纠纷案的一致性法律意见。

证据24是加多宝公司近年在全国(甘肃天水市、陕西澄城县、太原市、重庆奉节县、常宁市、鄂州市、莆田市、郴州汝城县、江苏泰州市)各地打假行动的相关资料,证明:(1)加多宝公司生产的红罐凉茶知名商品特有包装装潢被仿冒、打假的记录,证明涉案知名商品特有包装装潢被保护的记录;(2)大健康公司仿冒装潢行为已受到工商行政查处;(3)与证据36结合,证明广药集团委托山寨工厂生产被控侵权凉茶,全然不顾产品品质,侵害消费者权益。

证据39是加多宝公司商标及涉案知名商品特有包装装潢被仿冒的记录,证明加多宝公司生产的红罐凉茶商品因知名而被仿冒侵权,另有人仿冒注册与“加多宝”商标近似的商标,证明消费者对于“加多宝”商标与红罐包装装潢及商品生产者加多宝公司已经形成认知上的统一,进而招致不良竞争者仿冒。

第二类证据:

证据16是加多宝公司2000年度的审计报告,审计报告表明加多宝公司2000年产品销售收入8662356.76元,净利润为负(-2141858.91),证明广药集团的王老吉商标并没有起到广药集团主张的提高商品销量和知名度的作用,涉案红罐凉茶是因为加多宝公司之后的大量生产和广泛宣传才成为知名商品,与广药集团无关。

证据17是加多宝各公司历年建厂费用、广告投入、公益活动支出的资料,加多宝各公司投入大量资金培育红罐凉茶产品,才使红罐凉茶产品成为知名商品。

证据18是加多宝企业所获得的部分荣誉,证明涉案知名商品具有广泛的市场知名度是与加多宝公司悉心经营不可分离的。

证据19是加多宝的红罐凉茶产品2007—2011年和2012年前三季度连续获得全国罐装饮料销售额第一名的证明,与证据40结合证明加多宝公司生产的涉案红罐凉茶产品在其巨大投入培育下连续6年获得全国罐装饮料销售额第一名。

证据40是加多宝红罐凉茶产品2012年度全国罐装饮料销量第一的证明,与证据19结合证明加多宝公司生产的涉案红罐凉茶产品在其巨大投入培育下连续6年获得全国罐装饮料销售额第一名。

证据48是中国行业企业信息发布中心发布的《2013年消费品市场资讯报告——罐装饮料》，证明由国家统计局下属事业单位中国行业企业信息发布中心权威发布的统计数据显示，加多宝公司生产的红色罐装凉茶产品2012年度全国罐装饮料销量排行第一。

证据20是加多宝国内六家公司（北京、福建、广东、杭州、武汉、浙江）的营业执照，证明：（1）涉案红罐凉茶成为知名商品是这些企业共同经营的结果；（2）部分宣传、奖项、捐款是由这些企业进行的，均是为了培育涉案红罐凉茶商品的知名度；（3）通过加多宝公司和鸿道集团的多地域设厂、大量投入和市场宣传，涉案知名商品才从广东地区的知名商品扩展为全国范围内的知名商品。

证据21、22分别是温州晚报社、温州有线电视台出具的鸿道集团及其下属企业东莞鸿道公司及加多宝早期进行红罐凉茶产品电视媒体和平面媒体的广告宣传的证明。

证据23分别是中国中央电视台关于加多宝公司2003年、2004年、2006年、2007年、2008年、2009年、2010年、2012年、2013年的红罐凉茶广告播出内容审带单，证明加多宝公司2003年开始斥资数亿元竞标获得中央电视台三个黄金时段标王广告播放权，启动“怕上火喝王老吉”的品牌广告语宣传，此后长达十年时间在中央电视台不间断进行广告投放。

证据41是中央电视台2011年广告审带单，与证据23结合证明：加多宝公司为红罐凉茶产品所从事的大规模广告宣传的证明。

证据25是广药集团2009年7月16日给鸿道集团的公函，广药集团对鸿道集团多年来对品牌的宣传和投入高度认可，表明其明知涉案红罐凉茶成为知名商品是依靠加多宝公司和鸿道集团的努力培育。

证据44是广药集团相关企业发布的“王老吉还有盒装”的彩页宣传，证明广药集团及其相关企业对于王老吉商标是因鸿道集团及加多宝公司的生产经营而知名的事实十分清楚，而且希望通过傍加多宝公司生产的红罐凉茶提高自身生产的绿盒凉茶的知名度。

第三类证据：

证据13、14分别是加多宝公司红罐凉茶产品的产品生产许可证及其说明、广药集团相关企业生产的绿色纸包装凉茶产品的生产许可证信息，证明加多宝公司生产的红罐凉茶产品与广药集团相关企业生产的绿盒凉茶产品不同，口味、品质有差异，消费者通过红罐和绿盒包装装潢及凉茶的口感品质已经能够区分二者的商品来源,如允许大健康公司使用涉案装潢却灌入绿盒凉茶,必然造成消费者混淆。

证据15是广州市工商局出具的广药集团今年年度企业档案资料,证明:(1)广药集团从不曾生产过涉案知名商品,本身亦不具备生产能力,并非反不正当竞争法中规定的竞争者;(2)与证据36结合,印证其委托曾仿冒涉案知名商品包装装潢的山寨企业实达轩(佛山)饮料有限公司(以下简称实达轩公司)生产被控侵权产品的报道属实。

证据26—31分别是广药集团等企业网站2012年8月21日登载的关于侵权产品红罐凉茶和王老吉绿盒凉茶产品的网页,大健康公司的被控侵权产品上市庆典邀请函及相关新闻报道,(2012)京长安内经证字第16434、12082号《公证书》,双方各自生产的红罐凉茶在各地商场被一起摆放销售的照片,《法制晚报》《北京青年报》《第一财经日报》《北京晨报》《新京报》《新快报》《羊城晚报》《信息时报》《广州日报》等关于涉案知名商品及被控侵权产品的新闻报道,证明:(1)大健康公司自2012年6月开始生产销售仿冒涉案知名商品特有包装装潢的侵权产品;(2)大健康公司生产的被控侵权产品擅自使用了与加多宝公司生产的涉案知名商品包装装潢极为近似的包装装潢,消费者已经产生混淆和误认;(3)王老吉商标使用在多种商品上,没有证据证明这些产品已经构成知名商品,可见广药集团和大健康公司主张的涉案商品因王老吉商标而知名是不成立的。

证据32是中国行业企业信息发布中心公布的2012年加多宝与王老吉产品销量占有率走势图,证明:广药集团和大健康公司的侵权产品因擅自使用涉案知名商品特有包装装潢造成市场认知混乱,挤占了加多宝公司产品的市场占有率,给加多宝公司带来巨大损失。

证据43是大健康公司生产的侵权产品的实物(照片),证明:大健康公司生产的侵权红罐凉茶产品所采用的包装装潢与加多宝公司生产的红罐凉茶产品包装装潢近似,侵犯了加多宝公司的知名商品特有包装装潢权益。

证据33是大健康公司生产的侵权产品与加多宝公司生产的知名商品包装装潢构成近似,证明:大健康公司生产经营的侵权凉茶产品仿冒了加多宝公司生产的知名红罐凉茶商品的特有装潢。

证据34是广州药业2012年报(2013年3月1日发布)中的第46、182、183页,证明:2012年大健康公司净利润为3096万元;从大健康公司向广药集团支付许可费1903.6万元可推算出大健康公司销售净额为17亿元，按照广药集团主张的7.3%的行业利润来计算，净利润应为1.24亿元。

证据36是富宁县工商行政管理局富工商处字(2012)112号行政处罚决定书、广药集团委托曾经仿冒知名商品红罐凉茶的企业(实达轩公司)生产王老吉凉茶的新闻报道，证明：(1) 加多宝公司生产的红罐凉茶知名商品特有包装装潢被仿冒、打假的记录；(2) 广药集团委托曾仿冒知名商品红罐凉茶的企业(实达轩公司)生产王老吉凉茶，一方面说明广药集团没有任何凉茶生产能力；另一方面说明广药集团生产和销售的凉茶产品与涉案知名商品红罐凉茶在配方上和质量上根本不同。

证据49是广州老字号发展状况调研报告，王老吉作为老字号只存在于药品类别。

(二)被告提交的主要证据

法庭辩论期间，被告大健康公司为支持其答辩意见提供了34份证据，可分类为：第一部分证明"加多宝"凉茶并非知名商品；第二部分证明"王老吉"凉茶是知名商品；第三部分证明"王老吉"凉茶的红罐包装装潢属于知名商品特有的包装装潢；第四部分证明加多宝公司经营的"王老吉"凉茶知名商品是基于广药集团的授权，广药集团是"王老吉"凉茶知名商品特有的包装装潢权益的权利人；第五部分证明大健康公司有权生产红罐"王老吉"凉茶产品；第六部分证明加多宝公司并非"王老吉"凉茶知名商品特有包装装潢权益的权利人；第七部分证明加多宝公司提供的证据不能证明其主张，反而能够证明"王老吉"凉茶是知名商品。

第一部分证据：

证据1是中国国际经济贸易仲裁委员会(2012)中国贸仲京裁字第0240号《裁决书》，证明加多宝公司对"王老吉"商标以及带有"王老吉"商标的包装装潢的使用权至2010年5月2日终止，该日期之前及之后至2012年上半年，加多宝公司一直生产"王老吉"凉茶而非"加多宝"凉茶。

证据2是加多宝公司生产的一面为"王老吉"、一面为"加多宝"包装装潢的红罐产品包装实物。

证据3是加多宝公司生产的两面为"加多宝"包装装潢的红罐产品包装实物。上述证据证明加多宝公司在2012年下半年才开始生产"加多宝"凉茶。

第二部分证据：

证据4、5、6分别是国家工商行政管理总局商标局出具的第626155号“王老吉”商标注册证及转让、续展证明，第3980709、9095940号“王老吉”商标注册证，证明广药集团自1997年8月28日至今是“王老吉”商标的注册人，注册商标核定使用的商品包括“无酒精饮料、植物饮料”等。

证据7是不同历史时期的王老吉商标，证明王老吉商标的历史沿革及其悠久的历史。

证据8是广州羊城药厂、羊城滋补品厂《广东省食品新产品申请审批表》，证明王老吉凉茶作为饮料产品早在1991年10月就获得了政府部门的审批。

证据9是广州羊城药厂“王老吉”清凉茶宣传、广告计划、宣传推广协议书及广州羊城药厂大事记记录，证明“王老吉”商标权人早在1991年就对“王老吉”凉茶饮料召开介绍会并进行市场宣传推广活动。

证据10是《粤港信息日报》刊登的《严正声明》，证明1992年1月11日，广州羊城药厂就社会上侵犯“王老吉”商标及“王老吉”凉茶产品的违法行为发布严正声明，证明“王老吉”凉茶当时的知名度之高已引致他人仿冒和侵权。

证据11是“王老吉”凉茶早期产品图片，证明“王老吉”凉茶饮料产品早在红罐推出之前就已存在，并有罐装包装。

证据12是1992年11月广东省著名商标评选委员会认定广州羊城药厂“王老吉”商标为1992年广东省著名商标，1993年3月1日广州市人民政府授予羊城药业“王老吉牌”商标为“广州市著名商标”称号，1995年9月95中国（广东）十佳饮料推选活动组委会认定羊城药业生产经销的王老吉牌清凉茶（利乐包装）产品荣获“95中国（广东）首届最受欢迎的十佳饮料奖”。证明“王老吉”商标在被许可给鸿道集团使用之前已经具有很高的知名度。

证据13是1998年2月广东省工商行政管理局认定羊城药业“王老吉”商标为广东省著名商标、2009年4月24日国家工商行政管理总局认定广药集团使用在商标注册上商品和服务国际分类第32类无酒精饮料商品上的“王老吉”注册商标为驰名商标、2005年8月24日广东省食品文化遗产认定委员会认定广州王老吉药业股份有限公司的凉茶为广东省食品文化遗产等，证明“王老吉”商标及产品获得很多荣誉，具有很高的知名度。

证据14是广州市中级人民法院（2012）穗中法知民初字第263号之一民事裁定书及复议决定书，证明言及“全国销量领先的红罐凉茶”，普通消费者会自然联想到红色罐身的名为“王老吉”的凉茶饮料。

第三部分证据：

证据 15 是加多宝公司生产的两面为“王老吉”包装装潢的产品包装实物，证明“王老吉”凉茶的红罐包装装潢属于知名商品特有的包装装潢。

证据 16 是佛山市中级人民法院第 19 号判决和广东省高级人民法院第 212 号判决，证明“王老吉”凉茶的红罐包装装潢属于知名商品特有的包装装潢。

证据 17 是广东省广州市公证处(2013)粤广广州第 027964 号《公证书》，证明早在解放初期至公私合营之前，“王老吉”凉茶的包装装潢就已经采用竖排方式标注商标，该等标注方式并非陈鸿道的创意。

第四部分证据：

证据 18 是广药集团与鸿道集团于 2000 年 5 月 2 日签订的《商标许可协议》，证明广药集团曾将“王老吉”商标许可给鸿道集团及其下属企业使用，广药集团是“王老吉”商标和“王老吉”凉茶知名商品特有的包装装潢权益的权利人。

第五部分证据：

证据 19 是广药集团与大健康公司于 2012 年 5 月 25 日签订的《商标许可合同》，证明大健康公司基于广药集团的合法授权使用“王老吉”商标和“王老吉”凉茶知名产品特有包装装潢，生产红罐“王老吉”凉茶产品。

第六部分证据：

证据 20 是 1995 年 3 月 28 日《商标使用许可合同》、1995 年 9 月 14 日《商标使用许可合同补充协议(一)、(二)》和 1997 年 2 月 13 日《商标许可使用合同》，证明鸿道集团被许可生产带有“王老吉”三个字的凉茶产品，产品包装及商标使用样板经商标权人认可才可生产。因此，“王老吉”产品包装装潢的设计是基于“王老吉”商标权人的授权，由此形成的知名商品特有的包装装潢权益归属商标权人。

第七部分证据：

证据 21 是国家统计局统计资料管理中心于 2013 年 4 月 23 日发布的部告第 G20130409—1 号《政府信息部分公开告知书》以及网上“‘10 罐凉茶，7 罐加多宝’是营销还是吹牛皮?”的文章，证明中国行业企业信息发布中心不是国家统计局的下属单位，其发布的信息的真实性不予确认，网上的文章属于虚假宣传。

证据 22 是第 328241 号“王老吉”商标注册证(变更注册事项)，证明广药集团字1988年10月30日至今是“王老吉”商标的注册人，注册商标核定使用的商品包括“凉茶”。

证据23、24，分别是广州羊城滋补品厂1991年3月21日的《营业执照》、1991年11月的《食品卫生许可证》，证明该厂具备生产凉茶饮料食品的经营范围和食品卫生许可。

证据25是1991年5月9日广州羊城药厂与广州市轻工研究所签订的《广州市技术开发合同书》。

证据26是广州市轻工研究所、广州羊城药厂研究所于1992年5月出具的《“王老吉”牌清凉茶的研制工作总结》、于1992年6月出具的《“王老吉”牌清凉茶饮料研制技术总结》，上述证据证明早在1991—1992年王老吉凉茶作为饮料食品为广药集团（包括前身）所研制。

证据27是广州市标准计量管理局标准管理处于1991年10月8日出具的《广州市企业标准备案回执》。

证据28是《食品标签认可申请表》《广州市食品标签认可合格证》以及包装样本（1991年10月）。

证据29是广州市食品卫生监督检验所于1991年12月2日出具的食监字第893932号《检验证书》。

证据30是广东省食品卫生监督检验所于1992年3月19日出具的粤食卫检字（1992）第27号《检验报告》。证据27—30证明1991—1992年广药集团（包括前身）在研制王老吉凉茶饮料食品的同时向政府部门的报批备案。

证据31是1991年11月30日广州羊城药厂《食品广告审批表》。

证据32是1991年12月18日王老吉清凉茶新产品介绍会照片及签到表。证据31—32证明广药集团（包括前身）对王老吉凉茶饮料食品进行了宣传推广。

证据33是《深圳特区报》1992年5月2日刊登的《郑重声明》，证明王老吉凉茶饮料食品在推出后不久即遭他人假冒。

证据34是广药集团于2003年3月3日出具的《授权书》，证明在佛山市中级人民法院第19号案和广东省高级人民法院第212号案中，鸿道集团是基于广药集团的授权才进行诉讼活动的。

五、案件后续发展

在经过一审判决后，鸿道集团不服原审判决，向最高人民法院提出了上诉，最高人民法院于2015年6月16日开庭审理“王老吉加多宝红罐”上诉案，当事人双方就知名商品和商标之间的关系，红罐装潢应属于设计者所有还是商标所有者所有等问题展开辩论。至本篇案例写作结稿前并未有最终判决。

教学指导手册

■ 教学目标

本案例主要就商标许可使用中知名商品特有包装装潢权益的归属问题以及相关后发商誉知识产权的归属问题进行讲授。通过对这起被称为“中国包装装潢第一案”的知名商品特有包装装潢权益归属案件的分析，着重让学生掌握以下方面知识：(1)民事诉讼的基本程序和主要文书的撰写；(2)证据的收集、采信和选择；(3)掌握知名商品的判断标准；(4)准确理解知名商品特有包装装潢含义，分析知名商品特有包装装潢构成；(5)重点掌握知名商品特有包装装潢权益归属的法理依据；(6)掌握不正当竞争行为的行为模式及判断方法。

■ 教学内容

本案例的教学内容主要包括：“民事诉讼基本程序和主要文书写作”“证据的收集、采信和选择”等程序问题，另外包括“涉案知名商品及其特有包装装潢是什么”“特有包装装潢归谁所有”“到底谁构成不正当竞争”等实体焦点问题的认定。

1. 熟悉民事诉讼的基本程序和主要文书的写作

首先，要熟悉民事诉讼的基本程序，包括管辖、起诉、立案、证据交换、开庭等环节，尤其注意合并审理的条件。其次，当事人及其代理律师要注意结合法律、案件事实、证据等合理确定自己的诉讼请求，并撰写起诉状、代理词、答辩状等相关文书。法官要注意全面调查案件事实，了解和确定双方争议焦点，科学分析和采信证据，寻找适用法律并进行论证，写好裁判文书。

2. 证据的收集、采信和选择

证据是“诉讼之王”。本案涉及面广、时间跨度长，需要证明的事实复杂众多，因此，本案的证据收集、选择和分类是一项十分精细而繁杂的工作。仅加多宝公司就提供了49份证据，各种证据还要根据证明对象进行分类（例如加多宝的证据大致分三类，每一类还要分组）。无论是作为律师还是法官，都要根据证据的“三性”原则进行仔细收集、整理和分类，分析各种证据与所证明事实之间的关联性，并注意将众多证据形成证据链。代理律师还可制定证据分类收集清单，根据需要证明的几大类主要事实指导当事人提供证据，必要时自行收集、补充证据。

要求学生根据本案情况为原告或被告制作证据清单。

3. 涉案知名商品指向的对象

引导学生思考和讨论：(1)什么是知名商品？(2)本案知名商品指向的对象是什么？

我国法律并未对“知名商品”作出明确定义，只能根据相关法律条文总结其特征。根据我国原《反不正当竞争法》第5条第2项的规定，擅自使用知名商品特有名称、包装、装潢，或使用与知名商品近似的名称、包装、装潢，造成与知名商品相混淆，使购买者误认为该知名商品的，构成不正当竞争。《最高人民法院关于审理不正当竞争民事案件应用法律若干问题的解释》第1条第1款规定，在中国境内具有一定的市场知名度，为相关公众知悉的商品，应当认定为《反不正当竞争法》第5条第2项规定的“知名商品”。并且国家工商行政管理总局相关行政规定也指出，知名商品是指在市场上具有一定知名度并为相关公众所知悉的产品。[3] 根据上述条文可知，知名商品指具有一定市场知名度，具有显著特征能与其他同类商品相区别，为公众知悉的商品。

---

〔3〕 国家工商行政管理总局《关于禁止仿冒知名商品特有的名称、包装、装潢的不正当竞争行为的若干规定》第3条第1款。

本案中,原告加多宝公司诉称本案知名商品是指由加多宝公司生产、“使用王泽邦后人的正宗独家配方”的红罐凉茶,并且加多宝公司开始生产红罐王老吉凉茶之初,市场占有率非常低,后来通过加多宝公司的大规模宣传及推广才使得红罐王老吉销售额大幅提升,成为全国罐装饮料销量第一的全国知名商品。

被告王老吉公司认为本案知名商品为“王老吉凉茶”。法院审理认为加多宝公司陈述中的知名商品是指其与广药集团发生纠纷之前的“王老吉凉茶”,而大健康公司答辩称本案中的知名商品指带有“王老吉”商标的王老吉凉茶,而非加多宝公司生产销售红罐王老吉凉茶。大健康公司认为并非鸿道集团经营的红罐王老吉凉茶培育出知名商品王老吉,而是知名商品王老吉成就了红罐王老吉凉茶,鸿道集团使用“王老吉”商标,也实际享受了王老吉品牌的商誉。

综合上述观点,法院认为双方当事人均认可本案的知名商品是指广药集团与加多宝公司发生纠纷之前的“王老吉凉茶”。其中“凉茶”是一类商品的通用名称,“王老吉”属于特有名称。

4. 本案知名商品特有包装装潢所指对象

引导学生思考和讨论:本案知名商品特有包装装潢所指对象是什么?是否包含“王老吉”商标?

根据国家工商行政管理总局的行政规定,对特有、包装、装潢均作了定义性的规定。特有是指商品名称、包装、装潢非为相关商品所通用,并具有显著的区别性特征。包装是指为了识别商品以及方便携带、储运而使用在商品上的辅助物和容器。装潢是指为识别与美化商品而在商品或者其包装上附加的文字、图案、色彩及其排列组合。

广药集团认为涉案包装装潢从产生之日起就涵盖商标,商标是包装装潢的核心要素和组成部分。本案认定包装装潢显著性不能离开商标的知名度,商标的知名带动了包装装潢的知名。加多宝公司认为,特有包装装潢权益应当是通过使用产生的,因此应当重点考察是通过谁的使用形成了特有包装装潢,并认为包装装潢归属争论的正确表述是“涉案包装装潢能否与王老吉商标或加多宝公司相分离”。商标不是唯一的识别标识,知名商品特有包装装潢、生产厂家、配方、广告语都可以成为识别标识。同时,知名商品特有包装装潢与知名商品不可分离,商标权与知名商品的特有包装装潢是相互独立、分别行使的权利。

审理法院认为,涉案知名商品特有包装装潢内容是指:标明于王老吉红罐凉茶产品的罐身上,包括3个竖排黄字“王老吉”字样、红色底色等色彩、图案及排列组合等组成部分在内的整体内容。根据审理法院第212号案中认定的事实,“本案‘王老吉’罐装凉茶饮料上的装潢,在文字、色彩、图案及排列组合上,设计独特,该装潢底色、图案与其名称融为一体,具有显著区别性特征,非为相关商品所通用,为该商品所特有,应为知名商品特有的装潢。”[4]第212号案件中知名商品特有装潢与本案所指知名商品包装装潢内容一致,所以可以直接认定本案商品的包装装潢为知名商品的特有包装装潢。

5. 涉案知名商品特有包装装潢权益归属的认定问题

本案最大争议焦点是知名商品特有包装装潢的归属问题。在广药集团与加多宝集团签订的商标许可协议中,并未规定涉案王老吉红罐凉茶包装装潢权益的归属问题。引导学生思考和讨论:(1)知名商品特有包装装潢权益是否属于知识产权?是否属于商标权?应按《商标法》还是《反不正当竞争法》保护?(2)知名商品特有包装装潢权益与商标权可否分离?(3)本案知名商品“王老吉”商标是属于先发商誉还是后发商誉?其中影响案件判决最核心的是后两个问题。

(1)知名商品特有包装装潢权益是否属于知识产权?是否属于商标权?应按《商标法》还是《反不正当竞争法》保护?

根据我国原《反不正当竞争法》第5条第2款以及《最高人民法院关于审理不正当竞争民事案件应用法律若干问题的解释》第1条第1款规定,知名商品包装装潢保护需要具备的法定条件为:商品具有知名度,包装装潢实际使用,形成特有性、显著性。在我国法律中对于商品的特有包装装潢进行保护,仅限于“知名商品”的范围。其原因在于知名商品包装装潢在使用过程中具备识别商品来源的功能,其识别功能更是来源于商品的知名度。所以只有知名商品的包装装潢才受到法律的保护。根据上述分析,法院已经认定王老吉凉茶是知名商品,因此王老吉凉茶的特有包装装潢应当受到《反不正当竞争法》保护。再根据世界贸易组织《与贸易有关的知识产权协议》(TRIPS)的相关规定,可视性标记可以注册,包括文字、字母、数字、图形、颜色组合;我国《商标法》第8条规定,所有的可视性标记,包括文字、字母、数字、图形、颜色组合等可以作为商标注册。我国

〔4〕 广东省高级人民法院(2013)粤高法民三初字第1号民事判决书,第81页。

2001年修订后的《商标法》规定了立体商标，包括了与本商品无关的“装饰性外形”和商品或其包装的外形，而包装装潢应当属于立体商标的注册范围。关于商标与知名商品特有包装装潢的关系，法学界对此基本达成共识，即知名商品特有包装装潢权益与商标权为不同性质内容，受不同法律保护。正如吴汉东教授认为，包装装潢与注册商标并非一样，它们可以分开，其权利可以由不同主体拥有。对于包装装潢的支配不足以成为一种权利，而是作为一种利益，由反不正当竞争法保护。[5]

(2)知名商品特有包装装潢权益与商标权可否分离?

广药集团认为，在本案中，“红罐”这一王老吉商标所特有的包装装潢自其衍生之日起就与“王老吉”的商标共存，而商标是红罐凉茶包装装潢中最核心的一部分。当“红罐”的包装装潢与“王老吉”商标一同出现在红罐凉茶上的时候，真正起到识别作用的主要是广药集团许可给加多宝公司使用的“王老吉”商标。对于消费者来说，主要还是会通过对“王老吉”商标的认同而购买红罐凉茶。如果没有“王老吉”这一商标，仅凭“红罐”的包装装潢很难区分产品来源。

加多宝公司认为，在商标许可情况下，“红罐”包装装潢与“王老吉”商标都具有标识商品来源的作用，“红罐”包装装潢完全可以脱离“王老吉”商标而独立发挥标识作用。即使去掉“王老吉”商标，相关消费者仅以普通注意力也完全能够识别出加多宝公司采用王泽邦祖传秘方生产的“红罐”凉茶。自从加多宝于2012年6月将红罐包装上的黄色字体换成“加多宝”以来，销量较之以前没有太大变化，这也在一定程度上反映了“红罐”脱离“王老吉”商标后的独立标识作用。

针对商标与商誉究竟能否分离，学界主要形成了三种观点。第一种观点认为商誉的载体是商标，商标是商誉的标志，两者是一个整体，不可分离。因此对于本案会认为广药集团是“王老吉”商标的权利人，是许可方，而加多宝是被许可方，即使“王老吉”商誉在许可期间得到快速提升，其最终也要依附“王老吉”商标回到广药集团。这在鸿道集团与广药集团签订协议时就应当预见到。第二种观点认为，客观上商誉与商标是可以分离或移植的，但在法律上，如果当事人间没有明确约定，商誉应该依附于商标进行转移。如果加多宝公司将原来依附于“王老吉”品牌的商誉移植到“加多宝”品牌，会使“王老吉”商誉受到损害，违

---

〔5〕　范传贵：《“王老吉”红罐包装之争再起硝烟》，载《法制日报》2012年9月4日。

背诚实信用原则,就可能构成不正当竞争。此观点也认为,商誉应当跟着商标走。例如,张玉敏教授认为,当知名商品商标成为其特有包装装潢的组成部分或者是作为一个整体存在时,商标与特有包装装潢不能剥离,是不可分的,商品的特有包装装潢应属商标所有权人所有。[6] 综上所述,商标与知名商品特有包装装潢既有联系又有区别。在规范内容方面,两者是完全不同性质的存在,商标权作为一种知识产权权利受到《商标法》的保护;知名商品特有包装装潢权益并非权利,只是一种利益,由《反不正当竞争法》保护。从两者的归属角度来看,两者又是密不可分的,基本上融为一体,不可剥离。知名商品特有包装装潢依托该商品商标存在,在没有约定的情况下应当属于商标所有权人所有。正如本案审理法院的判决。第三种观点认为,知识产权法律并非直接保护商誉,而是保护负载商誉的法定的知识产权。"王老吉"商标归还给广药集团并无争议,而因加多宝公司后来独立打造使用的同样承载商誉的特有包装装潢则应当属于加多宝公司。其并未损害原先在授权时王老吉商标的价值。[7] 就我国相关知识产权法学理论及现行法律来看,知识产权法律保护的是知识产权权利人的利益,并且更倾向于保护作者或是在先权利人的权益。因此第二种观点更为合理,认为商标是商誉的载体,商标承载着其品牌的商誉,两者关系紧密,但同时两者可以被分离或移植。在法律上,商誉应当跟随商标转移,一同归属于商标权权利人。但如果有约定从其约定,这也符合民法中的意思自治原则。从本案中就可以看出,目前我国对于商誉的研究明显不足,法律规则缺失,才会对后发商誉归属问题产生大的争议。如果一开始广药集团与加多宝公司在签订商标许可使用协议时重视相关商誉问题,明确约定了关于包装装潢的归属,则关于商标所承载的商誉归属就不会有此纷争。

(3)本案知名商品"王老吉"商标是属于先发商誉还是后发商誉?

引导学生思考和讨论:"王老吉凉茶"何时成为知名商品?即"王老吉"品牌是在先商誉还是后发商誉?这个问题的实质是"王老吉凉茶"在许可加多宝使用商标前就已经是知名商品,还是通过加多宝多年的经营才变成知名商品?即是在先商誉还是后发商誉?

---

[6] 《"红罐"之争引知识产权专家热议》,载《中国知识产权报》2013年4月20日。

[7] 陶鑫良、张冬梅:《被许可使用"后发商誉"及其移植的知识产权探析》,载《知识产权》2012年第12期。

根据《最高人民法院关于审理不正当竞争民事案件应用法律若干问题的解释》(以下简称《解释》)第1条第1款的规定,法院认定知名商品,应当综合该商品的销售时间、销售区域、销售额和销售对象,进行宣传的持续时间、程度、地域范围,作为知名商品受保护的情况等因素进行判断。

原告加多宝公司认为,1995年3月28日,羊城药业与鸿道集团签订《商标使用许可合同》,约定羊城药业许可鸿道集团独家使用第626155号"王老吉"注册商标,并约定鸿道集团使用红色包装。此后,双方还签订了多份《商标使用许可合同》及补充协议,均约定鸿道集团独家使用"王老吉"商标生产销售红罐王老吉凉茶。鸿道集团于广东省东莞市投资的东莞鸿道公司及后来东莞鸿道公司注销后由加多宝公司承继生产、销售王老吉凉茶,随着加多宝公司及相关公司通过大规模生产和持续的市场推广、宣传等活动,王老吉凉茶生产、销售数量不断上升,稳居全国罐装饮料销量首位,2008年获得"中华民族凉茶行业第一品牌"称号等。至此,王老吉凉茶成为名副其实的知名商品,实现了由地区知名到全国知名的飞跃。

被告王老吉公司认为,"王老吉"品牌创于1828年,第一家凉茶铺开设在广州靖远路,创始人为王泽邦,成为凉茶始祖。1956年公私合营,王老吉成为国有企业;1915年5月,广州羊城药厂开始研制王老吉清凉茶饮料,于1991年10月15日向广东省食品卫生监督检验所提交了《广东省食品新产品申请审批表》,产品名称是"王老吉"牌清凉茶。至此,广州羊城药厂将王老吉凉茶从传统的药品中研发出新的食品饮料。1992年的《粤港信息日报》刊登了广州羊城药厂、羊城滋补品厂就近年来市场不断出现的侵犯商标、专利权事件发表的《严正声明》,证明当时的王老吉品牌已经具有一定知名度。同年11月,"王老吉"商标被广东省著名商标评选委员会认定为广东省著名商标。次年3月,广州市政府授予羊城药业"王老吉牌"商标为"广州市著名商标"称号。可见在1995年3月"王老吉"商标被许可给鸿道集团使用前就已经是广东地区的著名商标,为公众知悉,具有较高知名度。

审理法院根据《解释》第1条第1款对知名商品的认定,应当综合该商品销售时间、销售区域、销售额和销售对象,进行宣传的持续时间、程度、地域范围,作为知名商品受保护的情况等因素进行判断。在综合双方主张后,审理法院认为,涉案"王老吉"罐装凉茶在广东地区广为消费者知悉,在凉茶饮料市场中占较大份额,享有较高知名度,在广东地区属于知名商品。1998年"王老吉"商标被评为广东省及广州市著名商标。并且2002年被国家体育总局体育器材装备中心授予在其形象宣传、广告、品牌推广和其产品包装上使用"中国体育代表团专用标志""第十四届亚运会中国体育代表团合作伙伴""第十四届亚运会中国体育代表团唯一专用茶饮料"。东莞鸿道公司于1996年开始在罐装凉茶上使用该装潢,并投入大量广告进行宣传。进一步佐证了"王老吉"罐装凉茶属知名商品。审理法院综合考虑了"王老吉"凉茶商品的销售时间、销售区域、销售额及销售对象,宣传的持续时间、程度及范围,以及作为知名商品受保护的情况等,认定"王老吉凉茶"是知名商品。

关于这一问题的学界观点。许多学者提出疑问,商业经营者为了提高市场份额与竞争力,花费大量的人力物力投入到商品的销售与宣传当中,使商品背后的商标、商誉价值得到极大的提高,这是一种"后发商誉"。所谓"后发商誉",是指在许可他人使用该注册商标或者他人擅自使用该注册商标的时间节点之前,该注册商标还没有较高的知名度或美誉度,即还没有显著商誉。在该时间节点之后,由被许可使用人在后的被许可使用过程中的贡献所致,或者是在擅自使用该注册商标者在后的擅自使用过程中的效果所致,才使该注册商标"后发"产生了显著商誉,即"后发商誉"。其所花费的成本、精力不可估量,但当商标许可合同终止后,注册商标归还于商标权人,连同经营者所提升的商标商誉价值也将一并由商标权人接收,是否会显失公平?

对于被许可使用人创造的"后发商誉"无形财产应当如何处理,我国现行知识产权法律法规均未有规定,甚至世界各国也鲜有规定,学者们对此也各有看法。有学者提出:"王老吉"品牌商誉属于在被许可使用过程中所产生的"后发商誉"。在20世纪90年代,广药集团起初许可加多宝方(鸿道集团)使用"王老吉"注册商标时,"王老吉"凉茶还只是年销售额不到百万元的偏处一隅的地方性小品牌。"王老吉"商标品牌2011年销售额高达180亿元,其风靡华夏的巨大"后发商誉",的的确确是由被许可使用人加多宝方在被许可的17年"后发使用"过程中独力培育出来的。[8] 有学者认为应当根据民法中公平原则去判断,按照双方投入贡献的大小,进行分配。[9] 也有学者主张尊重商标许可合同目

---

〔8〕 陶鑫良、张冬梅:《被许可使用"后发商誉"及其移植的知识产权探析》,载《知识产权》2012年第12期。

〔9〕 李扬:《究竟谁动了谁的奶酪》,载《知识产权》2012年第12期。

的，确定后发商誉的归属，归还商标及商誉。[10] 本案审理法院认为，加多宝公司在商标许可使用期内因为商品商誉的提升获得了巨额的经济回报。但即使未能收回全部成本也应在签订商标使用许可合同时已经预计到，其属于商业风险，后果应由其自行承担。因此，广药集团收回商标使用权及商品包装装潢并未损害加多宝公司的利益，未造成不公平。

以下是原、被告和法院意见，引导学生分析原告的切入点有什么问题？被告答辩意见是否充分，是否有针对性？法院说理是否透彻？

原告加多宝公司认为：第一，本案涉及的商标许可使用协议签订前，所有涉及王老吉商誉的均在药品方面，并非饮料食品类别。第二，装潢是为了识别、美化商品，在商品或其包装上使用文字、图案、色彩及排列组合。因此，在设计装潢时，必然使用商标及所需标识的内容，通过文字、图案、色彩、排列组合，形成整体上的显著特征，识别商品来源。并且涉案王老吉红罐凉茶包装装潢记载的信息无一涉及广药集团，消费者无从得知红罐凉茶与广药集团的关系，也不知广药集团是王老吉商标的权利人，本案所涉知名商品特有包装装潢权益和商标权分属加多宝公司和广药集团。第三，涉案知名商品特有包装装潢是由鸿道集团委托他人设计并首先使用，加多宝及其他关联公司对该商品的生产、销售、宣传、推广作出巨大贡献，因此该包装装潢权益应属加多宝公司。第四，涉案包装装潢是鸿道集团委托他人设计并取得专利授权，因此涉案包装装潢应属加多宝公司所有。第五，佛山市中级人民法院第19号及审理法院第212号判决认定知名商品特有包装装潢权益归属知名商品合法经营者，并随知名商品被不同合法经营者所继受。由此认定包装装潢权益并非随商标发生继受，加多宝公司从东莞鸿道公司处继受了王老吉红罐凉茶的特有包装权，是本案知名商标特有包装装潢权益的主体。

被告王老吉公司认为：第一，涉案的“红罐”包装装潢在当初签订使用许可协议时已经约定，从生产一开始就包含了“王老吉”商标，并且成为其包装装潢的核心组成部分。当“红罐”装潢与“王老吉”商标共同使用时，“王老吉”商标才是真正起到商品识别的重要因素。消费者大多会根据“王老吉”商标购买“红罐”凉茶。若脱离“王老吉”商标，“红罐”装潢难以起到识别商品来源的作用。

[10] 王莲峰：《商标许可合同使用者利益之保护》，载《社会科学》2013年第4期；崔国斌：《商标许可终止后的商誉分配》，载《知识产权》2012年第12期。

第二,陈鸿道并非知名商品红罐王老吉凉茶名称、包装、装潢的所有权人。虽然陈鸿道设计并办理了红罐王老吉装潢的外观设计专利,但并不表示该专利为陈鸿道专有。该专利包含许多其他设计因素,包括使用许可协议约定的"红罐",竖排"王老吉"特有字体,"王老吉"注册商标。根据《商标法》及《专利法》的规定,使用他人注册商标必须经商标权人同意。专利权的外观设计不得与他人在先权利相冲突。陈鸿道及潘良生的红罐外观设计需要经过权利人的同意,专为王老吉凉茶设计,应属王老吉凉茶所有。

审理法院认为,第一,加多宝公司认为在商标许可使用前的王老吉商誉仅限于药品方面。这与广药集团前身开发出的"王老吉"清凉茶产品事实不符,不能成立。第二,佛山市中级人民法院及本院之前认定加多宝公司为涉案知名商品特有包装装潢权益主体,是因为广药集团及其前身与鸿道集团签订的一系列商标使用许可协议,协议约定了鸿道集团可以以自身名义提起侵权之诉。加多宝是鸿道集团设立的公司,被许可生产、销售王老吉红罐凉茶。并且当时广药集团与加多宝公司并无对涉案知名商品包装装潢权益归属问题发生争议,因此上述法院只是认定了加多宝公司继受了涉案商品承担包装装潢权益,解决的是诉权问题,并未明确认定该包装装潢权益是属于广药集团还是加多宝公司。所以加多宝公司的主张不能成立。第三,本案为擅自使用知名商品特有包装装潢纠纷,而非侵害专利权纠纷,或专利权归属纠纷。即使涉案包装装潢由鸿道集团委托他人设计并取得外观设计的专利权,但是并不表示其当然获得知名商品的特有包装装潢权益,因为两者分属不同范畴。知名商品特有包装装潢权益是通过使用而形成,受《反不正当竞争法》保护,专利权受《专利权法》保护。两者分属不同范畴,不能认为取得外观设计专利权就获得知名商品特有包装装潢权益。第四,包装装潢是由文字、图案、色彩等元素及其排列组合而成,既可把商标作为装潢的组成部分,也可将商标排除在外。如果加入商标标识作为包装装潢的组成部分,即商标与装潢已是一体,不应将商标与其他装潢部分割裂开来,而应把连同商标标识在内的包装装潢看作一个整体进行法律保护。并且涉案包装装潢中最引人注目的是红色主调及竖排、黄字"王老吉"三个字。亦可证明"王老吉"商标与包装装潢已融为一体。因此广药集团的"王老吉"商标是涉案装潢中的组成部分,不能与包装装潢的其他部分分离。对于公众而言,对涉案包装装潢是以整体来观察识别的,会认为涉案知名商品与广药集团存有密切联系。第五,鸿道集团与广药集团及其前身分别签订了王老吉商标的使用许可合同,约定授权鸿道集团使用王老吉商标并由其生产经营红色罐装王老吉凉茶，其后鸿道集团在东莞设立了东莞鸿道公司及加多宝公司负责生产经营红罐王老吉凉茶。由此可知加多宝公司生产经营红罐王老吉凉茶是基于广药集团的授权行为。而在商标授权期间产生的商誉附属于知名商品王老吉凉茶，应由知名商品权利人即广药集团享有。因此，广药集团收回王老吉商标时，附属于涉案的知名商品特有包装装潢应一并归还给商标权人即广药集团。不可否认，加多宝公司及其关联公司确实对提升红罐王老吉凉茶的知名度做出了巨大贡献，但是在广药集团前身羊城药业将"王老吉"商标许可给鸿道集团前，"王老吉"就已经拥有百年历史，是中华老字号，并且是广州市、广东省著名商标，已经在公众中有相当高的知名度。广药集团及其前身对于王老吉品牌的建立及发展做出了不可磨灭的巨大贡献。也是因为"王老吉"品牌的知名度及市场价值，鸿道集团才与羊城药业及后来的广药集团签订王老吉商标许可协议，约定使用红色罐装的包装，王老吉红罐凉茶包装装潢中"王老吉"三个字承载了王老吉品牌的巨大商誉及价值。也使得王老吉红罐凉茶推出市场之初就有了较高关注及较好的消费群体作为基础。并且其在商标许可使用期内也获得了巨额的经济回报，即使未能收回全部成本也应在签订商标使用许可合同时预计到，后果应由其自行承担。因此，广药集团收回商标使用权及商品包装装潢并未损害加多宝公司的利益，未造成不公平。综上所述，审理法院认为，红罐王老吉凉茶特有包装装潢权益归属广药集团所有。

从上面的分析可以看出，审理法院认为涉案知名商品包装装潢最核心部分是"王老吉"黄色字样及红色主调，"王老吉"三个字与该包装装潢已经紧密联系在一起，即商标与包装装潢已经融为一体，不可分离。并且"王老吉"商标还蕴藏着"王老吉"凉茶的商誉，承载着"王老吉"品牌的历史底蕴。涉案包装装潢不能脱离商标单独存在。所以广药集团应是"王老吉"商标及"王老吉"红罐凉茶特有包装装潢的所有者及权利人。也就是说，审理法院认为，本案带有王老吉商标的红罐包装装潢与商标不可分离，而且王老吉品牌属于先发商誉，因此，判决红罐包装装潢属于广药集团。

6. 王老吉公司生产销售"王老吉"红罐凉茶使用的包装装潢是否构成不正当竞争

引导学生分析和思考：本案属于商标权侵权案件，还是不正当竞争案件？

我国商标法及其他知识产权法保护吸附、凝聚、载负了相关商品或者服务之商誉的商业标志载体所对应的知识产权权益，包括"权利法定"的类型化的知识产权权利与"权益法定"的非类型化的知识产权权益，前者例如注册商标权、企业名称包括字号权（商号权）、外观设计专利权等；后者例如知名商品特有名称、包装、装潢与驰名商标的法律保护等。显然，后者不属于商标权。根据我国原《反不正当竞争法》第5条第2项规定，擅自使用知名商品特有的名称、包装、装潢，或者使用与知名商品近似的名称、包装、装潢，造成和他人知名商品混淆，购买者对该知名商品产生误认的，认定为不正当竞争行为。根据《解释》第4条规定，使相关公众误认商品的来源，包括误认为与知名商品经营者具有许可使用、关联企业等特定关系，认定为《反不正当竞争法》第5条第2项"造成和他人知名商品相混淆，使购买者误认为是该知名商品"。

原告加多宝公司主张红罐王老吉凉茶包装装潢权益属于其所有，王老吉公司从2012年6月开始生产销售标有黄色字"王老吉"的红罐凉茶侵犯其涉案商品的特有包装装潢权益，属于不正当竞争。

被告认为红罐王老吉凉茶包装装潢权益属于王老吉商标持有人所有，即广药集团所有，广药集团将商标及特有装潢使用权许可给大健康公司，是合理合法的行为。而加多宝公司生产的一边"王老吉"一边"加多宝"字样的红罐凉茶才是在公然掠夺王老吉商标的商誉，侵犯王老吉商标权。并且在2012年5月广药集团收回王老吉商标权后，加多宝还继续生产与王老吉公司相近似包装装潢的产品，并窃取王老吉商标所有权人的商誉，采取"王老吉更名为加多宝"等的广告口号进行虚假宣传，构成不正当竞争。

审理法院认为，首先，2012年5月9日中国国际经济贸易仲裁委员会仲裁裁决"王老吉"商标归广药集团，广药集团收回"王老吉"商标的使用许可。其次，涉案知名商品"王老吉"红罐凉茶的特有包装装潢权益应属于广药集团，而非鸿道集团。广药集团其后将"王老吉"商标及涉案的包装装潢许可给大健康公司，大健康公司生产销售王老吉红罐凉茶是通过合法授权的行为，具有正当性。因此，认为加多宝公司指控大健康公司生产销售红罐王老吉凉茶侵害其知名商品特有包装装潢权益构成不正当竞争的主张不成立。加多宝生产与大健康公司生产的红罐王老吉凉茶相近似包装的产品，并且虚假宣传"王老吉更名为加多宝"侵害了王老吉的商誉，构成不正当竞争。

预期效果

1. 通过本案例学习,使学生理解知名商品、商标权、知名商品特有包装装潢、不正当竞争行为等基本概念和认定标准。

2. 通过本案例学习,理解商标权与知名商品特有包装装潢权益的关系,尤其是商标授权许可后发商誉的归属及法理依据,使学生准确理解本案知名商品特有包装装潢权益归属案件中的法律逻辑。

3. 通过本案例学习,发现在涉及商标许可中后发商誉知识产权归属问题的立法模糊地带,学会运用民法和知识产权法、反不正当竞争法的基本法理进行分析。

教学计划

本案例可以作为专门的案例讨论课来进行。以下是按照时间进度提供的课堂计划建议,仅供参考。

1. 课前计划:(1)初步熟悉案情和双方的诉讼请求;(2)寻找适用的法律和法规;(3)初步分析案件焦点问题。

2. 课中计划:(1)提炼焦点问题;(2)就焦点问题分组展开讨论;(3)小组总结汇报;(4)教师归纳总结。

本案例采取开放式分析,学生可以根据案情提供多种处理思路,并说明理由,不预设标准答案,只要论证得当,能自圆其说即可。例如,本案属于先发商誉还是后发商誉?商标权与特有包装装潢权益可否分立等都提供开放探讨,不以法院判决为准。通过对本案例的分析,切实培养学生运用理论分析解决现实法律问题的能力,尤其要注意训练学生的发散思维能力、归纳能力、逻辑推理能力、写作能力。

3. 课后计划:(1)请学生写出案例分析报告(2000—5000字);(2)理论延伸探讨。

布置学生通过本案反思我国后发商誉保护立法存在的问题、原因及解决办法。本部分仅要求学有余力或有理论研究兴趣的同学选择完成,不要求所有同学完成。

课堂时间安排

整个案例课的课堂时间安排建议为 4 个课时,每课时 45 分钟。下面是按照时间进度提供的课堂时间安排建议,仅供参考。

1. 第 1 个课时,熟悉案情,教师引导提炼焦点问题;
2. 第 2—3 个课时,围绕焦点问题分组讨论,小组发言;
3. 第 4 个课时,引导全班进一步讨论,教师总结,布置课后作业。

思考题

1. 原告、被告各提出了什么主张? 双方如何提供证据证明各自的主张?
2. 如何判断"知名商品",本案知名商品指向的对象是什么?
3. "王老吉凉茶"是否是知名商品? 理由是什么?
4. "王老吉凉茶"品牌是在先商誉还是后发商誉?
5. 本案知名商品特有包装装潢所指对象是什么?
6. 知名商品特有包装装潢权益是否属于知识产权? 是否属于商标权? 应按《商标法》还是《反不正当竞争法》保护?
7. 知名商品特有包装装潢权益与商标权可否分离?
8. 应如何确定后发商誉知识产权归属规则?
9. 对于商誉、商标、商标权的关系如何理解?
10. 你认为本案属于商标权侵权案件,还是不正当竞争案件?
11. 你认为原告的代理思路存在什么问题? 应如何调整?
12. 你认为法院判决是否有理有据? 是否有不同的观点?

参考文献

1. 范传贵:《"王老吉"红罐包装之争再起硝烟》,载《法制日报》2012 年 9 月 4 日。
2. 李扬:《究竟谁动了谁的奶酪》,载《知识产权》2012 年第 12 期。
3. 王莲峰:《商标许可合同使用者利益之保护》,载《社会科学》2013 年第 4 期。
4. 崔国斌:《商标许可终止后的商誉分配》,载《知识产权》2012 年第 12 期。
5. 陶鑫良、张冬梅:《被许可使用"后发商誉"及其移植的知识产权探析》,载《知识产权》2012

年第12期。

6.《“红罐”之争引知识产权专家热议》,载《中国知识产权报》2013年4月20日。

撰稿人｜袁碧华,广东财经大学法学院教授

17 CASE 浙江复星商业发展有限公司与上海长烨投资管理咨询有限公司等当事人股权转让纠纷案

| 摘　要 |

本案因上海长烨投资管理咨询有限公司、上海长昇投资管理咨询有限公司受让杭州绿城合升投资有限公司、上海证大五道口房地产开发有限公司股权引起诉讼。因浙江复星商业发展有限公司与杭州绿城合升投资有限公司、上海证大五道口房地产开发有限公司共同持有上海海之门房地产投资管理有限公司股权，浙江复星商业发展有限公司认为上述交易损害了其作为上海海之门房地产投资管理有限公司股东享有的股东优先购买权。案例分析讨论了该股权转让交易是否损害浙江复星商业发展有限公司股东优先购买权，该股权转让合同是否以合法的形式掩盖非法的目的，合同是否因此无效等法律问题。

| 关键词 |

民商事诉讼　股权转让　股东优先购买权

| 教学目标 |

通过案例分析，使学生对股东优先购买权和有限责任公司人合性有更深刻的认识，理解公司法不同条款、不同规则的关系；帮助学生辨析以合法的股权转让交易规避其他股东优先购买权的效力；提高学生对复杂公司股权交易背后的目的与商业后果的理解，提高学生精准适用公司股权转让交易相关法律规定的能力，提高学生筹划关联公司架构的能力。通过案例学习，增强学生对公司内部法务人员、诉讼代理律师、法官不同职能的理解。

教学案例主文

一、引言

2010年上海外滩8－1地块通过公开招标,被上海证大置业有限责任公司竞拍得到。土地使用权出让后,围绕该地块的开发与转让,发生了一系列标的数额巨大、内容复杂的交易,其中包括设立项目公司,项目公司股权转让,股东共同投资设立公司开发经营,持股公司股权转让等。2012年5月30日,浙江复星商业发展有限公司向上海市第一中级人民法院提起民事诉讼,起诉上海长烨投资管理咨询有限公司等六家公司,围绕上海外滩8－1地块开发的诸多房地产开发公司之间旷日持久的诉讼纷争开始展开。

二、案件所涉主体及关系

本案原告为浙江复星商业发展有限公司(以下简称浙江复星)。被告共六名,分别为:(1)上海长烨投资管理咨询有限公司(以下简称长烨公司);(2)浙江嘉和实业有限公司(以下简称嘉和公司);(3)上海证大置业有限公司(以下简称证大置业公司);(4)上海长昇投资管理咨询有限公司(以下简称长昇公司);(5)杭州绿城合升投资有限公司(以下简称绿城公司);(6)上海证大五道口房地产开发有限公司(以下简称证大五道口公司)。

原被告各方,基于投资与被投资关系,分别属于四个企业集团,如下图所示:

浙江复星(原告) 复地集团(02337) 复星国际(00656)	长烨公司(被告1) 长昇公司(被告4) SOHO中国(00410)
嘉和公司(被告2) 绿城公司(被告5) 绿城中国(03900)	证大置业公司(被告3) 证大五道口公司(被告6) 证大房地产(00755)

三、案件的起因与事实

2010年2月1日,本案被告证大置业公司通过公开竞买获得上海外滩8－1地块。2010年10月11日,证大置业公司投资设立上海证大外滩国际金融服务中心置业有限公司(以下简称项目公司),证大置业公司持有项目公司100%股权。项目公司注册资本70亿元人民币,作为主体签订土地出让合同并对外滩8－1地块进行开发。

项目公司于2010年12月1日获得《上海市房地产权证》(沪房地黄字2010第004498、004499号),土地用途为"商业、金融、文化、办公",使用面积20183.90平方米、25288平方米。2011年1月17日,项目公司获得《建设用地规划许可证》。2011年11月23日,项目公司获得《建筑工程施工许可证》。

基于各种原因,项目公司没有独立开发外滩8－1地块,证大置业公司与浙江复星公司、绿城公司、上海磐石投资管理有限公司达成协议,共同投资开发外滩8－1地块。随后,四方当事人共同出资设立了上海海之门房地产投资管理有限公司(以下简称海之门公司)。四方当事人约定,以海之门公司为平台,开发外滩8－1地块。后来上海磐石投资管理有限公司退出海之门公司的投资。至本案起诉时,海之门公司的股权结构为:浙江复星公司持有50%的股权,证大五道口公司持有40%的股权(证大五道口公司是证大置业公司的全资子公司),绿城公司享有10%的股权(绿城公司是嘉和公司的全资子公司)。

2011年10月28日,证大置业公司与海之门公司签署《股权出售和购买协议》,证大置业公司将项目公司100%股权,以及对项目公司享有的债权以人民币95.70亿元的价格转让给海之门公司。转让完成后,海之门公司持有项目公司100%股权,间接享有外滩8－1地块100%权益。

2011年12月22日,绿城公司、证大五道口公司委托证大置业公司致函浙江复星公司,表示愿意转让绿城公司、证大五道口公司持有的海之门公司50%的股权及其持有的债权,价格为人民币42.50亿元,要求浙江复星公司在2011年12月28日17点30分之前作出决定。2011年12月26日,绿城公司、证大五道口公司再次委托证大置业公司与证大房地产公司联合致函浙江复星公司,表示愿意转让绿城公司、证大五道口公司持有的海之门公司50%的股权及其持有的债权,价格为人民币42.50亿元,并要求原告在2011年12月27日17点之前决定。

2011年12月29日,证大置业公司、嘉和公司与长烨公司签订协议,同意以人民币40亿元的价格，向长烨公司转让证大五道口公司和绿城公司100%的股权。股权转让后，证大五道口公司和绿城公司将成为长烨公司的全资子公司。因证大五道口公司和绿城公司共持有海之门公司50%股权，长烨公司通过全资持有证大五道口公司和绿城公司间接持有项目公司50%的股权。随后证大置业公司、嘉和公司、长烨公司、长昇公司又签署协议，同意长烨公司将合同权利转让给长昇公司，即证大置业公司、嘉和公司将持有的证大五道口公司和绿城公司的股权转让给长昇公司。

浙江复星公司认为，证大置业公司、嘉和公司将它们持有的证大五道口公司和绿城公司股权转让给长烨公司，后长烨公司又将上述两公司的股权转让给长昇公司，事实上转让了海之门公司50%的股权，损害了浙江复星公司对海之门公司股东转让股权时的优先购买权，遂于2012年5月30日向上海市第一中级人民法院提起诉讼。

四、案件一审阶段情况

2012年11月29日，上海"外滩8-1地块股权纷争案"在上海市第一中级人民法院正式开庭。2013年4月23日，上海市第一中级人民法院作出判决。

（一）原告浙江复星诉讼请求及观点

原告认为，六被告之间关于股权转让的交易，明显旨在规避《公司法》第72条（指2005年修订的《中华人民共和国公司法》，下同）关于股东优先购买权的规定，同时违反了《合资公司章程》第6.2、6.3条的约定，企图达到侵害原告合法权益的目的；违反了成立合资公司的目的和约定；属于恶意串通，损害原告利益，请求人民法院判决股权转让合同无效。

原告提出以下诉讼请求：

1. 判令确认被告长烨公司与被告嘉和公司、被告证大置业公司签署的《框架协议》及《框架协议之补充协议》中关于被告嘉和公司、被告证大置业公司向被告长烨公司转让被告绿城公司、被告证大五道口公司100%股权的约定无效。根据《框架协议》和《框架协议之补充协议》的约定，涉案股权的交易价格共计为人民币754546511元。

2. 判令确认被告嘉和公司与被告长昇公司签署的《股权转让协议》无效。

3. 判令确认被告证大置业公司与被告长昇公司签署的《股权转让协议》

无效。

4. 判令六被告将被告绿城公司、被告证大五道口公司的股权状态恢复至转让前,即由被告嘉和公司持有被告绿城公司100%股权,被告证大置业公司持有被告证大五道口公司100%股权。

5. 判令六被告承担本案的全部诉讼费用。

(二)被告答辩意见

被告长烨公司、长昇公司、绿城公司及证大五道口公司共同答辩称,被告绿城公司、证大五道口公司与本案交易行为无关;原告与绿城公司、证大五道口公司的关联方协商过海之门股权转让事宜,后因价格原因未能达成一致;四被告之间的股权交易不涉及海之门公司,亦未改变海之门公司的股权结构,故原告对此不享有优先购买权。四被告之间的股权交易不违反法律规定,不存在恶意串通,亦未损害原告的合法权益,且相关法定程序已经履行完毕。四被告均不存在违反《合作协议》的违约行为,同时《合作协议》约定了仲裁条款。综上,请求人民法院驳回原告全部诉讼请求。

被告嘉和公司答辩称,被告嘉和公司及其关联方是基于公司内部原因,愿意与被告证大置业公司采取捆绑方式转让海之门公司50%的权益,原告与被告长烨公司的关联方均表示愿意购买,但原告一直在压价,故被告嘉和公司及其关联方与被告证大置业公司以利益最大化为目标,最终与被告长烨公司的关联方达成转让合意;被告嘉和公司出让的是被告绿城公司100%股权,属有权处置,交易本身不涉及海之门公司,未改变海之门公司的股权结构,故原告对此不享有优先购买权。另外,交易本身不违反海之门公司的章程,亦未违反合作协议,不存在恶意串通;原告与本案交易不具有法律上的利害关系,无权提起诉讼;系争交易不违背法律规定且相关法定程序已经履行完毕,属于合法的商事交易。综上,请求人民法院驳回原告全部诉讼请求。

被告证大置业公司答辩称,外滩8-1地块由被告证大置业公司取得,项目公司由被告证大置业公司投资设立,后成立海之门公司,原告享有50%股东权益,对于另50%股东权益出让事宜,被告证大置业公司所属关联方最先与原告关联方协商,协商时间长达半年之久,但因原告的压价和消极而未果。被告证大置业公司最终决定与被告绿城公司捆绑出让予被告长烨公司所属关联方,完全系出于商业利益考虑;原告对于涉案交易的股权不享有优先购买权,原告因此并未发生损害,不具有请求权基础;原告并未就被告证大置业公司违反《合作协议》提出违约之诉,且《合作协议》订有仲裁条款;《框架协议》不单纯指股权还包括债权;股权交易完成后,不影响海之门公司以及原告在海之门公司的任何权益。被告证大置业公司不存在恶意串通,致函原告的行为仅是要约性质,不涉及股东优先购买权。综上,请求人民法院驳回原告的全部诉讼请求。

(三)一审法院及裁决结果

上海市第一中级人民法院认为,本案原、被告间讼争的交易模式,属于资本市场的重大投资行为,交易文本内容翔实且交易目的清晰,因同时又隶属于在香港联合交易所挂牌的四家上市公司,相关上市公司的公告内容亦能充分予以印证,因此,本案法律事实清楚,证据确凿、充分,各方当事人亦均不存在争议,故本院予以确认。本案争议的焦点在于依据现行的法律,对六被告之间的交易行为之法律效力如何进行评判,六被告之间的交易是否如原告所诉,应依法确认系争协议无效。

综观本案被告间交易行为的目的,旨在控制海之门公司50%的权益。交易前,海之门公司的原有股权结构实际由三方核心利益集团构成,即原告所属方持有50%,被告绿城公司所属方持有10%,被告证大五道口公司所属方持有40%,原告处于相对控股地位。海之门公司内部的人合性、股权结构的合理性、股东之间的信赖关系相对稳定,经营管理相对正常。交易发生后,仅从形式上研判,被告嘉和公司、证大置业公司、长昇公司作为股权交易的主体,与海之门公司并无直接关联,原告与上述交易主体亦不具有同一阶梯的关联关系。但是从交易行为的实质上判断,上述交易行为结果具有一致性,且最终结果直接损害了原告的利益,即原告对于海之门公司的相对控股权益受到了实质性地影响和损害,海之门公司股东之间最初设立的人合性和内部信赖关系遭到了根本性地颠覆。

有限责任公司的稳定性决定了公司的发展,也决定了公司股东权益和社会公众利益的实现。为了确保有限责任公司的人合性和封闭性,《公司法》第72条第2、3款明确规定:"股东向股东以外的人转让股权,应当经其他股东过半数同意。股东应就其股权转让事项书面通知其他股东征求同意,其他股东自接到书面通知之日起满三十日未答复的,视为同意转让。其他股东半数以上不同意转让的,不同意的股东应当购买该转让的股权;不购买的,视为同意转让。经股东同意转让的股权,在同等条件下,其他股东有优先购买权。两个以上股东主张行使优先购买权的，协商确定各自的购买比例；协商不成的，按照转让时各自的出资比例行使优先购买权。”换言之，股东优先购买权具有法定性、专属性，是一种附条件的形成权和期待权。六被告对于上述法律规定应当是明知的。本案中，被告绿城公司、证大五道口公司共同出让其合计持有的海之门公司50%股权的意思表示是清晰完整的，并由被告证大置业公司代表被告绿城公司、证大五道口公司作为联合方发函询问原告是否决定购买之一节事实，亦充分证明了被告绿城公司、证大五道口公司明知法律赋予股东优先购买权的履行条件和法律地位。但嗣后，被告绿城公司和证大五道口公司并未据此继续执行相关股东优先购买的法定程序，而是有悖于海之门公司的章程、合作协议等有关股权转让和股东优先购买的特别约定，完全规避了法律赋予原告享有股东优先购买权的设定要件，通过实施间接出让的交易模式，达到了与直接出让相同的交易目的。据此，法院认为，被告绿城公司和证大五道口公司实施上述交易行为具有主观恶意，应当承担主要的过错责任。上述交易模式的最终结果，虽然形式上没有直接损害原告对于海之门公司目前维系的50%权益，但是经过交易后，海之门公司另外50%的权益已经归于被告长烨公司、被告长昇公司所属的同一利益方“SOHO中国”，客观上确实剥夺了原告对于海之门公司另外50%股权的优先购买权。目前双方对于海之门公司的董事会成员改组事宜已经发生争议，各持50%的股权结构的不利因素已经初见端倪，海之门公司未来的经营管理和内部自治的僵局情形也在所难免。显然，上述交易后果的发生，不利于海之门公司以及项目公司的实际经营和运作，也难以保障外滩8－1地块项目的正常开发。

《合同法》第52条规定：“有下列情形之一的，合同无效：……（三）以合法形式掩盖非法目的……”依据上述法律规定并结合本案基本法律事实，法院认为，绿城公司、证大五道口公司系海之门公司的直接股东，被告嘉和公司、证大置业公司又系被告绿城公司、证大五道口公司的唯一出资人，被告嘉和公司、证大置业公司与被告长昇公司之间实际实施的关于被告嘉和公司、证大置业公司持有的被告绿城公司、证大五道口公司股权的转让行为，旨在实现一个直接的、共同的商业目的，即由被告长烨公司、长昇公司所归属的同一利益方，通过上述股权收购的模式，完成对被告绿城公司、证大五道口公司的间接控股，从而实现对海之门公司享有50%的股东权益，最终实现对项目公司享有50%的股东权益。综上所述，被告之间关于股权交易的实质，明显规避了《公司法》第72条之规定，符合《合同法》第52条第3项规定之无效情形，应当依法确认为无效。相应的

《框架协议》及《框架协议之补充协议》中关于被告嘉和公司、证大置业公司向被告长烨公司转让被告绿城公司、证大五道口公司100%股权的约定为无效，被告嘉和公司与被告长昇公司、证大置业公司与被告长昇公司签署的《股权转让协议》亦为无效。同时，基于《合同法》第58条之规定："合同无效或者被撤销后，因该合同取得的财产，应当予以返还……"上述交易行为亦应当予以恢复原状。被告之间因合同无效而产生的财产返还事宜，可自行协商解决。据此，原告的诉讼请求，具有事实和法律依据，应当依法予以支持。依照《公司法》第72条、《合同法》第52条第3项、第58条之规定，法院判决如下：

1. 确认被告上海长烨投资管理咨询有限公司与被告浙江嘉和实业有限公司、被告上海证大置业有限公司于2011年12月29日签署的《关于间接收购上海外滩国际金融服务中心（8－1）地块项目50%权益之股权及债权转让框架协议》及于2012年1月9日签署的《股权及债权转让框架协议之补充协议》中关于被告浙江嘉和实业有限公司、被告上海证大置业有限公司向被告上海长烨投资管理咨询有限公司转让被告杭州绿城合升投资有限公司、被告上海证大五道口房地产开发有限公司100%股权的约定为无效。

2. 确认被告浙江嘉和实业有限公司与被告上海长昇投资管理咨询有限公司于2012年1月12日签署的《股权转让协议》为无效。

3. 确认被告上海证大置业有限公司与被告上海长昇投资管理咨询有限公司于2011年12月29日签署的《股权转让协议》为无效。

4. 被告浙江嘉和实业有限公司、被告上海证大置业有限公司应于本判决生效之日起15日内将被告杭州绿城合升投资有限公司、被告上海证大五道口房地产开发有限公司的股权状态恢复至转让前，即由被告浙江嘉和实业有限公司持有被告杭州绿城合升投资有限公司100%股权，被告上海证大置业有限公司持有被告上海证大五道口房地产开发有限公司100%股权。

本案案件受理费人民币3814533元，由被告浙江嘉和实业有限公司、被告上海证大置业有限公司负担，于本判决生效后7日内向本院缴纳。

当事人如不服本判决，可在收到本判决书之日起15日内，向本院递交上诉状，并按对方当事人的人数提出副本，上诉于上海市高级人民法院。

五、一审后案件进展情况及外滩地王之争最后结果

2012年9月26日，因上海外滩8－1地块引起的股权转让纠纷上诉案二审

在上海市高级人民法院开庭,SOHO 中国表示愿意接受调解,但被浙江复星方面拒绝。

2014 年 11 月 1 日,媒体报道复星国际董事长郭广昌出席上海凌空 SOHO 的 VIP 晚宴,并和 SOHO 中国董事长潘石屹合影,媒体认为双方出现和解态势,案件二审有望调解结案。

2015 年 9 月 23 日,SOHO 中国发布公告称,其持股 50% 的海之门公司股权以代价人民币 84.93 亿元出售给海之门公司股东之一浙江复星公司,从而出售了涉及证大外滩 8－1 地块公司的全部股权,并据此已经与浙江复星订立了股权转让协议。

2015 年 11 月 9 日,复星国际发布公告称,上海市高级人民法院准许浙江复星放弃全部诉讼请求并撤销上海市第一中级人民法院(2012)沪一中民四(商)初字第 23 号民事判决。该判决为终审判决。

终审判决内容摘要:“在审理过程中,浙江复星向高级人民法院出具声明,其基于自身商业目的考虑,不再认为系争股权交易损害浙江复星对海之门 50% 股权的优先购买权,认可长烨公司、长昇公司、嘉和公司及证大置业公司之间就证大五道口公司和绿城公司股权收购所达成的交易。高级人民法院认为,浙江复星的该行为不违反法律法规的禁止性规定,亦不存在损害国家、社会、公共利益、他人合法权益的情形,故对此予以准许。鉴于此,当事人之间在相关诉讼中的争议已经不复存在,原审判决可予撤销。综上所述,高级人民法院判决如下:(一)对被上诉人浙江复星放弃全部诉讼请求予以准许;(二)撤销上海市第一中级人民法院(2012)沪一中民四(商)初字第 23 号民事判决。该判决为终审判决。”

围绕上海外滩 8－1 地块的公司股权之争终于落下了帷幕。

教学指导手册

教学对象及目标

本案例供法律硕士案例教学使用,法学本科高年级学生、民商法学硕士也可以参酌使用。

教学目的如下:

1. 培养学生辨别分析公司股权结构与股东持股情况的能力,分析公司股权结构和股东持股情况变动产生的股东地位问题;

2. 深入分析封闭型公司的特征及其人合性特征;

3. 判断公司相互之间的关联关系与控制关系;

4. 培养学生参加民商事诉讼工作的能力与技能,包括撰写律师函、起诉书、上诉状、答辩词,参加法庭辩论的能力;

5. 通过案例学习,使学生进一步理解股东优先购买权的内容与适用条件,同时,辨析股东为避免其他股东对转让股权的优先购买权,将持股股东本身股权出售产生的法律规避问题;

6. 通过案例学习,帮助学生理解和认识设立子公司、项目公司的商业目的;培养学生根据商业需求设计关联公司架构的能力;

7. 通过案例学习,帮助学生认识、理解商事合同因规避法律而无效的法律问题。

■ 教学内容

1. 有限责任公司股东转让股权时其他股东优先购买权的内容与行使条件

为维护有限责任公司的人合性,保护股东的利益,保证股东转让股权的权利能够实现,2013 年修订的《中华人民共和国公司法》(以下简称我国《公司法》或《公司法》)第 71 条规定,"有限责任公司的股东之间可以相互转让其全部或者部分股权。股东向股东以外的人转让股权,应当经其他股东过半数同意。股东应就其股权转让事项书面通知其他股东征求同意,其他股东自接到书面通知之日起满三十日未答复的,视为同意转让。其他股东半数以上不同意转让的,不同意的股东应当购买该转让的股权;不购买的,视为同意转让。经股东同意转让的股权,在同等条件下,其他股东有优先购买权。两个以上股东主张行使优先购买权的,协商确定各自的购买比例;协商不成的,按照转让时各自的出资比例行使优先购买权。公司章程对股权转让另有规定的,从其规定。"(此条款在 2013 年修改前为第 72 条,现行《公司法》第 71 条法律规定的内容与修改前完全一致,本案判决时法院适用的是 2005 年修订的《中华人民共和国公司法》,故本案判

决适用该条款时称《中华人民共和国公司法》第72条,作者注)

从上述法律规定可以看出,股东享有依法转让股权的权利。为了维护有限责任公司的人合性,在一定程度上,公司法承认并允许公司通过公司章程对股东转让股权作出一定的限制。同时,公司法通过法律规定,明确赋予公司的股东对本公司其他股东转让本公司的股权有优先购买权。股东对其他股东转让股权的优先购买权有两方面的含义:一方面,公司法对转让股权的股东有法律要求,该股东负有法定的义务;另一方面,公司法给予本公司的股东以特别的权利。公司法既要求转让股权的股东履行程序性的义务,也要求转让股权的股东履行实体性的义务。以上义务表现在转让股权的股东要书面通知其他股东,并取得其他股东过半数同意;在股东向股东以外的人转让股权时,同等条件下,本公司的股东对转让的股权具有优先购买权。本公司的股东享有的优先权表现为,本公司股东转让股权时可以表示同意与不同意。当过半数股东同意股东向股东以外的人转让股权时,股东可以向股东以外的人转让股权,而本公司的股东有优先购买权;本公司股东不同意股东向本公司股东以外的人转让股权时,股东应当将股权转让给本公司的股东。

但是,我国《公司法》给予股东对其他股东转让股权的优先购买权并不意味本公司股东可以阻止股东转让股权。除非公司章程另有规定,公司的其他股东既不同意又不购买时,股东有权向股东以外的人转让股权。我国公司法在保障封闭型公司人合性的同时,也保障股东享有股权转让的权利。转让股权是股东变现投资、实现投资利润的重要方式,是股东投资时的合理期待。

2. 以合法形式掩盖非法目的,股权转让合同无效的辨析

我国《合同法》第52条规定:"有下列情形之一的,合同无效:……(三)以合法形式掩盖非法目的……"本案六被告之间的交易是否构成以合法的形式掩盖非法目的,本案所涉合同是否应当被认定为无效合同,在学术界和司法实务界存在相当大的争议。由于本案二审时,浙江复星向上海高级人民法院出具声明,称其基于自身商业目的考虑,不再认为系争股权交易损害浙江复星对海之门50%股权的优先购买权,认可长烨公司、长昇公司、嘉和公司及证大置业公司之间就证大五道口公司和绿城公司股权收购所达成的交易。上海高级人民法院判决认为,浙江复星的该行为不违反法律法规的禁止性规定,亦不存在损害国家、社会、公共利益、他人合法权益的情形,故此予以准许。并且判决当事人之间在相关诉讼中的争议已经不复存在，原审判决可予撤销。

因此，本案的二审裁判并未就六被告之间的交易是否构成以合法形式掩盖非法目的作出明确的解答与判断。虽然一审判决确认六被告之间的交易是以合法形式掩盖非法目的，但基于二审法院撤销了一审判决，所以难以作出司法裁判机关认定六被告之间的交易是以合法形式掩盖非法目的的结论。

二审法院的判决虽然以浙江复星认可六被告的交易为理由，撤销一审判决，避免就本案是否构成以合法的形式掩盖非法目的下结论。但是本案的事实和相关的法律规定足以引起学术界和司法裁判机关，包括商业领域对本案的持续关注与讨论。我们认为，以下几点值得讨论与分析：

（1）本案交易所转让的股权是证大五道口公司的股权和绿城公司的股权，不是海之门公司的股权。根据上述我国《公司法》第71条（2005年修订的《公司法》第72条）的规定，股东对其他股东转让股权时的优先购买权限于对本公司的股东转让本公司的股权。股东优先购买权是否可以扩大解释适用于对股东本身股权的转让，是存在疑问的。从法条的文义上分析，股东不享有对其他股东本身股权转让的优先购买权。毫无疑问，浙江复星是海之门公司的股东，对海之门公司的股东转让海之门公司的股权有优先购买权。从我国《公司法》上述规定分析，浙江复星对证大五道口公司和绿城公司的股权转让不享有优先权购买权。

（2）浙江复星认为，证大五道口公司和绿城公司的股权转让，实质上损害了浙江复星对海之门公司股东转让股权时所享有的优先购买权。实质上，公司法并不限制投资人为持股、控股或收购资产等目的成立公司。证大五道口公司和绿城公司为持有他公司股权而存续，并不违反法律的规定。这两个公司存在的目的就是为了持有海之门的股权，单独运作海之门的股权。这两个公司存在的目的不违反法律，转让这两个公司的股权就难以确认为规避法律。

（3）一审法院认为，六被告的交易改变了海之门公司的股权结构。由于证大五道口公司和绿城公司的股权均转让给长烨公司，后又转让给其关联方长昇公司，其结果是海之门出现了两个股东各持50%的股权结构。一审法院认为这样的股权结构不利于海之门公司未来的经营管理，可能导致公司僵局情形出现。然而，即使证大五道口公司和绿城公司的股权不转让，也可能出现公司僵局的局面。浙江复星持有海之门公司50%的股权，一直是客观存在的事实。证大五道口公司和绿城公司股权联合转让本身已经说明僵局在原有股权结构情况下，也可能出现。当一个股东在封闭型公司持有50%的股权时,作为一个成熟、有经验的商人,应当对公司可能出现的治理局面有所预期。这是商业决策时必须考量和面对的风险。因此,六被告之间的交易改变了海之门公司的股权结构能否作为否定该股权转让交易效力的理由也是存在疑问的。

(4)从一审法院的判决中还可以看到一个事实,绿城公司、证大五道口公司的关联方与原告浙江复星协商过海之门股权转让事宜,但因价格原因未能达成一致。我国《公司法》关于股东优先购买权法律规定的适用还存在其他股东购买与不购买的判断问题。其他股东表示愿意购买,但长期就股权转让的价格不能达成一致,股东转让股权的权利亦无法实现。这种后果与我国《公司法》的立法精神不符,也不符合股东投资时的合理期待,对股权的流动和变现形成妨碍。我国《公司法》关于股东的优先购买权规定,股东不购买时,视为同意股东向股东以外的人转让股权。股东购买与不购买,不能完全依据其明示的意思表示判断,还应根据其行为做实质判断。

因此,公司法在保护封闭型公司人合性的同时,也应当平衡股东转让股权、变现投资、实现利润的合理期待。

3. 关联公司架构的设计与商业目的的实现

实践中,投资人往往利用母公司、子公司多重关联公司架构,实现项目开发、资产剥离、股权收购、资产买卖、隔离风险等商业目的。本案中,证大外滩国际金融服务中心置业有限公司是专门为享有外滩8-1地块土地使用权和开发该地块设立的子公司,实践中也称项目公司。由证大置业公司投资设立。

以公司投资设立子公司为例,投资设立子公司的目的:第一,隔离某些业务的商业风险,利用公司是独立法人的法律特征为不同业务构筑防火墙。第二,设立子公司可以避免母公司股东对子公司业务经营的干预。第三,子公司可以作为单独的经营平台和资产持有平台。第四,子公司可以用作融资平台。

当证大置业公司决定与浙江复星公司、绿城公司、上海磐石投资管理有限公司共同投资开发外滩8-1地块时,因证大外滩国际金融服务中心置业有限公司单独享有外滩8-1地块的土地使用权和开发建设权,其资产单一。通过转让该公司的股权即转让了该地块的土地使用权和开发建设权。所以子公司具有单独持有某部分资产以及隔离风险等效果。同时,公司股权具有可分割性,可以由多名股东共同享有公司的股权,便于实现合作开发和共同经营的商业目的。股权转让的便利性,也非常便利资产的转让和变现。

绿城公司、证大五道口公司均是特别为持有海之门公司的股权而设立的持股公司。其商业目的均表现为单独持有某一部分资产或权益,从而便利资产或权益的转让,也将公司经营的风险与其他资产隔离。

4. 民事诉讼代理人代理民事案件的能力训练

本案争议涉及的标的数额巨大,当事人之间的关系复杂,事实过程曲折,对诉讼代理人提出了很高的要求。教学中,特别应当训练学生厘清交易的过程和各方当事人之间的关系。除分析法律问题之外,还应当理解当事人交易的商业目的和要求。

由于本案所涉及的当事人有上市公司,所以代理人可以从上市公司公告的材料中寻找证据。同时,还应注意上市公司参加诉讼的特别诉求,诉讼对上市公司来说,有可能构成重大事件,对上市公司的声誉与股价影响较大。所以上市公司参加的诉讼,代理人更须审慎地对待诉讼过程中的每个环节,保持与当事人的密切沟通,探求当事人的商业需求,注意诉讼对当事人声誉和资本市场的影响。

5. 培养学生认识公司内部法务人员的功能与作用

公司进行重大投资、股权交易、签订合同时,首先需要公司内部法务人员出具意见,甚至参与重大交易的规划与设计。公司内部法务人员不仅要精通法律,而且需要理解公司商务活动的目的与内容,根据公司的商务需求,设计交易。公司内部法务人员一方面应当努力满足公司的商业需求,争取公司利益最大化;同时,应当审慎划定法律的边界,提示、警示公司交易可能面临的法律问题与责任,避免公司违反法律可能产生的损失。

预期效果

通过案例的学习与分析,了解、认识实践中复杂的公司股权交易和多重的关联公司、控股公司架构;掌握公司股东优先购买权的实际适用以及适用条件;把握股东转让股权时,以合法形式掩盖非法目的合同的判断。

教学计划

以下教学计划,仅供参考。

1. 课前计划:安排学生提前阅读案例及相关法律法规,对案例所涉及的事实与法律问题进行思考,布置分组完成实践题任务。

2. 课中计划:第 1 个课时,介绍教学目的,讨论合同无效的情形及优先购买权的含义与内容。

第 2 个课时,结合本案例,分组讨论回答思考题内容;通过正方和反方讨论本案股权转让是否损害一审原告的股东优先购买权。

第 3 个课时,小组代表陈述实践题撰写要点,学生讨论、分析、相互评价。最后教师归纳总结。

3. 课后计划:布置学生进一步思考公司架构的规划与设计,研究如何通过公司架构实现商业目的;案例分析后,布置学生思考本案事实的本质;引导学生思考在代理当事人参加民事诉讼中,如何更准确地运用法律,维护当事人的合法利益。

课堂时间安排

本案例可以作为专门的案例教学内容,整个案例的教学内容可以安排 3 个课时,每课时 45 分钟。

思考题和实践题

1. 思考题

(1)请以结构图表示本案所涉的各方当事人之间的关联关系与交易关系。

(2)长烨公司、长昇公司购买绿城公司、证大五道口公司股权真正的目的和意图是什么?

(3)比较股东优先购买权与新股发行优先认购权有何相同与不同的法律特征?

(4)复星公司为什么认为绿城公司、证大五道口公司的股权转让损害了它享有的海之门公司股东优先购买权?

(5)上市公司与非上市公司有什么区别? 有关上市公司诉讼证据的收集有什么特点?

(6)母子公司甚至多重公司关联架构设计的目的是什么?

(7)公司内部法务人员的职能与诉讼代理人的职能有何区别?二者的工作又有哪些联系与共性?

(8)结合我国《公司法》,谈谈公司法对有限责任公司人合性的保护。

(9)本案二审法院因一审原告放弃所有诉讼请求,撤销了一审法院的判决,你对二审法院判决有什么看法?

2. 实践题

(1)请依据本案事实,代理原告浙江复星公司,书写起诉书。

(2)请根据本案事实,代理被告证大五道口公司,书写答辩状。

(3)请根据本案事实和一审法院的判决,代理长烨公司书写上诉状。

(4)分组讨论,如果复星公司不放弃一审提出的全部诉讼请求,坚持主张被告股权转让交易损害其优先购买权,你认为,二审法院应如何判决?

(5)上述情况下,请书写二审法院判决。

(6)请按照角色分配,分别担任原告、被告各方的诉讼代理人,模拟进行法庭辩论。

参考文献

1. 上海市第一中级人民法院(2012)沪一中民四(商)初字第23号民事判决书。
2.《11/09/15最新进展公告——有关上海外滩8-1地块之诉讼》,载http://cnir.fosun.com/phoenix.zhtml?c=233760&p=irol-news&nyo=0;http://media.corporate-ir.net/media_files/IROL/19/194273/2015/8-1%20-%20Announcement_C%2006%2011%202015%2023%2050.pdf,访问时间:2015年11月19日。
3. 郑彧:《股东优先购买权"穿透效力"的适用与限制》,载《中国法学》2015年第5期。
4. 甘培忠、刘兰芳:《新类型公司诉讼疑难问题研究》,北京大学出版社2009年版。
5. 胡祖文:《论股权及股东身份权利》,国家行政学院出版社2014年版。

撰稿人　李苹,对外经济贸易大学,副教授

张正多,北京市汇融律师事务所,律师

图书在版编目(CIP)数据

法律硕士教学指导案例. 民事诉讼实务卷. Ⅱ / 全国法律专业学位研究生教育指导委员会编. -- 北京 : 法律出版社, 2018
ISBN 978 - 7 - 5197 - 2236 - 4

Ⅰ. ①法… Ⅱ. ①全… Ⅲ. ①民事诉讼 - 案例 - 中国 - 研究生 - 教学参考资料 Ⅳ. ①D920.5

中国版本图书馆 CIP 数据核字(2018)第 086422 号

法律硕士教学指导案例·民事诉讼实务卷Ⅱ
FALÜ SHUOSHI JIAOXUE ZHIDAO ANLI · MINSHI SUSONG SHIWUJUAN Ⅱ

全国法律专业学位研究生教育指导委员会 编

责任编辑 陈 慧
装帧设计 凌点工作室

编辑统筹 法律教育出版分社
出版 法律出版社
开本 710 毫米×1000 毫米 1/16
总发行 中国法律图书有限公司
印张 19.5
经销 新华书店
字数 330 千
印刷 三河市兴达印务有限公司
版本 2018 年 6 月第 1 版
责任印制 沙 磊
印次 2018 年 6 月第 1 次印刷

法律出版社/北京市丰台区莲花池西里 7 号(100073)
网址/www.lawpress.com.cn
投稿邮箱/info@lawpress.com.cn
举报维权邮箱/jbwq@lawpress.com.cn
销售热线/010 - 63939792
咨询电话/010 - 63939796

中国法律图书有限公司/北京市丰台区莲花池西里 7 号(100073)
全国各地中法图分、子公司销售电话:
统一销售客服/400 - 660 - 6393
第一法律书店/010 - 63939781/9782
西安分公司/029 - 85330678
重庆分公司/023 - 67453036
上海分公司/021 - 62071639/1636
深圳分公司/0755 - 83072995

书号: ISBN 978 - 7 - 5197 - 2236 - 4
定价: 49.00 元